本书受广西高校人文社会科学重点研究基地
『广西地方法治与地方治理研究中心』资助出版

黄竹胜 著

族地区政府治理体系治化的法理阐释

——以西南民族地区为例

范大学法学院『地方法治与地方治理』研究丛书

陈宗波

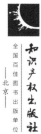

知识产权出版社

全国百佳图书出版单位

——北京——

U0454101

图书在版编目（CIP）数据

民族地区政府治理体系法治化的法理阐释：以西南民族地区为例/黄竹胜著.
—北京：知识产权出版社，2019.12（2020.3 重印）

（广西师范大学法学院"地方法治与地方治理"研究丛书/陈宗波主编）

ISBN 978 - 7 - 5130 - 6617 - 4

Ⅰ.①民… Ⅱ.①黄… Ⅲ.①民族地区—地方政府—行政管理—法治—研究—西南地区 Ⅳ.①D927.702.104

中国版本图书馆 CIP 数据核字（2019）第 269039 号

责任编辑：龚 卫 责任印制：孙婷婷
封面设计：博华创意·张冀

广西师范大学法学院"地方法治与地方治理"研究丛书
陈宗波 主编

民族地区政府治理体系法治化的法理阐释——以西南民族地区为例
MINZU DIQU ZHENGFU ZHILI TIXI FAZHIHUA DE FALI CHANSHI——YI
XINAN MINZU DIQU WEILI

黄竹胜 著

出版发行：	知识产权出版社 有限责任公司	网　址：	http://www.ipph.cn
			http://www.laichushu.com
电　话：	010 - 82004826		
社　址：	北京市海淀区气象路 50 号院	邮　编：	100081
责编电话：	010 - 82000860 转 8120	责编邮箱：	gongwei@cnipr.com
发行电话：	010 - 82000860 转 8101	发行传真：	010 - 82000893
印　刷：	三河市国英印务有限公司	经　销：	各大网上书店、新华书店及相关专业书店
开　本：	720mm×1000mm　1/16	印　张：	21.25
版　次：	2019 年 12 月第 1 版	印　次：	2020 年 3 月第 2 次印刷
字　数：	272 千字	定　价：	88.00 元

ISBN 978-7-5130-6617-4

"地方法治与地方治理" 研究丛书总序

陈宗波

"地方"本来只是一个地理空间概念，自从出现了国家这一政治组织形式之后，"地方"一词又增添了新的含义，从政治地理学的角度理解，指的是中央治下的行政区划。既然有了"地方"，就必然有"地方治理"。地方治理既是国家行使权力的重要标志，也是行政治理科学化的重要措施，古今中外，概不例外。

法治，已然成为现代国家治理的重要特征和必备工具。有学者指出，现代国家治理必备两个系统，即动力系统和稳定系统。动力系统主要来自地方及其个体的利益追求，并付诸行动，推动国家的发展变化；稳定系统由规则体系构成，主要载体是宪法、法律和制度，它们为动力系统提供稳定的运行轨道和程序。法治是一个由国家整体法治与地方法治构成的具有内在联系的严密整体。所谓地方法治，一般认为是地方在国家法制统一的前提下，落实依法治国方略、执行国家法律并在宪法、法律规定的权限内创制和实施地方性法规和规章的法治建设活动和达到的法治状态。地方治理法治化就是将地方治理各方主体的地位职能、行动规则、相互关系逐步规范化，并在治理过程中予以严格贯彻实施的动态过程。地方法治建设是国家整体法治建设的重要组成部分，是我国全面落实依法治国基本方略、建设社会主义法治国家的有效路径，是自下而上推进法治建设的重要切入点。

在世界多元化的发展格局中，各国治理模式的选择自有其现实依据和发展需要。当下的中国，不管"地方法治"作为一个学术话语还是一个实践命题，其兴起的根本原因还是对经济社会快速发展的现实回应。从经济社会发展需要看，经济越发达，市场主体之间的竞争越激烈，民事主体的纠纷越频繁，财产保护的愿望越强烈，治理法治化的要求越迫切。当国家平均法治化水平无法达到某一先进地区社会关系所要求的调整水平的时候，这些区域就可能率先在法律的框架内寻求适合自身发展的治理规范。在我国，一个有力的证据就是东部发达省市，如江苏、浙江、上海、广东较早探索地方法治与地方治理路径。它们根据经济社会发展的现状，率先提出了"建成全国法治建设先导区"，意指在其经济与社会"先发"的基础上，在国家法制统一的原则下率先推进区域治理法治化，即地方法治。

完善和发展中国特色社会主义制度，推进国家治理体系和治理能力现代化是我国全面深化改革的总目标。应该说，上述这些有益的实践探索契合了我国国家治理的现实需要和理想追求。实践探索往往能够引领理论的创新，时至今日，地方法治早已跨越发达地区的尝试时空并已成为全域性的法治理念。党的十八届三中全会提出，直接面向基层、量大面广、由地方管理更方便有效的经济社会事项，一律下放地方和基层管理。加强地方政府公共服务、市场监管、社会管理、环境保护等职责。法治是国家治理体系和治理能力现代化的重要体现和保障。党的十八届四中全会提出，"推进各级政府事权规范化、法律化，完善不同层级政府特别是中央和地方政府事权法律制度，强化中央政府宏观管理、制度设定职责和必要的执法权，强化省级政府统筹推进区域内基本公共服务均等化职责，强化市县政府执行职责"，"明确地方立法权限和范围，依法赋予设区的市地方立法权"。随后《立法法》对此及时作出了回应，在原有相关规定的基础上，地方立法权扩至所有设区的市。党的十九届四中全会《中共中央关于坚持和完善中国特色社会主义制度 推进国家治理体系和治理能力现代化若干重大问题的决定》提出，要健全充分发挥中央和地方两个积极性的体制机制，理顺中央和地方权责关系，赋予地方更多自主权，支持地方创造性开展工作，"构建从中央到地方权责清晰、运行顺畅、充满活力的工作体系"。这些目标和举措彰显了中国在国家治理体系和治理能力方面的灵活、务实态度和改革、创新精神。

这意味着地方法治在中国地方社会秩序的建立和维护过程中将发挥越来越重要的作用，并且深刻地影响着国家法的实际运行。我国属于单一制国家，有统一的法律体系，在国家治理结构中，各地方的自治单位或行政单位受中央统一领导。但是我国幅员辽阔，不同地方区域的现实状况差别较大。正如孟德斯鸠所说的，法律和地质、气候、人种、风俗、习惯、宗教信仰、人口、商业等因素都有关系。因此，法治建设需要因地制宜，体现地方治理的个性要求，政治、经济、文化和社会发展的不同特点。地方在社会经济发展中形成的法律制度，也应针对实际情况、体现地方特色。可见，地方法治建设要体现地方特色也是法治中国的应有内涵。因此，根据目前我国地方法律制度的特点，着力解决法治中国建设在地方法治建设中所遇到的独特问题，对于推进法治中国建设具有重要现实意义。

广西是少数民族地区，边疆地区，"一带一路"重要门户，华南经济圈、西南经济圈与东盟经济圈的结合部，社会关系敏感而复杂，在社会主义法治国家建设实践中有其自身的特点和情况。在这样的背景下，2013 年 4 月，广西师范大学以法学院为主体单位，依托广西重点学科——法学理论学科，整合区内外专家学者力量，联合自治区立法、司法和政府法制部门，组建"广西地方法制建设协同创新中心"。2014 年 7 月，根据广西地方法治与地方治理理论和实践需要，在"广西地方法制建设协同创新中心"的基础上，进一步加强力量，组建"广西地方法治与地方治理研究中心"（以下简称"中心"），申报广西高校人文社会科学重点研究基地并被确认。2019 年，在前一阶段工作成绩获得自治区教育厅优秀等次考评结果的基础上，又跻身广西高校人文社会科学研究中心 A 类。

中心致力于建设地方法治与地方治理高端研究平台，在较短的时间内，加强软硬环境建设，创新管理体制机制，汇聚学者队伍，构筑学术高地，服务地方社会经济，经过五年多的建设，初见成效。

大力汇聚专家学者。中心积极建立健全专家库，在加强校内多学科专家集聚的同时，拓宽人才引进模式，利用灵活、开放的政策，吸引学术影响大的学者和学术潜力强的中青年人才加盟团队。目前中心研究人员近 60 名，其中主体单位广西师范大学主要学术骨干 42 人，绝大部分具有高级职称和博士学位，多人具有省级以上人才称号。目前，形成了地方法治基础理论、广西民族法治与社会治理、广西地方立法、广西地方经济法治、广西地方政府法治、广西地方生态法治等 6 个研究团队。

深入开展地方法治与地方治理学术研究。科研成果是衡量科研人员社会贡献大小的重要标志。中心精心策划，合理配置研究资源，开展了一系列科研活动。一是冲击高端研究课题。自中心成立以来获省部级以上科研项目 36 项，研究经费突破 600 万元，其中包括国家社科基金一般项目 17 项及国家社科基金重大项目 1 项。该重大项目"全面推进依法治国与促进西南民族地区治理体系和治理能力现代化研究"准确回应了中央精神，是西部地区法学领域为数不多的国家社科基金重大项目之一。二是设立研究课题。中心每年安排 30 万元左右，吸收广西内外学者积极开展地方法治与地方治理研究，年资助课题 10 余项，包括重点课题。三是资助出版理论研究成果。中心已资助《民族法治论》《民族习惯法在西南民族地区司法审判中的适用研究》等近 20 部专著出版发行，本系列丛书就属于中心资助出版理论研究成果的一部分。同时中心不限数量资助研究人员发表高水平学术论文。四是组织申报高级别科研奖。2014年来，中心研究人员获得省部级成果奖20多项，其中广西社科优秀成果奖一等奖2项。

当好"智囊"，服务经济社会实践。中心在培育高端服务平台、提供政策咨询服务、参与地方立法等方面已初见成效。目前已经孵化出多个省市级法律服务平台，如"广西地方立法研究评估与咨询服务基地""广西法治政府研究基地"和"广西知识产权教育与培训基地"等，并成为广西特色新型智库联盟成员，从而为地方经济社会发展发挥出更大的整体效用。中心应要求组织专家参与了《中华人民共和国民法总则（草案）》《中华人民共和国国家安全法（草案）》《中华人民共和国境外非政府组织管理法（草案）》修改意见征求工作，以及《广西壮族自治区环境保护条例（修订草案）》《广西壮族自治区饮用水源保护条例（草案）》等80余部国家法律和地方性法规、规章的起草、修改、评估和论证工作。上级有关领导和专家到立法基地视察和调研后，对中心在地方立法工作所做的努力和取得的成绩给予了充分肯定。

可以说，短短五年多时间，广西地方法治与地方治理研究中心的建设取得了可喜的进步，也为广西师范大学法学院法学专业2019年底获评国家法学类一流本科专业作出了贡献。目前，中央和地方高度重视地方法治建设，我们的工作迎来了非常有利的机遇，同时也面临着更高的要求。广西地方法治与地方治理研究中心将坚持围绕广西地方法治基础理论与民族法治建设经验、广西地方经济法治理论与实践、东盟的法律和政策等方面的理论与实践重大问题开展深入、系统的研究，推出一批在区域有一定影响的成果，并以此大力推动广西法学及相关学科的发展，培育本土学术人才和实务专家，为区域社会经济发展和地方治理现代化目标的实现发挥更多的积极作用。

目录

引 论 民族地区政府治理的法治化回应

民族地区是统一的多民族国家不可或缺的组成部分，是多民族国家解决少数民族关系和民族地区发展问题、处理民族关系、解决民族问题所设定的特殊行政治理区域。西北民族地区和西南民族地区是民族地区的两个比较典型、集中、特殊的区域，我国所建立的5个自治区、30个自治州、120个自治县，1800个民族乡中，西南民族地区就有2个自治区、14个自治州、60个自治县和616个民族乡。一方面，这些行政区域都是以少数民族为基础、为少数民族更好地参与国家建设和实现民族自身发展繁荣、壮大而设立的，国家通过赋予少数民族在民族地区的自治权以及制定特殊的民族政策的权力来提高少数民族的现代化水平，进而提升民族地区的经济社会发展水平。另一方面，这些民族地区的建立也是实现国家整合、维护民族大团结的中国经验，其目的在于解决中国历史上形成的民族发展不充分、区域发展不平衡的问题，根本目标是在推进少数民族和民族地区与全国共同进入现代化国家的发展进程中，实现富强、民主、文明、和谐的国家建设目标。中华人民共和国成立70周年、特别是改革开放40多年来，党和政府高度重视民族地区的现代化建设和治理，经过艰苦的探索和实践，逐步建构了一个具有中国特色、适合民族地区区情和民族关系的民族问题治理模式或者体系，找到了一条解决中国民族问题的正确道路①，成功地解决了中国多民族发展问题，在多民族国家建构了和谐的民族关系，实现了多民族国家的政治整合、民族地区的建设和治理，实现了政治稳定、经济发展、文化繁荣、社会和谐的建设目标，所取得的成就举世瞩目，所构建的民族地区治理体系成为国际上公认的民族关系治理成功的典范。

在当今全球化、市场化、城镇化、信息化的背景下，在国家高速发展和全面崛起、全面建设中国特色社会主义强国的新时

---

① 郝时远. 中国特色解决民族问题之路 [M]. 北京：中国社会科学出版社，2016.

代，由于民族地区的经济体制从计划体制向市场体制的转轨，社会结构由传统社会向现代社会的转型，民族文化体系发生了巨大的变迁，民族社会发生了分化和变革。少数民族公民在社会流动中形成了新的居住、生活和工作格局，民族地区的社会关系结构和社会生存生活方式发生了翻天覆地的变化，民族地区的内外发展环境发生了巨变，民族地区的治理也面临着越来越严峻的挑战，民族地区成为国家全面发展的重要而特殊的治理区域，承载着越来越艰巨和重要的历史使命，承载着国家全面实现小康社会的发展目标和建设现代化强国的特殊责任。因此民族地区的治理必须根据国家发展的需要而适时创新，才能构建起适应新时代要求的民族地区治理体系，并通过有效的民族地区治理来推动国家发展。

民族地区的治理包含着民族事务的治理和民族区域的地方事务治理，两者的相互嵌入构成了民族地区治理客体的复杂性，形成了民族事务与地方事务的二元化治理客体结构，从而使得民族地区的治理与一般地方治理呈现不同的特殊性和复杂性，因而民族区域需要有适应性的政府治理结构和治理体系，以实现国家治理的任务和目标。

在新时代的背景下，民族地区治理在国家治理体系和国家发展中的地位和作用日益凸显，一方面是由于中国在实现了现代化建设的第二步目标后，全面增强国家的综合实力成为国家的核心目标，而没有民族地区的发展和有效治理就难以实现民族地区的跨越式发展、达到与全国同步发展的目标，因此加快推进民族地区的发展成为国家发展的战略任务和重点解决的现代化难题。另一方面则是由于民族地区这一特别治理客体是由民族元素、区域元素、边疆元素构成的复杂治理对象体系，叠加着民族问题、区域发展问题、边疆问题、安全问题、宗教问题、政治与社会稳定问题、环境问题、周边国际关系问题，以及基于地域特点而出现的毒品、艾滋病、"三非"等社会问题；治理好民族地区成为党和国家、民族地方政府的艰巨和困难的任务，关系到国家现代化目标的实现以及国家崛起和中国梦的实现，关系着少数民族对政府的信任和对国家的认同，关乎国家治理合法性基础的巩固。习近平总书记在党的十九大报告中对民族地区的发展和民族问题的解决提出了一系列的重要指示和论述，为我们正确认识民族地区治理在国家治理和国家发展中的地位和作用指明了方向。在党的十八届三中、四中全会的报告以及党的十九大报告中，直接和间接论述民族地区、民族问题以及边疆问题的地方有数十处①，2018年的《宪法修正案》第34条确认，平等、团结、互助、和谐的社会主义民族关系已经确立，并将继续加强。这一方面表明党中央对民族地区治理的高度重视，另一方面也突出了民族地区治理在国家治理和国家发展中的重要性。在我国社会主义现代化国家建设的新时代，推进民族地区经济社会的跨越式发展，加快民族地区的现代化进程，无论对国家发展目标的实现还是对少数民族的进步和发展，以及民族地区各族人民对美好生活的向往的实现都具有十分重要的战略意义。

对民族地区的治理核心是对民族事务的有效治理和依法治理，是党和国家建设平等、团结、互助、和谐的社会主义民族关系的过程。为了实现民族地区治理目标、完成治理的国家的根本任务，中国经过70年的艰难探索，逐步形成和构建了一个中国特色的民族事务治理模式，建设了一个以党和国家的民族政策为核心、以民族法律法规体系和民族政策体系为内容的制度体系，全面地实现了民族事务的国家有效治理和民族关系的平等、团结、互助、和谐，成功地解决了中国的民族问题，建构了中国特色的民族治理模式，走出了中国特色解决民族问题之路。② 民族

---

① 习近平. 决胜全面建成小康社会　夺取新时代中国特色社会主义伟大胜利 [M]. 北京：人民出版社，2017.

② 郝时远. 中国特色民族问题解决之路 [M]. 北京：中国社会科学出版社，2016.

事务治理的中国道路包含着民族理论和民族制度两个层面，民族理论层面回答了中国道路的正当性和历史合理性，而民族事务治理的制度效果则从实践层面解释和回应了中国解决民族问题的正当性。

　　然而，对于中国民族事务治理模式的成功经验和取得的历史性成就，并不是没有不同声音和质疑的，无论在民族理论还是在民族事务治理实践中都提出了一些新的问题和挑战。在民族理论层面，民族问题解决的文化主张、第二代民族政策说、民族共治论、苏联化民族理论过时论等民族理论对全面准确理解中国特色社会主义民族理论产生了一定的理论干扰①，因而需要学习和坚持党的新时代的民族理论，坚持党的民族工作方针。在民族事务治理政策层面，也有学者对我国长期实行的民族政策提出修正性建议，主张实行第二代民族政策②，实现民族问题的去政治化③。在民族治理的实践层面，新的民族问题不断呈现，民族地区的民族政策执行中问题丛生，基于经济利益考量而发生的社会冲突、矛盾增加，民族地区发展水平与人们对美好生活需求之间的差距拉大，也凸显出民族地区的治理制度体系的局限，并提出了与新时代进一步发展完善的必要性。这些方面的问题的叠加，需要我们根据新时代民族地区的新情况、社会发展的新特点深入对中国民族事务治理制度体系的研究，从理论上进一步论证我国民族事务治理体系的合理性与正当性，在实践上对我国民族事务治理体系面临的新问题和新挑战提出有效的解决对策，为完善中国的民族事务治理提出全面的方案和智识性对策。

　　中国民族事务治理体系现代化研究这个有价值的课题是以党的政策为依据的。党的十八大以来，党和国家明确提出 2020 年

---

　　①　金炳镐. 民族理论前沿研究 [M]. 北京：中央民族大学出版社，2014.

　　②　胡鞍钢，胡联合. 第二代民族政策：促进民族交融一体和繁荣一体 [J]. 新疆师范大学学报（哲学社会科学版），2011，32（5）.

　　③　马戎. 理解民族关系的新思路：少数族群问题的去政治化 [J]. 北京大学学报，2004，41（6）.

全面建成小康社会的奋斗目标，构造了全面小康社会、全面深化改革、全面依法治国、全面从严治党的战略布局，确立了坚持和完善中国特色社会主义，推进国家治理体系和治理能力现代化的重要目标。民族事务的治理是我国这样的多民族国家的重要治理领域和关键领域，国家治理体系现代化落实在民族工作领域，就衍生出民族事务治理体系现代化的理念，并提出了如何推进民族地区治理现代化的理论渴求和国家治理任务，如何通过这一理念的引导和统帅，推进民族事务治理的理论创新、制度创新，最终达到民族事务治理的现代化目标就成为一项具有迫切性、紧迫性的理论课题。与此同时，党的十八届四中全会根据新时代改革发展的根本目标，制定了全面依法治国的战略，部署了推进全面依法治国的各项举措，描绘了全面依法治国的战略蓝图。将全面依法治国置于国家发展的整体战略部署中，与国家治理体系现代化关联起来，把法治作为治国理政的基本方式，强调法治的国家治理和社会治理的重要作用，法治化构成了国家治理现代化的基本内容，也构成了国家治理现代化的实现方式。将这一理论逻辑置放于民族事务治理过程的链条中，法治与民族事务治理之间的关联性就凸显出来了，并呈现出两者的逻辑联系。民族事务治理现代化是国家民族事务治理体系建设的目标，法治是通向民族事务治理现代化的实践路径，因此，如何通过法治实现民族事务治理现代化就成为需要解答和回应的基本理论问题，而民族事务的政府治理体制、制度和机制如何实现法治化就成为治理实践提出并需要研究、回应的法律问题。

史学家黄仁宇说过，学术研究的意义不在于发现和批评荒谬，而在于发掘和解释荒谬背后的逻辑和事理。就我国民族地区治理体系的研究而言，发掘和解释中华人民共和国成立以来民族事务治理成功背后的制度逻辑，就成为本书研究的基本理论目标和学术追求。为了解释中国民族事务治理的成功经验，我们把观察的视角投向中国民族地区的政府治理体系，聚焦于民族事务的政府治理与法治化的关联性，重点思考民族事务政府的治理体制、治理制度、治理能力与法治的关系，探讨通过民族事务治理的法治实现路径。具体来说，本书围绕民族事务治理现代化这个主题涉及的一系列理论问题和现实问题展开。这些问题有：民族地区的政府治理与其他区域的治理有何区别？民族地区政府治理的目标和使命是什么？民族地区政府治理的结构变迁对法治化提出哪些要求？实现民族地区的政策化治理向法治化治理转型，需要进行怎样的法律制度建设加以回应？民族地区政府治理过程的法治化过程存在什么样的问题？其治理制度体系、法治治理能力如何提升？这些问题都需要根据新时代的国家发展战略和改革的总目标加以理论上和法律制度建设上的回应。

第一章　民族地区政府治理体系研究的法学维度

第一节　民族地区的治理在国家治理体系和
国家发展战略中的地位和作用

一、民族地区的治理与国家发展战略

中国是一个地域辽阔、人口众多的多民族国家，经过 40 多年的改革开放，我国的综合国力已经跻身于世界大国前列，经济发展速度、经济发展规模和成就获得举世公认，在世界政治舞台和经济发展中地位迅速飙升，在国际关系中的影响力越来越大，古老的中华民族正在全面崛起于世界民族之林。国内外学者在解释中国快速发展的原因时，对中国共产党领导的体制和制度以及主要国家治理制度，包括人民代表大会制、共产党领导的多党合作制、基层群众自治制度和民族区域制度表示认同和点赞。为了促进中国社会的持续健康发展，国家领导人从国家发展战略全局的高度提出了实现中华民族伟大复兴的中国梦，其核心可以概括为"两个一百年"的奋斗目标。为了实现这两个宏伟目标，党先后提出要通过推进全面建成小康社会、全面深化改革、全面依法治国、全面从严治党的战略布局推动改革开放和现代化建设迈上新台阶。"四个全面"深化了对国家治理现代化道路、模式、规律的认识，明确了中国特色社会主义国家治理现代化的理念、目标和途径，为实现国家的全面发展提出了科学的战略部署和切实可行的整体谋划。在中国这样的区域发展不平衡的多民族国家，无论是实现全面小康社会的国家建设目标，还是建设富强、民主、文明、和谐的社会主义现代化国家，都与民族地区的治理成

就和成效息息相关，没有民族地区的发展、富裕就没有整个国家的富强，没有民族地区民族关系的和谐就没有国家的和谐。改革开放 40 多年来，民族地区虽然获得了巨大的治理成就，取得了前所未有的发展成果，但是由于民族地区地域条件的劣势、发展基础的薄弱、资源利用能力不高、市场化适应能力相对较低、自我发展能力不强等主客观因素的制约和影响，形成了与发达地区较大的差距，也使得民族地区成为国家全面发展必须补齐的短板，这些问题必须通过政策的推动、治理体系的创新和民族地区的自身努力缩小与中心地区与边缘地区、发达地区与民族地区的发展水平差距。正如民族地区学者型干部陈霖所指出的，民族地区与发达地区的差距是无法回避的现实，但是如果差距过大则会引发民族矛盾和政治不稳定，引发社会的不和谐。① 因为过大的发展差距和生活水平差距，会导致民族地区的干部群众的落差感和不公平感，影响少数民族和民族地区的向心力和凝聚力，影响对国家的认同和对政府的信任。因此，尽快提高民族地区的经济发展水平，实现民族地区的跨越式发展是实现国家发展目标的关键环节。要加快民族地区发展的现代化进程，是解决中国民族问题的根本出路，也是实现民族地区经济社会发展的全面起飞、赶超发达地区的必由之路。

二、民族地区治理体系与民族地区治理能力的关系

民族地区治理体系的优劣制约着民族地区的现代化进程，也制约着我国经济社会全面可持续发展的局面。学者对我国民族地区的现代化发展，已经提出和论证了跨越式发展战略和科学发展战略相统一的总体战略思路。② 要实施好民族地区的发展战略，关键的问题是民族地区发展能力的增强，民族地方政府治理能力

① 陈霖. 中国边疆治理研究 [M]. 昆明：云南人民出版社，2011：68.
② 方盛举. 中国民族自治地方政府发展论纲 [M]. 北京：人民出版社，2007：3.

的提升，换言之，民族地区治理能力现代化是实现民族地区发展战略的保障，加强民族地区政府治理体系和治理能力建设成为西部民族地区发展的新思路和新思维。①

民族地区治理体系是指在民族地区范围内，政府、市场和社会相互耦合所构成的一种整体性制度结构，其中政府、市场和社会各自都是由一系列相互关联的规则、组织和治理机制构成的制度系统。在微观方面，它们发挥着协调社会成员的功能，在宏观方面，政府、市场与社会三大治理主体相互配合、共同维系民族地区的秩序、推动社会发展。民族地区治理体系由政府治理、市场治理和社会治理三个相对独立的子系统构成，而其共同的结构要素是治理的主体、治理的客体与治理的方法，相应地民族地区治理体系也是由主体系统、客体系统和方式系统来构成。在民族地区治理体系中，主体系统是指民族地区治理过程中的责任承担者和参与者，包括宏观主体和具体主体，前者是政府、市场和社会，后者是指由三个宏观主体所派生出来的六类主体，即党和政府、事业单位、企业、社会组织、少数民族与公民个体。客体系统由目标、对象和内容等构成，方式系统则是指治理的方式和手段。这一治理体系的结构作为概念分析工具，一方面是对民族地区治理过程的简约和概括，另一方面也是我们对民族地区治理进行阐释分析的框架，对民族地区地方政府的作用、功能的分析和思考也可以放在这样的框架中展开。

解决民族地区的治理能力问题，主要是依靠现代化的民族地区治理体系发挥作用②。具体来说，第一，建设和发挥以民族地区自治地方政府为主体和主导的、包括少数民族地区各族群众、社会组织、市场和企业等构成的治理主体的治理能力，充分发挥

---

① 任维德. 地方政府能力建设：西部民族地区发展新思路 [M]. 呼和浩特市：内蒙古大学出版社，2014：12.

② 任维德. 地方政府能力建设：西部民族地区发展新思路 [M]. 呼和浩特市：内蒙古大学出版社，2014：202.

其各自在民族地区治理中的作用和功能。第二，健全和完善民族地区的治理制度体系，包括民族政策、民族法律法规和民族治理制度等，通过制度来提升治理能力。第三，通过法治方式和其他有效治理方式来提升民族地区的治理能力。第四，通过创新民族地区的经济治理、社会治理机制来提升民族地区的经济社会治理能力。第五，通过加强党的坚强政治领导和党组织建设来保证民族地区的有效治理。第六，通过强化民族地区的自我发展能力来提升民族地区的治理水平。总之，民族地区的治理能力能否提升，能否进一步科学化和高效化，取决于民族地区的治理体系是否现代化，是否按照现代化的标准和要求建立起有效的民族地区治理体系。因为治理体系与治理能力两者是相辅相成的，治理体系的根本目标就是要提升和实现高效的治理能力，而治理能力又是治理体系的实践表现，良好的治理体系就能够发挥好的治理效能。

三、政府治理在民族地区治理体系中的地位、作用

1. 政府治理的地位

在民族地区治理体系中，民族自治地方政府在实施民族地区发展战略中具有核心的地位，也是关键性的治理主体。如何发挥民族地区地方政府在治理主体体系中的核心作用，处理好与其他治理主体的关系，提高对民族地区的治理能力，优化民族地区治理体系，具有非常重要的作用。首先，民族自治地方政府是民族地区治理的核心主体，是党和国家的民族政策的主要实施者和贯彻者，没有强大和高效的民族地方政府，国家在民族地区的发展目标和科学规划就难以落实和实现。其次，民族地区治理的其他主体，如社会组织、公民个体、企业、市场等对民族地区治理的作用都与政府的作用息息相关，都需要借助政府治理功能来发挥作用，没有高效、民主和法治的民族地区地方政府，整个民族地

区治理主体体系的系统性功能会受到限制而难以发挥出来。再者，民族地区地方政府是民族地区治理的倡导者、组织者、推动者和实施者，负责民族地区治理目标的规划、治理任务的落实、国家民族政策的落实、国家法律的执行等，同时也是民族区域自治制度的主要实施主体，总之是实现民族地区良好治理的关键。最后，民族地方政府是民族地方治理体系的组织者和实施者，也是民族地区治理体系所指向的治理对象之一。民族地区的政府治理包含着两个重要的组成部分，一是民族地区政府对民族地区的治理，二是对民族地区地方政府的治理，它包括完善民族地方政府的治理体系、治理素质和治理方法，提升民族地方政府的治理能力，这是以政府以及政府治理结构为对象的治理，它为民族地方政府对民族地区的治理创造和提供组织和体制条件，所以民族地区地方政府的科学化建设、法治化建设以及民主化建设的程度，即现代化程度，直接关系着民族地区现代化治理目标的实现。毫无疑问，民族地区地方政府在民族地区治理体系中扮演着元治理的角色，承担着建构国家民族地区治理体系的职责和任务，承担着对民族地区的政治、经济、文化、环境以及边疆治理的功能。与一般的地方政府比较，民族地方政府在维护政治稳定，建设和谐民族关系，处理宗教事务，特别是少数民族的发展不充分、不平衡的压力等方面负有更大的责任和压力，承担的任务更加艰巨，更具有特殊性。

2. 政府治理的作用

（1）实现多民族国家政治整合与维护少数民族权益的统一。民族与国家的关系及其治理既是中央政府的职责也是民族地区地方政府的职能，由于民族地方政府处在民族地区第一线，直接处理各种民族关系，面对各类民族矛盾，因此其解决民族问题的工作具体而又富有挑战性，承担着更为直接的民族工作压力。（2）扶贫开发，促进民族地区经济社会文化的发展。民族地区由于自然条件和少数民族成员自我发展能力不强，生活水平的贫困化比较严重，生活生存状况总体上来看比较差，与发达地区的生活水平差距逐步扩大，因此发展经济改善少数民族地区的生活水平成为民族地方政府的重要工作，贫困治理在民族地区表现得比较突出和严峻。（3）边疆边境问题治理责任重大。许多民族地区都是边疆地区，与外国接壤并开展了边境贸易和开发，社会交往和民族关系复杂，边疆问题也多样化和复杂化，因此民族地方政府的边疆治理任务繁重，治理困难增加。（4）少数民族人才和少数民族干部队伍的培养也是民族地区政府的特殊职能。（5）传承和发展民族文化。（6）普及义务教育。（7）处理民族关系。（8）管理宗教事务。由于民族地区政府承担着特殊的职能①，其政府结构和管理活动就相对复杂，在治理结构上就必须依据这些职能来进行制度上的安排，通过制度的优化来促进和保障这些职能的实现，使民族地区政府的功能充分展现出来。民族地区政府的职能是依法设定的政府必须履行的职务要求，它具有法定性和规范性，而职责则是指政府履行职能所必须完成的工作任务和发挥的作用。根据我国的宪法、民族区域自治法、地方政府组织法以及国家的民族政策等的规定，我国的民族地区政府必须履行的职责是多方面的，从简约的角度来划分，可以划分为政治、经济、社会、文化和生态等方面；从职责的责任关系来划分，可以分为对上级政府即中央政府的职责，对本级机关的职责和下级政府的职责，对治理区域的民族地区的社会和人所负有的职责；从职责的具体内容来划分，则相对比较复杂。但从大的方面来分析，民族地区政府的职责可以划分为四个层面。

其一，贯彻执行国家的法律法规、国家政策以及全国性的行政措施、规范性文件内容等，处理好中央与民族地方的关系；

其二，履行好本级政府的一般性法定职责和落实好民族自治

① 周平，方盛举，夏维勇. 中国民族自治地方政府［M］. 北京：人民出版社，2007：65.

权，实现对本行政区域的有效管理，处理好政府与管理对象的关系；

其三，对本级政府的内部管理以及协调好与本级其他国家机关的关系；

其四，协调好自治地方政府与少数民族地区各民族的关系。

民族地区政府在民族地区治理体系中的作用包括一般性的地方政府的作用和作为自治地方政府的特殊作用两个方面。作为一般的地方政府，民族地方政府承担的职能与其他地方政府一样，按照国家的法律政策行使本行政区域的治理权力，完成对辖区的行政管理任务；而作为自治地方政府则必须承担着基于自治地方政府、基于民族地区的特殊性的特殊任务。这些特殊任务举其要者有：（1）贯彻落实好党和国家的民族方针、政策，执行好国家的民族法律法规；（2）实施和落实好民族地区的自治权，充分实现自治民族的民族权利和利益；（3）解决好民族地区的民族问题和宗教问题，建设好民族关系；（4）发展和建设好少数民族的文化、教育、科学技术与医疗卫生等事业，推进少数民族的现代化发展水平。（5）治理好民族地区的生态环境，保护好民族地区的生态环境与民族地区的协调发展。（6）保护和传承少数民族传统优秀文化，将少数民族传统文化与现代社会主义文化体系整合起来，共同构造新时代的中华文化体系。

四、依法行政与民族地区政府治理体系现代化的关系

党的十八届三中全会提出了国家治理现代化的改革目标，在十八届四中全会上，又作出了全面推进依法治国的决定。毫无疑问，两者在逻辑上保持了非常密切的关系。一方面，从字面意义来看，国家治理现代化要求国家治理与时俱进，同时代发展的节奏保持同步。国家治理体系现代化的基本要求是治理过程中的制

度化、规范化和程序化，而这三个方面正是依法治国之本质要求。① 依法治国包括法治国家、法治政府和法治社会三个基本领域的建设。依法治国的核心在于使国家治理过程制度化、规范化、程序化。另一方面，国家治理体系现代化是一个价值性命题，有非常明显的价值判断，要实现中国特色的中国梦，必须追求国家治理体系的超前性乃至全球化。依法治国则体现了治理过程中的技术要素，包括治理的范畴、内容、手段乃至于结果等。国家治理体系现代化与依法治国之间具有互动性。一方面，两者存在于一个统一体制中，有着高度的共性；另一方面，两者又互为前提和条件，具有相互制约的关系。强调国家治理的现代化，能够为依法治国创造条件，使依法治国的理念、原则、规范等能为广大公众所接受和认同。强调依法治国则可以促进国家治理的现代化，使国家治理现代化变成具有物质内容的东西，甚至变成与法律体系和法律典则相辅相成的东西。如果在实现依法治国时忽视了国家治理现代化，那么，依法治国就有可能在实现过程中缺少相应的价值追求，就可能使国家治理现代化成为纸上谈兵。依法治国与国家治理现代化的关系体现在民族地区政府治理上就是依法行政与民族地区政府治理体系和治理能力现代化之间的关系问题，如何认识和处理好两者的关系既是依法行政的关键也是民族地区政府治理体系现代化的关键。

深入推进依法行政、建设法治政府是全面推进依法治国的中心环节，也是实现国家治理现代化的必然要求，更是政府治理现代化的必由之路。按照一般的法学理论，依法行政作为一项法治原则、一种政府管理模式，主要是指行政机关和被授权组织根据宪法和法律的授权，并依照法律规定行使行政权力、管理国家事务。在我国，依法行政的要求是合法行政、合理行政、程序正当、诚实守信、权责统一。推进和落实依法行政的过程就是以建

---

① 关保英. 国家治理现代化与依法治国关系论析 [N]. 中国社会科学报，2014 - 11 - 5（A04）.

成法治政府为目标的过程，其最终目的就是提高政府的治理能力，实现对国家的善治。在民族地区的治理体系中，依法行政或者说行政法治是政府治理现代化的基础内容和根本体现，也是政府治理民主化、科学化、市场化、多元化和文明化的保障，没有法治作为治理方略的国家，政府治理的现代化就难以实现。所以，我们认为，依法行政是民族地区政府治理体系现代化的核心性、基础性内容，它表现在四个方面：第一，依法行政是按照法治原则和法律制度展开的现代行政，而这实际上是体现了治理现代化的基本要求，即通过制度来实现的治理；第二，依法行政将法治作为治国理政的基本方式，实现通过法治对行政过程的规范化、程序化和制度化；第三，通过依法行政来保障政府履行好政府职责，更好地完成行政工作，约束不良行政和违法行政；第四，通过依法行政来保障公民和社会的权利，实现对社会公平正义的有效表达和权利诉求。

由于依法行政在民族地区政府治理中的核心作用，所以通过推进依法行政、建设法治政府来达到民族地方政府治理现代化的建设目标就成为自然的选择和必由之路，也是通过法治来实现民族地区治理现代化的必然要求。依法行政是法治原则在行政领域的体现和要求，按照法治要求的民族地区政府治理体系现代化之路至少在四个方面提出新的更高的要求：其一，创新和发展民族地区政府治理体制，实现政府治理体制的法治化和科学化；其二，优化和实现民族地区政府治理的法律和制度体系，实现民族法治制度体系的现代化；其三，实现政府治理机制和方式的法治化，建成法治政府；其四，通过依法行政和法治提升民族地区政府的治理能力，包括政府对社会的治理能力和对政府自身的治理能力。

第二节　民族地区政府治理体系研究的逻辑起点

一、民族地区治理研究的几种理论视角

中国是一个统一的多民族国家，边疆民族区域的政治、经济、文化和社会发展始终是国家整体发展的重要组成部分，对国家实现现代化的建设目标具有直接的制约性影响。一方面，民族地区经过 70 年的国家建设，各个少数民族在政治上已经融入了多民族国家的大家庭中，成为统一的多民族国家的有机组成部分，民族团结、和谐关系盛况空前；在经济上已经摆脱了贫穷落后的面貌、过上了相对富裕的生活；在文化上实现了各民族文化的融合和多文化的并存；在民族社会关系方面，各民族成员的社会流动使各民族之间的社会交往和社会融合在广度和深度上都达到了现代民族国家的新的高度。因此，总体判断，中国的民族地区、民族关系和民族问题的解决都达到了比较高的水平，创造了中国特色的民族问题治理模式，其取得的成就举世瞩目，也成为世界各个国家解决民族问题的典范。① 另一方面，民族地区在获得发展的过程中，在我国全面推进综合性国力的提升和国家总体性发展的战略布局中，却暴露和呈现出民族区域发展与国家发展战略之间、民族区域与国家的管理关系之间的不适应，并从中呈

---

① 郝时远. 中国的民族与民族问题：论中国共产党解决民族问题的理论与实践 [M]. 南昌：江西人民出版社，1996：193–206. 郝教授认为民族关系是衡量民族问题解决程度的基本标志，而民族是否团结、民族经济发展、民族政治是否稳定以及民族社会是否进步则是民族关系主要领域。

现出民族区域发展中的民族政治关系不稳定、经济发展相对落后、民族社会关系紧张以及民族传统文化的流失等诸多问题，民族地区的人民对美好生活的追求与民族地区发展的不充分、不平衡之间的矛盾进一步突显，成为当代中国国家发展和民族地区的主要矛盾，这一主要矛盾和主要问题突显了民族地区在国家发展战略中的地位，也提升了民族地区在国家治理体系中的作用和功能，挑战着国家发展的现代化目标的实现。更为严重的是，民族地区的这些问题有可能进一步恶化为民族矛盾、民族冲突并形成为民族与国家的矛盾，影响民族国家的团结，形成民族之间的分裂，危及国家的统一。由于民族地区客观存在着的两个方面相互矛盾的情况，挑战着我国 70 年来所形成和建构起来的民族地区治理体系，挑战着新时代下的政府治理能力，推动和促使党和政府在谋划国家发展的整体战略、构筑新时代的国家治理体系中，不得不高度关注和重视民族地区的治理体系建设，在如何强化国家对民族地区的治理、加快推进民族地区发展方面进行了全方位的改革和创新，目的在于加快民族地区的经济发展、文化繁荣和社会和谐。同时，民族地区的发展现状和主要矛盾的基本定位，也推动了理论界，包括民族学、社会学、政治学、管理学、历史地理学、法学、经济学、国际关系学学科对我国民族地区治理和民族问题研究的高度关注，对如何进一步优化我国的民族地区治理体系、革新我国的民族治理模式、实现对民族地区的现代化治理以及达到和实现我国民族地区发展的现代化目标纷纷献计献策，提出了大量治理对策和理论方案，在学术上出现了少有的民族热、边疆热，可以说对民族地区治理的研究成为理论上的新潮和实践中的战略性大事①。但是，也必须指出，由于不同学科在研究方法、研究路径以及研究成果表达上的差异以及研究视野、知识基础等方面的限制，使得法学研究者在进入民族区域治理研

---

① 陈霖. 中国边疆治理研究 [M]. 昆明：云南人民出版社，2011：1.

究这一领域时，自觉或不自觉地受制于其他学科研究方法以及成果的影响，迷失了法学研究方法论的自觉，误用了其他学科的方法和知识，导致法学研究成果的失真和研究结论的科学性降低，甚至出现常识性错误。因此，如何根据法学学科的特点展开民族区域治理的研究，使之获得比较规范化、科学化的学术研究成果，是我们进入民族区域治理体系的法学研究所必须探明的一个先决性问题。

对民族区域的治理是国家治理体系的重要组成部分，也是我国在社会转型时期受全球化、工业化、城镇化、信息化以及市场化、国际化冲击下治理难度最大、治理任务最为艰巨的区域，其重要性和紧迫性受到学界的广泛关注，不同学科对民族区域治理的研究成为时下的主流话语、研究趋势和学术的前沿。在这个背景下，不同学科的学者纷纷介入到民族区域治理的研究潮流中，并推出不少创新性和诠释性的研究成果。这些成果围绕着民族区域治理献计献策，有效地推进了民族区域治理研究的理论建设进程。但是，观察和分析这些研究成果，一个显著的差异和分歧在于选择什么样的基点作为理论分析的起点，不同的逻辑起点就会遵循不同的论述理路，选择不同研究方法论，进而形成不同的理论观点，提出不同的治理对策。因此，对民族地区治理的研究必须选择一个适当的逻辑起点。

在阐释我国民族地区民族事务治理体系和治理能力的诸多理论和论述中，存在多个相互竞争和彼此对立的理论解释框架或者说逻辑基点。

1. 以民族政策体系的时代适应性和中国特色性为基点

以郝时远[1]、王希恩[2]、金炳镐[3]等为代表的主流民族政策学

---

① 郝时远. 中国特色解决民族问题之路 [M]. 北京：中国社会科学出版社，2016.

② 王希恩. 问题与和谐：中国民族问题寻解 [M]. 北京：中国社会科学出版社，2012.

③ 金炳镐. 民族理论前沿问题研究 [M]. 北京：中央民族大学出版社，2014.

派，对中华人民共和国成立 70 年来在解决民族问题上的理论体系、政策体系以及在民族问题治理效果、民族治理的中国模式上保持着乐观的态度，对党和政府在民族地区治理上取得的成就充满着理论自信、道路自信和能力自信，对改革开放以来民族地区出现和存在的新问题和新挑战采取一种谨慎而务实的实事求是的态度。与之对立的观点则是以马戎①、张海洋以及政策学者胡鞍钢、胡联合②等为代表的非主流学派的观点。两者在如何评价 70 年的民族事务治理体系上的观点存在差异、在如何建构新时期的民族政策和治理体系的方向上不同。这一理论上的争议持续了 10 多年，目前仍然处于难以达成共识的对立和矛盾状态，估计在短期内达成一致的可能性比较小。但是，在党的十八大以后，国家确定了改革的方向，进一步明确了国家治理体系和治理能力现代化的改革总目标，为民族区域治理的政策体系和理论体系的发展方向提供了指引，而以改革的总目标为依据来矫正和确定民族地方政府的区域治理和民族事务治理的方向性和基础性问题就显得尤其重要，而这也是我们寻找民族地方政府治理现代化的现实基点的必要性之所在，如果这个基点出现误判，将会导致后续的理论推理和政策分析出现方向性的错误。

2. 从市场化与民族区域治理制度的互动性来阐释

如何解读我国的民族区域治理体系特别是其中的核心制度——民族区域自治制度时，学者汪晖针对西藏问题和西藏危机指出，如果将民族区域自治制度视为西藏危机的根源，很可能放过更深刻的症结③，在他看来国外势力、流亡力量以及国内外少数民族精英对西藏独立运动的长期发动、组织、支持和影响，是

① 马戎. 理解民族关系的新思路——少数族群问题的去政治化［J］. 北京大学学报（哲学社会科学版），2004，41（6）：122-133.

② 胡鞍钢，胡联合. 第二代民族政策：促进民族交融一体和繁荣一体［J］. 新疆师范大学学报（哲学社会科学版），2011，32（5）：1-12.

③ 汪晖. 东西之间的西藏问题［M］. 北京：生活·读书·新知三联书店，2011：99.

导致"拉萨事件"的直接原因，是一种政治阴谋，是国内外反动势力勾结、组织和推动的结果。但是，以"拉萨事件"为焦点的民族分裂行为和恐怖主义行为还是存在着一定的社会基础和社会条件，而这些社会背景和条件必须从改革开放以来的社会变迁来解释①，从民族地区的社会巨变与民族制度、民族政策之间的互动关系来解释，在他看来，市场化导致了民族地区社会结构的变迁，使得民族地区所形成的治理体系无法适应对新问题的治理，这是问题的症结存在。

3. 从民族地区的社会巨变与治理体系的关系视角来阐释

从民族地区的社会巨变与治理体系的关系视角来阐释创新和发展民族地区治理体系的必要性、迫切性和重要性。学者张先亮等在论述边疆多民族地区构建和谐社会时也指出，在民族地区从计划经济向市场经济转型、过渡后，民族地区的社会结构发生了巨大的变化，经济利益关系、收入水平、社会分层加快、大量社会矛盾和社会问题由此产生，而其中的问题则以民族问题表现出来。而政府在治理这些新问题和新事务过程中的工作思维滞后以及政策和制度上的运用能力不足，会消弱民族制度和政策的优越性，影响和谐民族关系的建立。② 改革开放以来，民族地区社会关系受市场经济、政治体制、民族意识增强以及国际环境变化等多方面因素的影响，对民族地区的政府治理体系提出了一系列的挑战，具体包括：

（1）民族地区的和谐民族关系受到挑战，不和谐的民族关系在市场化的过程中不断出现，特别是国外势力的利用、煽动和支持，更加剧了民族关系的复杂性。（2）对我国的民族政策体系以及赖以建设的民族理论体系也提出了考验。我国 70 年的民族工

---

① 汪晖. 东西之间的西藏问题［M］. 北京：生活·读书·新知三联书店，2011：100.

② 张先亮，等. 边疆多民族地区建构社会主义和谐社会研究：以新疆为例［M］. 北京：经济科学出版社，2013：159.

作经验以及所形成的这套政策，实践证明是适合中国的民族关系的，效果也是明显的。坚定不移地贯彻执行党和国家的民族政策是一个总的原则，在这个原则的指引下，如何进一步地与时俱进、根据新的国内外环境调整和改善这一政策体系，使之更加完善。（3）进一步加强民族团结，推进民族认同与国家认同的统一，仍然是民族地区政府治理所需要加强的工作。"西藏事件"表明，在民族地区民族关系的历史隔阂仍然没有完全消除，在市场化和城镇化的影响下，不同民族之间的差距增大，少数民族与政府之间的关系也时有激化和增加，政府与公民之间的信任关系弱化。（4）在涉及民族关系的国家决策和民族地区的政府重大行政决策和政策执行必须要考虑民族关系以及相关的影响。（5）东部藏区以及西南地区的流动人口管理。（6）内地援藏建设问题。（7）双语教育问题。（8）政府信息公开问题以及解决政府的公共传播导引能力。（9）民族隔阂问题。（10）加强宗教事务的法治管理。（11）民族地区民族关系预警机制的建设问题。（12）周边国家关系以及跨境民族交往中的安全问题。① 由于经济体制的转轨与经济社会结构的重大转型，使得民族地区政府的治理体系在面对新情况和新问题时，显现出滞后性和不适应性。而有效地解决民族地区的新问题，就必须对有关的制度和体制进行优化和改革，使之顺应现代化的要求，调整好民族地方政府的职责，校正政府的治理目标和任务，实现政府职能的转变，调整好政府与其他主体的关系，加强政府自身的制度建设和能力建设。

4. 从政府治理体系现代化和治理能力现代化的要求、国家发展的目标以及政府改革的新要求作为理论阐释的基点来展开论述②

　　党的十八届三中全会通过的《中共中央关于全面深化改革若

---

① 张先亮等. 边疆多民族地区建构社会主义和谐社会研究：以新疆为例［M］. 北京：经济科学出版社，2013：159.

② 沈荣华，曹胜. 政府治理现代化［M］. 杭州：浙江大学出版社，2015：2-3.

干重大问题的决定》提出，全面深化改革的总目标是完善和发展中国特色社会主义制度，推进国家治理体系和治理能力现代化，而如何推进国家治理体系和治理能力现代化，不同学科领域的学者都试图给出理论上的回应，从变革的角度讨论从传统性走向现代化的路径。政府在国家治理体系中发挥着元主体的功能和作用，政府体系和政府能力的现代化无疑是实现国家治理体系现代化的重中之重。党的十八届三中全会对如何推进政府治理现代化提出了方向性的要求，即科学的宏观调控，有效的政府治理是发挥社会主义市场经济体制优势的内在要求，因此必须转变政府职能，深化行政体制改革，创新行政管理方式，增强政府公信力和执行力，建设法治政府和服务型政府。实现这一政府治理现代化的目标是政府治理走出传统迈向现代化的政府治理模式。民族地区政府是政府体系的有机组成部分，也是具有民族特殊性和地域特殊性的地方政府类型，其实现现代化的转型面临着更加复杂的的问题，其国内外环境与条件均具有特殊性，与一般地方政府治理转型比较，其职责和任务更为艰巨。由于民族地方政府人员构成、治理理念、治理方法以及治理对象上的特殊性，必须从国家治理体系的整体框架上来总揽全局，将民族地方政府治理纳入国家整体发展战略来审视和观察，从国家发展的现代化进程去解析民族地方政府治理结构的革命性变革走向。秉承相同逻辑的学者从我国社会转型的逻辑要求、从我国政府改革的不足和缺陷①去寻求政府治理变革的方向。在这些学者看来，我国改革开放 40 年来的政府变革虽然取得显著的成绩，但也存在着诸多不足。表现在：行政改革缺乏科学理论指导、不够全面而且协调不够，缺乏长远的战略规划与价值局限，政府职能转变尚未到位，政府机构总量偏多而且结构不合理，中央与地方职权结构划分不规范，

---

① 娄成武，等．中国社会转型中的政府治理模式研究［M］．北京：经济科学出版社，2015：64－72．

政府与其他主体的关系尚未理顺，行政改革过程中法制建设滞后。① 因此必须建立以政府与社会协同治理模式作为我国政府治理改革的方向。

5. 以现代化过程理论和社会转型理论作为解释框架和论述的基点

从社会转型理论和现代化过程理论阐释和分析当代中国治理体系现代化是一个比较普遍的学术进路，其基本的理论逻辑是②：改革开放 40 年来，民族地区的发展过程出现发展差距，发展问题转变和蜕变为民族问题，少数民族边缘化、民族相对被剥夺感及民族地区的稳定和发展问题成为民族地区现代化过程中的突出问题，解决民族问题的唯一出路就是民族地区的发展水平的提升——新的现代化发展赶超战略——人力资本先行发展——政府发展带动经济社会发展——解决民族地区发展能力不足的问题依靠四个方面的对策：政府能力建设、人力资源能力建设、市场体制改革及公民社会建设。关键是民族地方政府治理能力的问题——为什么？因为政府的重要性。③

6. 从民族权利和民族利益的视角展开论述

付春认为，在少数民族地区现代化过程中，社会主义市场经济的发展带来了少数民族地区人与土地的分离，广泛的社会流动，直接冲击着少数民族共同体的维系和发展，在这种趋势下，保障少数民族的文化权利，使其作为文化形态的共同体得以存在和发展，是实现统一性与多元性有机统一的国家整合的关键。④ 杨圣敏教授则认为在中国的边疆地区，不同人群的民族意识和宗教信仰的差异并不是那么重要，而真正造成民族和宗教群体持续

---

① 娄成武，等．中国社会转型中的政府治理模式研究［M］．北京：经济科学出版社，2015：72.

② 方盛举．中国民族自治地方政府发展论纲［M］．北京：人民出版社，2007：1.

③ 方盛举．中国民族自治地方政府发展论纲［M］．北京：人民出版社，2007：1.

④ 付春．民族权利与国家整合：以中国西南少数民族社会形态变迁为研究对象［M］．天津：天津人民出版社，2007.

矛盾和冲突的是各种实际的利益，如经济利益、政治权利以及社会发展的机会。① 所以解决中国的民族地区问题特别是民族关系和民族问题并不是过于激进地加快消除民族的文化差异，而是通过社会建设和经济建设，提高民族的发展水平，逐步缩小民族之间的发展差异来实现民族的共同发展和进步。

二、以新时代背景下民族地区的基本矛盾作为研究的逻辑起点

党的十九大报告指出，经过改革开放 40 年的社会主义建设，我国已经进入了中国特色社会主义建设的新时代，而新时代背景下的当代中国基本的矛盾是人民日益增长的对美好生活的追求和经济社会发展不充分、不平衡之间的矛盾。② 这是我们认识当代中国发展的历史方位的基点和对民族地区治理必须把握的基本点，也是研究民族地区治理体系的逻辑基点。为什么要以此为基点来分析和论证民族地区治理体系的现代化进程呢？党的十九大报告作出重大的一个政治判断就是中国特色社会主义进入了新时代，这是对我国发展的时代特征的高度概括和总结，明确了我国发展的历史方位，赋予党和国家的目标和任务以及新的时代内涵。这一主要社会矛盾的变化是关系全局的历史性变化，对党和国家的工作提出了许多新的要求，为国家推进现代化的进程指明了前进的方向。我国社会主要矛盾的新表述，是党制定正确的路线方针政策的前提，也是思考和认识所有社会问题和治理事业的基本立场。按照这个精神并结合我国民族地区现代化发展的实践和经验，对我国 70 年来民族地区治理实效和成就必须客观和实

---

① 李峻石. 何故为敌：族群与宗教冲突论纲 [M]. 吴秀杰，译. 北京：社会科学文献出版社，2017：序言。

② 习近平. 决胜全面建成小康社会夺取新时代中国特色社会主义伟大胜利——在中国共产党第十九次全国代表大会上的报告 [M]. 北京：人民出版社，2017.

事求是地评估和判断，对我国的民族地区治理体系的成功与未来发展走向有确定的坐标和方向。同时，这也是我们识别和判断各种民族理论和民族治理理论观点的真理性和科学性的基本依据，是建构民族地区治理理论和民族地区现代化建设方案的社会历史基础。要治理好民族地区，也需要按照党的十九大对中国主要社会矛盾的判断来定位好民族地区社会的主要矛盾和发展的历史方位，在继续推动民族地区发展的基础上，着力解决民族地区与非民族地区发展不平衡、民族地区内部的不平衡以及民族地区发展的不充分问题，大力提升民族地区发展的质量和效益，更好地满足民族地区人民在经济、政治、文化、社会、生态等方面日益增长的需要，更好地推社会的全面进步。

正确把握我国民族地区社会主要矛盾的变化，科学认识我国民族地区发展新的历史方位，是做好民族工作、治理好民族事务、推进民族地区健康发展、完善和发展民族地区治理体系的思想和认识基础，是我们正确把握民族地区治理体系的定海神针，更是我们理解和解释民族地区治理体系的理论和实践的基本依据。从这个主要社会矛盾出发，我们必须要把握住民族地区治理体系现代化建设的相关理论要点。

第一，民族地区的经济社会文化等领域取得了巨大的成就，这是国家与民族地区人民共同努力的结果，否认民族地区的巨大发展和进步是不客观的，以所存在和出现的某些民族问题和发展问题来否定民族地区的建设成就、否定党和国家对民族地区的治理成效进而怀疑党和国家的民族政策、民族法律以及民族发展战略的有效性，不但是不科学的而且是错误的。

第二，民族地区人民对美好生活的期待和要求进一步提高了，对生活的质量和幸福感也提升了，这种对美好生活的追求是社会进步和发展的动力，会激发各族人民群众奋斗的积极性和创造性，从而推动民族地区的经济社会发展。另外，这种生活的主观追求如果不能正确和理性地对待，也会滋长和生发对社会和国家的不满足感和落差感，进而失去奋斗的信心和斗志，演化为民族与民族、民族与国家之间的对抗和不信任。

第三，民族地区现代化建设的发展方向和着力点就是要努力解决好民族地区发展的不充分、不平衡问题，实现与国家全面发展、整体性发展的同步和共进。

第四，民族地区的治理体系与民族地区的治理现状存在着互动关系，民族地区主要社会矛盾和社会问题是治理体系的主要治理客体和对象，而从民族地区存在的社会矛盾和社会问题也可以反观和发现民族地区治理体系存在的问题，发现需要进一步修正和改革的地方。从解决民族地区的问题和矛盾出发，确定民族地区治理体系改革和创新的方向和目标，以提高民族地区的治理实效。此外，还有民族地区发展的不平衡性与不充分性。

第三节　民族地区政府治理体系研究的法学维度

一、民族地区政府治理体系研究的成果及其不足

对民族地区的政府治理可以简化为对民族自治地方政府的治理和民族自治地方政府对民族地区、民族社会的治理两个方面。前者以民族自治地方政府自身体制和治理机制的现代化建设为基本内容，以建构民族自治地方法治政府为目标。后者以民族地区的社会治理为基本内容，以提升民族自治地方政府的治理能力为基本目标。这两者都是以建立现代化的民族自治地方政府体系为前提和依归的。早在抗日战争期间，党和陕甘宁边区政府就建立

过自治地方政府，探究解决民族问题的地方自治政权建设之路，而 1947 年的内蒙古自治区政府的建设更是标志着中国共产党民族区域自治政策由理论构想变成成功的制度实践。民族自治地方政府体系包括自治区政府、自治州政府、自治县政府（民族乡政府是民族区域自治制度的必要补充）的建构是民族区域自治制度落实和实施的产物，是中国共产党解决中国民族问题逐步探索所形成的一种特殊类型的地方政府，它建立于民族自治地方，以解决国家统一与民族团结、发展为基本目标的政府类型。与一般地方政府比较，它在运行环境、人员构成、职权范围以及政府职能、治理对象、政策工具等方面都有自己的特色和特殊性，是国家治理民族地方所建设的主要制度，分析民族地方政府的治理体系和治理能力现代化，首先就必须对民族自治地方政府的性质和特质进行全面的分析和科学的阐释，然后根据民族地区社会结构的特征，对民族地方政府面临的挑战和治理能力问题找出原因，寻找推进民族地方政府治理体系现代化和法治化的有效对策。

我国的民族自治地方政府体系在 70 年来的发展过程中，一直承载着管理民族地区社会、治理民族事务、发展民族经济和文化事业的职能，在执行国家民族政策、实施国家法律、发展民族地方、维护民族团结和国家统一和边疆地区稳定、推进民族地区现代化的进程等方面取得了举世公认的成就，在治理民族问题和边疆问题方面更是被认为是世界民族治理的中国模式和典范。在宪法和民族区域自治制度规范下，民族自治地方政府在处理中央政府与地方政府关系上，在处理改革、发展、稳定的关系上，在加强自身的民主化、科学化、法治化、文明化的建设方面，以及提升对社会的治理能力建设方面都取得了长足的进步。但是，随着全球化、城镇化、市场化、工业化、信息化、文化的多元化、政治的民主化、法治化进程的推进和影响，民族地区社会结构、经济结构以及世界范围内发生的政府治理变革和治理方式的创新，对我国在 70 年来形成的民族地方政府治理模式在新的国家发展阶段，提出了诸多的挑战和困境，在治理不断变动的民族地区的民族关系方面也表现出诸多的不适应和新问题，需要创新治理手段和治理方式和治理工具，需要对我国民族地方政府体系的法治化程度、民主化程度以及现代化水平进行实事求是的评估和判断，需要对其在改革开放 40 多年来的民族社会治理能力进行实证的考察和评价，更为重要的是从法治的高度来评价民族地方政府的体制、机制、工作方式等方面的民族化、科学化和文明化程度，并综合这些评价向度形成对其治理体系现代化的程度进行测量和评估。

民族地区治理是诸多人文社会学科的研究对象，这一研究对象具有复杂性和多面向性，涉及政治、经济、文化、社会发展以及环境资源、国际关系、外交关系等具体对象的研究，而不同学科基于研究的旨趣和研究目标，所运用的话语分析工具存在比较大的学科差距，所聚焦的论题也极为不同，由此导致不同学科研究视角和研究重点的差别。

不同学科聚焦民族与边疆问题的研究，一方面反映了这些问题对于中国国家建设重要性的突显，解决民族问题和边疆问题已经成为国家治理的重大主题，另一方面也反映出人文社会科学研究者具有高度的理论责任和敏锐的问题判断力，能够及时地从国家发展的战略和国家治理的需求来设定研究的议题和议程。但是要解决各个学科的协调问题，需要在国家治理体系现代化这样的理论平台上才能获得统一，而且要从适合于学科自身的理论特质上确定合适的研究视角。

民族地区的政府治理是国家治理体系的有机组成部分，本质上是一种中央与地方的关系，也是一个涉及面广泛、具有与一般地方个性差异的地方政府治理形态。与一般的地方政府治理比较，其有共性的一面，也有特殊性的一面，其政府体制、治理机制和治理能力都有其特殊性。民族地区政府体制的最大特征就是民族地方政府的双重属性，既是一级地方政府也是行使自治权的机关，它在行使的职权以及政府组织构成等方面都存在着与一般地方政府相同的特点。在政府治理机制方面，民族地方政府的自治权以及治理对象、环境以及国家赋予的政府权能等都与一般地方政府存在差别，如民族地方政府在民族政策的执行和落实方面就面临与一般地方所不同的环境和压力。在治理能力方面，民族地方政府受自然、历史、人文、政策、体制以及公务人员素质等因素的影响，也与发达地区地方政府存在差别。因此民族地区政府治理体系和治理能力的研究，必须找到合适的切入点，确定一个有效的理论分析框架，才能比较科学地对民族地区政府治理体系的科学性、合法性、有效性以及治理能力的现代化作出有效的分析。而要确定一个合理的理论解释框架需要对国内学者对民族地区政府治理相关的研究成果有基本的理解和掌握。

民族地区地方政府治理的研究是地方治理理论从西方引进后受到学界关注和重视的一种研究视角，由于国外地方治理研究主体的多元化，因而研究成果颇为丰硕，在治理内涵、治理基础理论、治理模式、治理机制创新、治理发展趋势等方面的研究成果不断涌现。但是由于西方国家对民族现象的弱化以及民族分布结构的特点、民族地区的特点和民族区域治理的研究并不突显，相关的研究并不以民族区域治理的方式呈现出来。但是，治理理论的引进，对于中国民族地区治理的研究却产生了很大示范效应，推进了民族地区地方政府治理研究的繁荣和发展。目前在对民族地区地方治理中地方政府治理的研究主要集中在如下几个方面。

1. 法治政府建设方面的研究

依法行政原则的推进和落实，必须通过行政法治的建设来实现法治政府的建设目标，而在民族地区则表现为如何建设民族地方的法治政府问题。围绕民族地区法治政府建设的理论与实践这个主题，代表性的研究成果有熊文钊主编的《民族法制体系的建构》①《大国地方：中央与地方关系法治化研究》②、李鸣的《中国民族法制体系的构建》等，这些研究成果针对民族地区如何依法行政、如何依法管理民族事务、如何建设和完善民族法制体系都作出了有益的探索。

2. 对民族地区政府治理法律制度维度的研究

这主要集中在对民族区域自治法、国家法在民族地区的实施以及民族地方习惯法等三个方面的研究，这三个方面中，国家法构成民族地区法律治理的基础和前提，民族区域自治法构成法律治理的制度核心和关键，民族习惯法体系构成重要的补充。

3. 民族政策体系的研究

民族政策体系的研究在民族地区政府研究中具有不可替代的价值，成为民族学、政治学、社会学、法学和公共管理界研究的共同重点和焦点。党和国家为解决国内民族问题，将马克思主义民族理论与中国国情和革命建设的具体实际相结合，经过 90 多年的实践探索，建立起具有中国特色的民族政策体系，走出了一条中国特色解决民族问题之路。因此民族地区的政策治理作为一种成功的治理模式已为实践所证明和国际社会所公认。但是，面对国家发展的新阶段，我国民族政策所面临的新情况、新问题和新挑战，是民族地区地方政府治理的重要课题和艰巨任务。国家发展对民族政策的研究提出新的要求，一方面是提出如何完善民族政策体系的问题，另一方面则提出了如何提高民族政策执行效果、提升民族地区政府社会治理能力的问题，第三方面则是如何实现民族政策与民族法治体系的有机结合和功能互补的问题，这在中国推进民族事务的法治化治理中显得尤其重要和迫切，因为政策与法律的冲突在民族地区政府治理过程是客观存在的现象，

---

① 熊文钊. 民族法制体系的建构［M］. 北京：中央民族大学出版社，2012.

② 熊文钊. 大国地方：中央与地方关系法治化研究［M］. 北京：中国政法大学出版社，2012.

如何消饵可能的冲突则是推进政府治理法治化的必答题。[①]

4. 对民族地区政府治理能力的研究

代表性研究成果有任维德的《地方政府能力建设：西部民族地区发展新思路》[②]，该成果对民族地方政府的治理能力以及制约因素进行了系统分析、归因分析，但是对法治因素与民族地方政府治理能力关联性没有列入其考察范围。青觉的《和谐社会与民族地区政府治理能力研究》[③] 重点从民族地方政府治理能力评价指标模型出发，对民族地方政府治理能力进行评价，并提出提升政府治理能力的对策。与前者相同，该著作对政府治理能力与法治的关系并不涉及。许正中等的《21 世纪政府治理能力创新研究》[④] 则是从国家治理能力建设的向度对依法行政与政府的法治能力进行了研究，不过该著作对民族地区政府治理能力与法治关系的研究不做重点阐释。

5. 对民族地区政府治理绩效的研究

这一领域的研究以谢冰的《多视角下的民族区域自治地方政府绩效评价研究》为视角[⑤]，该研究对我国民族地方政府的绩效评价进行了创新性的探究，并对如何提高民族地方政府的治理绩效提出了建设性的意见。

6. 对中央与民族地方政府关系以及法治化的研究

高韬芳的《当代中国中央政府与民族自治地方政府关系研

---

① 雷振扬. 坚持和完善中国特色民族政策研究 [M]. 北京：中国社会科学出版社，2014.

② 任维德. 地方政府能力建设：西部民族地区发展新思路 [M]. 呼和浩特：内蒙古大学出版社，2014.

③ 青觉. 和谐社会与民族地区政府治理能力研究 [M]. 北京：人民出版社，2010.

④ 许正中，史世麟. 21 世纪政府治理能力创新研究 [M]. 北京：中国财政经济出版社，2014.

⑤ 谢冰，等. 多视角下的民族区域自治地方政府绩效评价研究 [M]. 北京：科学出版社，2010.

究》①，该著作从优化两者关系的角度，探究中央与民族地方关系的法治化和合作化之路。而熊文钊在《大国地方：中央与地方关系法治化研究》中重点对中央与民族地方政府关系如何法治化进行了研究。

7. 民族地方政府治理体制改革研究②

受市场化、城镇化和社会结构转型的影响，传统的民族地方政府体系存在着诸多的不适应性，需要根据国家发展的新要求进行民主化、法治化的改革，以建构服务型和法治型政府成为重点研究的内容。

8. 民族地区政府治理机制创新研究

这方面的研究成果最为丰硕，因为政府治理过程中规制公民参与行为和政府政策实施行为的规则和程序、实现政府治理目标的行动策略和方式、治理技术都属于政府治理机制的范围，这使得民族地区政府治理机制创新研究尤其受到重视。

民族地区政府治理视角的研究取得了丰硕的成果，也在理论增量和学术积累方面消解了对民族地方政府的规范性研究所造成的局限性，克服了单一的经济视角、国家中心视角、社会视角、能动者视角③所形成的研究困境，以国家——市场——社会的治理分析框架所具有的包容性、综合性和整体性展现出民族地区政府治理的丰富内容和实践向度，对民族地方政府的实际运行过程以及治理主体之间的关系、机制、手段、技术以及治理能力的分析和解释更为科学、全面、生动。但是，也必须看到国内学界对民族地方政府治理问题的研究对象和研究领域过于分散，缺乏系统性的整体关照，理论解释的成熟程度偏低。具体来说，表现在

---

① 高辊芳. 当代中国中央政府与民族自治地方政府关系研究［M］. 北京：人民出版社，2009.

② 阮朝奇. 民族自治州行政管理体制改革研究［M］. 昆明：云南人民出版社，2014.

③ 杨雪冬，赖海榕. 地方的复兴：地方治理改革30年［M］. 北京：社会科学文献出版社，2009：2.

以下几个方面。

第一，对治理理论的运用还受制于中国的社会环境和社会关系结构的实际影响，特别是民族地区的民族社会关系结构与西方治理理论框架的非对应性，使得运用治理理论结构来分析民族地区的治理体系存在着削足适履的尴尬，治理理论虽然可以用来分析解释民族地区的个别事务的实践运作，但是难以形成民族地方政府治理的宏观性和一般性的解释框架和理论体系。

第二，缺乏法治维度的理论阐释，或者说法治分析与政府治理思考两者的结合在民族地区政府治理过程的研究中处于分离的状态，法学介入民族地区政府治理体系的研究还没有找到太合适的切入点，更没有形成对民族地区政府治理研究的法学视角与维度，也没有形成比较有效的法治维度的理论分析框架。法治与治理是研究民族地区政府治理法治化和现代化的两个最为重要的理论分析概念和解释框架，而如何将两种不同理论特质和实践对象的理论分析模式有机地整合起来，形成有效的理论解释力，是法学介入民族地区政府治理的关键问题和方法论前提。离开法治思维、法治方式和法治理论框架，就不能全面理解和认识政府治理现代化。因为只有在法治的轨道上才能顺利实现国家治理现代化，国家治理体系和治理能力现代化实质上就是推进国家治理法治化。① 另外，法治理论和实践的研究如果脱离国家治理的实际，脱离国家发展中的重大问题和改革、建设的问题，法治的思考和研究就不能从法治上为解决国家发展中当代改革和建设问题提供制度化方案②。

第三，缺乏治理思维维度的理论阐释。治理思维是合作的思维，是对传统的统治思维、单向度思维、一元化思维的突破

① 张文显. 全面依法治国：迈向国家治理新境界［M］. 北京：党建读物出版社，2016：18.

② 中共中央文献研究室. 习近平关于全面依法治国论述摘编［M］. 北京：中央文献出版社，2015：6.

和创新。但是有的研究者对治理理论的运用是在管理控制等传统的意义上，远没有达到治理理论运用上的自觉。没有能够运用治理思维来研究和思考民族地区政府治理过程中的各种关系，绝大多数成果仍然停留在统治思维来看待和思考民族问题和边疆问题。

第四，系统性的理论分析模式还没有形成，描述性的实证分析、解释性的和政策性的解说占据主流和主导性的地位，因此导致民族地区政府研究对实践的影响力有限。也是比较普遍的问题是对策性研究居多、学理性的研究缺乏，对民族地方政区治理的制度逻辑的发掘与解释不够，因此所形成的理论成果对现实的解释力不强。此外，对民族地区政府治理体系的研究对民族地区的特殊性关注不足，与一般地方政府治理的研究比较，特色没有突显，理论阐释的深度不够。

第五，从法治的角度和国家治理体系现代化的高度对民族地区政府的研究力量不足，对民族地方政府治理现代化与法治的关系的分析和阐释缺乏创新性，难以满足民族地区政府治理新形势、新问题、新要求的理论渴求。

第六，对民族地区治理机制的整合性思考不足，如对民族政策与民族法律体系的关系，国家的介入与公众参与的合作治理关系，对政府与社会组织之间的关系的法治联系，对经济、政治、社会、环境的治理与文化治理之间的关系，对民族之间的关系等都关注不够，缺乏关系思维使得理论解释的力度都有待挖掘和提升①，特别是对民族地区治理制度的设计中对各个治理主体的关系。

第七，对少数民族的自治能力及其在治理体系中的功能和作用估计不足、开发和挖掘不够，其作为民族地区的重要治理主体的主动性、能动性以及消极性、在市场竞争中的参与能力等方面

---

① 皮埃尔·卡蓝默. 破碎的民主：试论治理的革命 [M]. 高凌瀚，译. 北京：生活·读书·新知三联书店，2005：11.

都有待于充分地分析和研究。同时对民族地区的公民个体的群体性、地域性、族群性特征、社会参与素质与能力对民族地区社会治理的影响还欠缺系统性的研究。

第八，对民族地区这个复杂性社会的政府治理，缺乏整体性和复杂性治理的思维和制度设计意识，存在着盲人摸象和"头疼医头、脚痛医脚"的片面性，体系性思考不足。对民族地区治理的市场机制以及民族地区政府与市场关系的研究比较缺乏，关注不够，对市场化对民族地区社会结构、经济结构所造成的影响以及所形成的治理难题的挖掘有待于进一步提升。

二、民族地区政府治理法治化的实践维度

党的十八大以来，法学界诸多学者也介入政府治理体系问题的理论探究，试图从法治与国家治理体系现代化的互动关系来解释法治对国家治理现代化的推进作用以及国家治理现代化实现过程中与法治的关联性。在国家治理体系现代化的总目标指引下审视法治与民族地方政府治理的关系，以法治的思维观察民族地区政府治理体系存在的问题，辩明民族地区政府治理体系改革的方向。那么，法学与其他学科领域在理论阐释和理论回应上，应该以什么为基点来展开其理论解释过程呢？其制度逻辑是什么？有关学者的论述和分析可以作为认识此问题的参考和借鉴。政策学者胡建淼认为，国家治理现代化包含国家治理的民主化、市场化、多元化、科学化、法治化和文明化。这"六化"中法治化是衡量国家治理现代化的主要标准。① 而著名法学家张文显教授在论述和分析法治与国家治理现代化时，也指出法治与国家治理现代化息息相关，是国家治理现代化的重要标志，国家治理法治化

---

① 俞可平. 国家底线：公平正义与依法治国［M］. 北京：中央编译出版社，2014：184.

是实现国家治理现代化的必由之路。① 而学者李林在论述依法治国与推进国家治理现代化的关系时也指出，国家治理包含国家治理体系和治理能力两个方面的现代化，推进国家治理现代化就是要实现国家治理的法治化、民主化、科学化和信息化，其核心是推进国家治理的法治化，充分发挥依法治国也就是法治在国家治理中的重要作用和功能。② 著名学者公丕祥在论述全面依法治国的重大意义时也指出，法治在"四个全面"的战略布局中具有重要的地位和作用，是实现国家治理现代化的必然要求也是确保国家长治久安的根本要求，是坚持和发展中国特色的社会主义的必然要求，没有法治就难以实现"两个一百年"的战略目标，也影响到法治中国的实现。③ 从这些学者的论述理路中，可以得出的基本判断是从依法治国也就是法治的本质和性质、法治在现代国家治理中的地位和作用来解释分析依法治国与国家治理的关系，法治现代化是现代国家治理现代化的必然要求，国家治理现代化必须通过法治现代化之路来实现。

法治与国家治理的上述制度逻辑体现在法治与民族地区政府治理的关系上，主要是通过依法行政与民族地区政府治理的关系和矛盾来展开，主要表现为依法行政与民族地区政府治理法治化两者的关系上。因为依法治国主要是通过依法行政来展开，政府在国家治理中是主要的治理主体，民族地区政府是民族地区治理的主要施政主体，其依法行政的水平和能力很大程度上决定着国家的法治水平和对民族地方的治理能力，而民族地区政府的法治化水平又直接影响和制约着民族地区的政府治理能力。民族地区的政府治理在治理对象、治理内容、治理目标以及治理任务上的特殊性，使其在依法行政上面临着更多的挑战，其在建设法治政

① 俞可平. 国家底线：公平正义与依法治国 ［M］. 北京：中央编译出版社，2014：218.

② 李林. 中国的法治道路 ［M］. 北京：中国社会科学出版社，2014：218.

③ 公丕祥. 全面依法治国 ［M］. 南京：江苏人民出版社，2015：2.

府、服务型政府建设的过程中需要克服更多的困难，面临更多的新问题和新情况，其在实现政府治理体系现代化的征程上会提出更多的理论难题和实践难题。

民族地区的治理与其他地区比较，如沿海地区、发达地区、经济先行区、特别行政区等，所面临的困难是历史演变轨迹、制度安排和治理模式选择等一系列因素所塑造的，如香港、澳门特别行政区的国家治理就以高度的区域自治以及"一国两制"来实现国家的管控，以特别行政区基本法来规范和协调中央与特别行政区的关系。多民族国家的国家治理面临的一个重要挑战就是其对民族地区的治理，在我国这样一个多民族的统一的、单一制国家结构体制中，民族地区的治理是通过中央政府与民族自治地方政府的共同治理过程和行为来实现和落实的，国家的一统体制与民族地方政府的自治体制构成相辅相成的统一体，这是民族地区治理区别于一般地方治理的特殊性所在。而民族地区的治理是一个包含民族事务治理、边疆区域治理的复杂性客体的治理过程，两者是相互镶嵌在一起，共同叠加成为一个具有特殊性的国家治理区域。受治理客体的这个特殊性的制约和影响，民族地区政府治理的现代化和法治化就必然在两个方面展开。一方面，民族地区政府为了履行自己的职责和实现政府的治理目标，必须完成自己的现代化改造和法治化过程，实现民族地区政府体制、治理机制的法治化和现代化；另一方面，民族地区政府必然通过法治实现对民族地区的有效治理，提升对民族事务和区域事务的治理能力。就前者而言，我国民族地区政府的现代化、法治化建设过程远未完成，政府体制和机制离现代化的要求仍然存在一定的距离，法治政府的建设目标仍然任重道远；就后者而言，实质上是指如何通过法治来提升民族地区政府的治理能力问题，换言之，民族地区政府在主要领域的治理过程中相关领域法治的作用是否发挥、发挥的程度以及如何最大程度上发挥法治的治理效果。特别是从治理能力的高低来反思治理体系所存在的问题，寻求法治改革的方略和思路。

从国家治理体系的战略全局来看，民族区域的治理与国家治理构成整体与部分、中央与地方的关系，民族地区的政府治理体系是国家治理体系的有机组成部分，但是这一体系的建构必须从国家整体发展的战略高度来加以审视和理解，而绝不是从地方政府单方面来考虑问题。民族地区政府治理体系是在一个国家主权范围内，国家治理民族地区所构建的包括中央政府、民族地方政府、市场、社会以及各个民族成员相互耦合所构成的整体性制度结构，其中政府、市场、社会以及少数民族公民各自都是由一系列相互关联的规则、组织和治理机制构成的制度系统，它包括治理主体、客体、制度体系、治理目标以及治理机制和手段等要素，是以政府为元主体、政府、社会、市场以及少数民族以及公民作为多元主体，以法治思维和方式作为基本方略、以民族基本制度、民族法制体系、民族政策体系以及其他治理手段为具体手段而实现对民族地区治理目标的过程。无论是治理主体体系、治理制度体系以及治理手段体系经过 70 年的建设和发展，都已经形成一套有中国特色的民族地区治理模式，这一模式在实践中的运行产生的治理效果已然获得认可，并有明显的政府治理绩效来加以佐证。但是，在新的国家发展目标以及治理现代化的新的衡量标准下，这一套治理制度体系是否达标？是否实现了国家对民族地区治理预期设定的总目标呢？从法治的视角来看，是否达到了治理的法治化呢？

很显然，我国所建立的民族地区的政策治理模式虽然取得了显著的成就，但是与国家治理现代化的要求、离法治化的标准仍然存在差距。而如何实现民族地区治理要素的法治化就成为问题的关键，也成为民族地区国家治理的基本问题，至少从法治的角度来看，这是自然和合乎逻辑的。如何判断民族地区政府治理的现代化以及如何实现治理的法治化是构成我们研究民族地区现实政府治理体系和治理能力的核心问题，围绕这一核心问题，我们认为有两条研究线索：一是研究民族地区政府治理体制和机制与法治的关联性，核心问题是研究如何在民族地区的法治环境和人文社会环境下建设法治政府（民族地方法治政府建设既有一般地方的共性也有其特殊性）；二是研究法治在民族地方政府社会（广义）治理过程中的地位、作用和功能发挥程度，如何通过法治实现政府对民族地区的治理能力的提高。

　　就民族地区的政府治理体系的现代化与法治的关系而言，本书所探究的核心问题可以归结为法治能够为促进民族地区政府治理体系和治理能力现代化做什么？围绕这个核心问题，需要从几个方面来展开研究。第一，需要对民族地区的法治现状和法治实践作出全面和科学的诊断，从经济社会发展的角度来甄别法治的价值、任务和功能实现的程度，对民族法治体系进行系统的考查和研究，以实现民族地区的善治目标。第二，需要从民族地区政府治理过程和治理环节与法治的关联性来探究民族地区政府治理现代化的法治路径和法治方式。民族地区的政府治理是民族地区政府联合多方主体对本地区公共事务的合作管理和社会对政府与公共权力进行约束的规则和行为的有机统一体，它包括政府内部管理的效率、政府对社会治理的有效性①，其目标是建构高效、治理能力强大的民族地方政府。第三，需要探究民族地区政府的政府治理体制优劣和改革问题，它以治理体制现代化为目标以达致善治为衡量标准。② 民族地区政府治理体制涉及本地政府与同级党组织、社会组织、市场主体、少数民族、公民以及同级政府和下级政府的关系，还涉及中央政府之间的关系，它通过民族地区政府治理模式、治理结构、治理机制、治理工具等表现出来。良好的民族地方政府治理体制是政府能力强大的保障，而只有优化民族地方政府的体制，才能形成和创造良好的治理效能。第

---

① 何增科，陈雪莲. 政府治理［M］. 北京：中央编译出版社，2014：3.

② 俞可平. 国家底线：公平正义与依法治国［M］. 北京：中央编译出版社，2014.

四，需要对民族地方政府对社会（广义上的）的治理能力进行研究，政府能力一般呈现为政府治理主体执行政府治理制度、运用政府治理工具的能力和水平。第五，需要对政府和公共权力进行约束的规则和行为进行研究，在法治的背景下则表现为如何以法治来约束民族地区地方政府，如何根据法治的原则和原理、方式来建构法治政府。民族地方政府的法治政府建设之路比一般地区有着更为艰难的环境和任务，其建设的重点与难点与非民族地区可能存在着一定的差异，因此从民族地区地方政府的体制、行政机制运行过程来寻找法治政府的建设路径、建设方案就成为一项重要的研究任务。总之，对法治与民族地区政府治理体系的关系的研究，必须把握好四个实践向度。

（1）民族地区政府治理体制的法治化。我国民族地区政府治理体制的传统模式是在计划经济体制的基础上建立起来的，它适应当时的农业社会和民族社会的状况，其全能型、人治型政府治理模式，对于民族地区的经济社会建设和政治秩序的维护和巩固都起到了决定性的作用。1978年改革开放以后，市场化、工业化、城镇化的进程快速推进，政府职能的定位从全能向有限转型，这个转型的过程以政府向市场、社会放权，政府与企业分开，放松对社会的规制，推进社会组织成长，改革政府自身等初步实现了有限政府的预期目标。进入21世纪以后，中国社会结构、经济结构以及全球经济机构的变化，特别是民族地区社会结构和经济结构的巨大变化，对民族地区政府的治理体系和治理能力提出了更高的要求，如何推进民族地区经济社会发展，如何实现民族地区的良好的政府治理，实现民族地区发展、团结、平等、互助、和谐、稳定等治理目标，就需要对民族地区政府体制和治理机制进一步的改革和创新，以民族地方政府治理现代化为目标进行新一轮的制度改造，以达到职能定位科学、政府组织机构合理、事权划分明确、政事分开、透明高效、政府治理机制制度化和法治化等政府治理体系建设目标①。那么法治应该从哪些方面推进民族地区政府治理体制的现代化呢？政府治理体制的法治化可以从如下几个方面推动②：①通过法治原则健全政府制度体系；②通过法治精神优化政府治理组织机构；③构筑法治平台形成政府治理多元参与机制；④秉持法治观念拓展政府治理领域；⑤运用法治思维创新政府治理方式；⑥民族干部队伍的法治化建设。

（2）如何根据民族地区的法治环境建构法治政府的问题。建构民族地区的法治政府，这是依法治国、依法行政原则的必然要求也是通过行政法约束民族地方政府的逻辑结果。民族地区治理体系中，民族地方政府是核心的治理主体，其法治化的基本要求是行政过程的法治化，也就是按照依法行政的要求执行法律和民族政策、落实民族制度，提高法律制度的执行力。

（3）如何通过法治的方式推进民族地区地方政府的社会治理能力。民族地方政府的社会治理能力包括依法行使自治权、执行公共政策、资源整合和配置、社会控制和综合协调以及学习与创新等方面的能力③，这些能力分别体现于政治、经济、文化、社会、环境以及其他边疆民族地区所需要治理的重要领域。民族地方政府治理能力建设存在着诸多的约束性条件，其中体制因素、政策因素以及法律制度是关键性的因素，要提高和强化民族地区地方政府的社会治理能力，必须从相关领域的法律制度的建设与完善方面找到和寻求解决之道。

（4）除上述三个维度外，还应把握好如何按照依法行政的要求，优化民族地区的政府治理的制度体系。

---

① 沈荣华，曹胜．政府治理现代化［M］．杭州：浙江大学出版社，2015：20.

② 张步峰．国家治理现代化的法治建构［EB/OL］．（2014 - 10 - 28）．http：//theory. rmlt. com. cn/2014/1028/335882. shtml.

③ 周平，方盛举，夏维勇．中国民族自治地方政府［M］．北京：人民出版社2007：222.

三、选择西南民族地区作为民族地区政府治理体系研究对象的依据和理由

第一，西南民族地区是我国少数民族分布比较广泛、少数民族比较集中和多民族交汇的区域，在西南六省、自治区区域居住、生存着数十个少数民族，它们祖祖辈辈生活、繁衍和耕耘在这块土地上，形成了各具特色的传统民族文化和生活方式。在漫长的历史文化发展过程中，逐步形成了以地域和民族特色叠加而形成的西南民族关系，它以地域特色和民族特色区别于其他区域，以西南民族地区为研究对象，具有典型性和代表性。

第二，民族地区的类型比较完整，从民族乡到自治区构成了四个层次的民族地区类型，行政治理单位从民族乡、自治县、自治州到自治区四级政府，由于具备各个层次的民族地区政府治理单位，所以比较全面地反映出我国民族地区政府治理的实际状况。

第三，历史上历代王朝对西南地区的治理积累了丰富的经验，形成了诸多中央政府治理地方的模式，至今仍然有诸多的经验值得借鉴。近现代以来，西南民族地区又是比较早地成为中国与西方发生接触和冲突的区域，传统社会受到西方的现代性影响而发生社会转型，对传统治理方式提出了挑战，政府在应对西方挑战的过程中的改革相对比较前卫，因此在发展经济、创新教育、改进交通和卫生医疗等方面，都有值得总结的经验和教训。

第四，中华人民共和国成立以来，党和政府对西南民族地区的治理积累了丰富的实践经验，民族地方政府的治理实践也丰富多彩，在民族识别、化解民族矛盾、发展民族教育和经济，积累了不少成功的经验，值得进一步总结。

第五，改革开放 40 年来西南民族地区在全球化、市场化和城镇化的推动下发生巨大的社会变化，形成了民族地区的新型社

会矛盾和社会关系。

第六，西南民族地区在国家发展战略中的经济、地缘政治、国防以及周边国际关系中地位突显。

第七，学术传承方面的积累，为西南民族地区的研究创造了有利的研究条件。

第二章 西南民族地区治理体系的理论阐释

第一节　西南民族地区治理的界定

一、民族地区的界定及其治理意义

1. 民族地区的界定

回顾我国民族地区国家治理的当代过程，民族地区这一概念的界定无疑是理论分析的基本范畴和基础，对其进行性质和特点的分析和判断是理解和阐发国家治理制度和治理过程的事实依据和现实基础，也是开展民族地区政府治理体系研究不能绕过的前提性的、基础性的理论问题。

民族地区首先是一个地理区域概念，与非民族地区相对应，其构成一个以民族问题和民族关系为主要特征的类型化区域。其次它又是一个政治性的概念，是从国家主权出发、从国家与地方的关系来审视具有民族文化特征和民族社会属性的地方所形成的政治单位。最后，民族地区还是一个法律概念，具有特定的法律地位和治理属性的行政管理地位，国家依据宪法和法律所规定权力与义务来实现对民族地区的治理。因此，民族地区或者说民族区域是一个用以描述以少数民族为主体所构成的地理单位和政治管理单位的概念，它以区域上的民族关系特征和民族社会关系的特点区别于非民族区域。民族区域与非民族区域的区分，首先，从民族形成的历史元素来加以展开，由于民族区域上生存的少数民族的形成、发展历史所具有的特殊性以及所形成的民族性的特征，使其作为一个共同体存在获得了合法性，由此也构成了国家将其作为管理单位的理由。其次，民族区域社会生活和社会交往过程中所形成的民族关系、社会关系具有与一般区域所不同的特点，所形成的民族社会具有与一般社会形态所不同的社会特征，社会关系的处理规则和方式有其特殊性，这决定了建构民族社会的社会秩序上的规则体系的特殊性和针对性，必须有别于一般社会区域。再者，民族区域的建构是与民族国家的建设过程联系在一起的，早期的民族地区是一个自然形成与国家统治两者结合的产物，并非是通过具体的制度所刻意形成的，是以自然形成的特殊性为基础、以国家的有效管理为前提的。其中地理因素是主要的因素，特别是在中国的漫长的王朝形成和扩展过程中，在华夏中心与狄夷边缘的互动过程中，地理的位移变动，逐步地形成了以某个少数民族为主体的政治地理单位。民族因素也是在中心与边缘的运动中逐步与地理因素结合，形成地理与民族相互构建的新单位，民族区域由此形成。但是从民族地区到民族区域的发展，离不开国家的主导作用，民族区域的确定是国家运用国家权力对其主权范围内的人口进行管理、对其领土行使主权而确定管辖的行政地理范围。民族区域是国家为了有效地管理民族地区、解决少数民族管理的特殊性需要而确定的治理单位，是国家意志的体现，因此民族区域的确定不仅与地理因素有关，与国家权力和国家的管理也有直接的关系，是国家因素、地理因素与民族因素三者相互结合的产物。① 民族区域的建构过程是国家治理水平逐步提升的过程，是国家解决民族问题的过程中建构起来的区域形态，也是一个大国治理地方的制度产物。最后，民族区域作为一个专门的法律术语②，体现在 1982 年《宪法》和《民族区域自治法》中。从行政建制的角度将民族区域界定为实行民族区域自治、设立自治机关行使自治权的各少数民族聚居的地方，根据

---

① 周平. 中国边疆治理研究 [M]. 北京：经济科学出版社，2011：2.
② 沈寿文. 中国民族区域自治制度的性质 [M]. 北京：法律出版社，2013：18 – 23.

自治区域行政管理的不同层次，《宪法》将民族区域限定为自治区、自治州和自治县三级，不包括民族乡，这样，我国宪法就从国家基本法的高度完成了民族区域的法律建构，为国家治理民族地区确定了制度实施的行政地理单位，同时也为民族地区的政府治理确立了法律边界和行政区域边界。当然，也有学者对此提出异议，认为民族区域的这一宪法界定，是同时从行政建制和行政辖区两个角度来展开，从理论和实践上都会产生内在张力，形成矛盾①，导致民族区域在行政辖区次级行政建制是否享受民族自治地方待遇的问题。我们认为，民族区域的设立是落实民族区域自治制度的前置条件，《宪法》与《民族区域自治法》所规定的三级民族自治地方既是我们理解民族区域这个基础概念的法律依据，也是处理行政建制与行政辖区在民族自治权配置冲突的解决原则，在行政建制范围内的民族区域应该平等地享受民族区域自治制度所设立的民族政策和民族自治制度所规定的权利和权益。

识别民族区域的特点对于理解我国民族区域自治制度设立的合理性、正当性以及有效性都十分必要。与非民族区域比较，民族区域具有如下一些特点。第一，它是少数民族聚居的地区，是国家为了解决少数民族的自治权、根据民族关系和民族社会的特点而设立的治理单位，它是以民族关系为核心、以行政建制为依托所建构的，是民族与区域两个要素的结合统一体，汉族不设立民族区域和自治地方。② 第二，民族区域是在中央与地方的宪法关系中生成的具有特殊性的地方治理单位，它与国家的其他地方治理单位一样是多民族国家这一统一体的有机组成部分，不构成享有独立主权的地方。在国家统一的宪法原则下，民族区域无论享受多大的自治权，都必须以维护国家完整作为最高政治原则和

---

① 沈寿文. 中国民族区域自治制度的性质［M］. 北京：法律出版社，2013：26.

② 戴小明. 中国民族区域自治的宪政分析［M］. 北京：北京大学出版社，2008：65.

治理原则。第三，经济因素与政治因素的有机结合。民族区域的设立需要考虑民族地区的经济发展基础、自然资源状况以及民族文化的特点，同时要考虑各个少数民族的发展权和平等权，既有助于国家治理的统一，又有利于民族的自治权的落实。第四，民族区域的设立也是同时考虑民族发展的历史、传统民族文化以及现实的状况，从而有助于发扬光大优秀民族文化传统，保持地方民族优秀传统文化。① 第五，民族区域的设立还必须考虑国家治理的战略布局和地方治理的政策执行效率。在国家治理统一战略下，民族区域的区域功能会发生相应的变化，因此随着国家发展战略的调整，民族区域的变动和调整也需要跟进。正如古代国家的边缘区域和疆域不断地伸缩一样，我国民族区域也是不断变化的，民族自治地方的地理版图和范围也在不断调整。

要科学地确定民族地区的含义，还需要对边疆民族地区这个概念进行比较和解释，因为我国几乎所有的边疆问题都与民族问题紧密地联系在一起，我国的绝大多数民族问题都发生在边疆地区，而且边疆的民族问题具有显著代表性、集中性和关键性，抓住了民族问题，边疆问题就迎刃而解。从历时性上看，边疆的形成过程与民族的形成过程具有许多相同的结构，边远地区的形成与民族的形成几乎在相同的历史过程中形成的，因此边疆民族地区就以其典型性成为民族地区形成的典范，以致于两者的区别被忽视了。事实上，从我国民族地区形成和分布状况来看，内陆地区也存在和形成了不少的民族聚居区域，如湖南的湘西土家族苗族自治州、湖北的恩施土家族苗族自治州，它们远离边境不属于边疆地区，但是属于民族地区，这些地区的国家治理逻辑与治理任务与边疆民族地区是基本一致的。因此边疆民族地区是对民族地区这个概念的限缩和补充、完善，并没有破坏民族地区这个概念的固有内涵。

----

① 戴小明. 中国民族区域自治的宪政分析 [M]. 北京：北京大学出版社，2008：73.

在我国民族区域自治制度的设立和实施过程中，民族自治地方是通用的法律术语，按照一般法理的解释，所谓民族自治地方是指按照宪法和民族区域自治法规定设立的、依法行使自治权的具有行政建制的地方区域，它包括自治区、自治州和自治县三种形态，民族乡则是一种补充。民族自治地方是行政建制意义上运用的概念，而民族地区则是在行政辖区意义上使用的概念①，一般而言具有民族自治地方法律地位的区域就是民族地区，而民族地区的构成则必须以享有民族区域自治权、具有民族机关和行政建制为基本条件和评判标准，两者的区别在于民族地区偏重于政治地理学方面的意义而民族自治地方偏重于法律方面的意义而已，没有本质上的差异。

民族地区这一概念的厘定和明晰化，对于我们研究民族地区的政府治理具有匡定研究范围、确定研究对象的作用，也使得本项研究的主题和内容更容易集中而不至于过份分散。因为在我们对民族地区的研究成果中始终存在着区域主义与族际主义研究视角的竞争②，而两种方法论的竞争都与对民族地区这个概念的界定相关，前者从区域特点出发确定研究的问题意识，后者从族际关系确定政府治理的内容，从而在政府治理什么这个根本性问题上产生分歧，并在后续的治理过程和治理机制以及治理工具等一系列问题的研究上，选择不同的研究方案和研究框架。区域主义视角的民族地区政府治理更多地从民族地区的开放与建设、民族地区的发展与稳定、多元文化的协调、民族认同与国家认同、边疆民族地区与周边关系、边境地区的管理和控制等领域研究政府治理③，民族和宗教问题则是民族地区政府治理的一个领域和方面。而族际主义视角的民族地区政府治理研究则以国家与民族关

① 沈寿文. 中国民族区域自治制度的性质［M］. 北京：法律出版社，2011：18－23.

② 周平. 中国边疆治理研究［M］. 北京：经济科学出版社，2011：100.

③ 周平. 中国边疆治理研究［M］. 北京：经济科学出版社，2013：目录.

系为核心来展开研究，以民族政策、民族发展与民族关系、民族文化、宗教治理等问题为问题域①，所聚焦的研究对象以民族问题的政府治理为中心。由此观之，不同视角下的民族地区的政府治理研究，切入的路径和问题域都存在着较大的差别，并影响着研究目的的实现和研究方法的选择。

民族地区这个概念的确定，也为民族地区的政府治理研究划定政府治理的边界和研究的范围。从政府治理研究及其实践形态来看，涉及的领域与问题是多方面的，从大的方面来说，主要关乎三个方面。一是政府内部管理的体制、结构和效率；二是政府对民族地区公共问题的治理过程和能力以及制度因素在其中的作用；三是政府治理行为的正当性和合法性，它以社会、宪法、法律以及公共伦理对政府的有效约束为基础。这三个方面落实在民族地区，实际上就转化为三个问题，即第一，民族地方政府内部的治理体制、治理结构和治理效率问题，其核心是如何建设一个好的民族地方政府。第二，民族地区如何建设法治政府的问题，与一般地方比较，民族地方政府在法治政府建设方面的特殊性、区域性是什么？第三，民族地方政府对民族社会的治理机制以及治理能力如何？如何判断和测量？基于这样的问题，民族地区政府治理的研究需要从民族地方政府治理的体制、机制与能力来逐步展开，并在法治化的背景和条件下来加以审查。因此，民族地区这个概念的厘定，对于民族地区政府治理法治化这一课题的展开研究，具有特别的意义，它不仅仅框定研究的范围和对象，也明确了研究的目标，而这对于提升课题研究的质量以及研究成果的应用性和有效性都是有价值的。

2. 民族地区的国家治理及其意义

民族地区是一个广泛使用的社会政治地理概念，它与国家之间存在着密不可分的联系，民族地区是统一的多民族国家的有机

---

① 王怀超，靳薇，胡岩. 新形势下的民族宗教理论与实践 [M]. 北京：中共中央党校出版社，2014.

组成部分，离开国家就无所谓民族地区，无法理解民族地区在国家发展过程中的区域价值和意义，也无法理解民族地区的国家治理所包含的战略价值和战略地位。国家需要通过民族地区的有效治理来实现国家的治理现代化。

民族地区与国家治理的关系涉及三个层面的关联性。第一层关联性是中央与地方的治理关系，从行政建制来看民族地区是国家的地方建制，是国家从治理的需要而设置的，因此不能脱离中央地方关系的框架来理解民族地区的治理，两者的关系和实质就是国家治理与地方治理的关系。第二层关联性是国家与民族的治理关系，是国家治理民族事务、解决民族问题所设立的地方行政区域，由于民族问题的长期性、历史性、文化性、民族性、地域性和国际性，使得民族问题的治理成为国家治理民族地方的关键和核心内容，这也使得民族地区的治理体系与一般的地方治理存在着显著的差异和特殊性。第三层关联性是国家与边疆的治理关系，绝大多民族地区都是边疆地区，而陆地边疆地区基本上都是民族地区，这使得民族地区与边疆地区存在着相当大的耦合性，使边疆治理与民族地区治理存在着难分难解的关系，试图将两者界分在实践上是困难的，在理论上也是无效的。如果将国家与民族地区的治理关系区分为三个层面的治理关系在逻辑上是可行的话，民族地区的治理体系就可以简化为民族地方治理、民族事务治理和边疆治理三个子系统，区域问题、民族问题和边疆问题分别构成民族地区治理体系研究的三个密切关联而又相对分离的研究对象。

区域问题是基于民族地区的区域文化、区域经济和区域社会结构特征所派生的问题，民族问题是基于民族关系和民族元素所形成的问题，边疆问题是基于边疆的战略地位和地缘政治因素而产生的问题。将三者统合在民族地区治理体系这个论述框架下，对于提升民族地区治理体系研究的系统性、整体性和科学性是有必要性的。当然，这也会遇到理论阐释上的困难。

其一，民族地区治理体系的概念分析框架还没有完全建构起来，学术界对民族地区治理问题的研究分别被切割在不同的学科和不同的领域以及不同的问题域，整体性的问题意识以及综合性的问题还没有形成和提炼出来，因此在理论阐释的方法论上就存在着理论论证进路上的困难。

其二，对民族地区这个概念的含义和意义仍然缺乏基本的共识，对民族地区治理的意义仍然缺乏学术价值的正当性论证和梳理，特别是没有将民族地区的治理与国家治理体系现代化联系起来进行研究，缺乏治理思维，这使得民族地区治理的研究在基础理论上表现出阐释能力的不足或者薄弱。

其三，国家治理现代化这一重大命题对民族地区治理研究的提升作用还没有充分地呈现，从多民族国家的治国理政战略高度来阐释民族地区治理的研究成果仍然匮乏，民族地区治理的理论话语仍然需要进一步建构。

其四，对民族地区治理体系的研究仍然受制于似是而非的民族政策换代论①研究的影响和民族问题敏感论的束缚。其所造成的后果就是对问题的研究的基点的选择成为制约研究水平提升的瓶颈，是结构性研究还是建构性研究成为两种竞争性的研究路径，而不同的研究路径所获得的研究结论和开出的治理药方是不同的。

其五，由于不同学科的研究方法论的差异，同时也由于缺乏对民族地区治理研究的共享平台，不同的学科的交流存在着语言、逻辑、思路、方法、旨趣以及研究目标等方面的困难，这就限制了这个领域研究成果的交流和积累。

因此要提升民族地区治理体系的研究水平，发挥多学科的协同攻坚，必须从国家治理体系现代化建设的战略高度来确定理论研究的路径和研究对象、研究目标，构造有学术价值和实践生命

---

① 胡鞍钢，胡联合. 第二代民族政策：促进民族交融一体和繁荣一体 [J]. 新疆师范大学学报（哲学社会科学版），2011，32（5）：1-12.

力的民族地区治理体系理论方案。党的十八届三中全会提出，在我国发展的新时代，全面深化改革的目标就是发展和完善中国特色社会主义、推进国家治理体系和治理能力现代化。这一战略目标体现在民族问题和民族地方问题的治理上就是要实现民族地区治理体系的现代化。因此，从国家治理体系的角度来思考民族地区治理体系问题，无论是对于加深民族地区治理体系的理解，还是深化国家治理体系的认识、构建有效的多民族国家治理体系，都是必要的理论任务。

二、西南民族地区的治理及其内涵

1. 西南民族地区的界定

对于西南地区或者西南民族地区，学界并没有形成共识，一般认为存在着大、中、小三种代表性的观点，而且不同的历史阶段人们对西南地区范围的框定也往往会变动不居。根据学者的研究，[①] 民国时期，对西南地区的界定存在着比较大的差异，各种观点所指涉的省区范围不同，而所凭借的依据和理由也不同，所以各种观点难以统一。目前学界对西南地区的范围认识，是根据自然环境、民族分布、历史文化传统、中华人民共和国成立以来西南大行政区以及经济协作等因素来划定范围，大致形成以四川、云南和贵州三省为范围的小西南观，以四川、云南、贵州、西藏和广西五省区为范围的大西南观[②]。我们根据约定俗成的理解，采纳大西南观来划定西南地区的范围，考虑到重庆已成为直辖市的省级行政区域，因此西南地区相应地表述为包括西藏、云南、四川、重庆、贵州和广西六省区市的行政地理区域。所以，

---

① 张柯风．民国时期西南大区区划演进研究［M］．北京：人民出版社，2012：15.

② 张柯风．民国时期西南大区区划演进研究［M］．北京：人民出版社，2012：15－17.

本研究所使用的西南民族地区概念是指西南六省区市中实施民族区域自治的行政区域，是西南地区中的民族区域，而不是指称所有的行政单位。

不过，严格说来西南地区的这个界定与西南民族地区的含义和指涉范围还不能完全等同，至少从规范化、制度化的行政建制来看，西南的六省区市所管辖的行政区域并非都是实施民族区域自治和特殊民族政策的行政区域，真正的民族地区是指按照民族区域自治法设定行政单位，也就是具有自治区、自治州、自治县建制的行政区域，考虑到民族乡镇设置的宗旨以及治理政策的民族性，民族乡镇也应该包括在民族地区的范围之列。根据我国《宪法》《民族区域自治法》以及《民族乡行政工作条例》《城市民族工作条例》等法律法规的规定，拥有自治权、实施和落实国家的民族政策体系、享受国家法律政策赋予的广泛的少数民族权利是民族地区与非民族地区的主要区别，这也是国家设立民族地区的主要目的和价值之所在。

2. 西南民族地区治理的内涵

20 世纪 90 年代以来，治理概念被引入中国后，被广泛地运用于国家以及国家管理的各行各业、各领域治理过程的分析研究，当它与国家相结合就形成了国家治理的概念，与政府、社会、公司等结合，也就创造了政府治理、社会治理、公司治理的概念。相应地，当治理理论和思维方式运用于民族地区这个对象物时，也就自然提出民族地区治理的问题，与西南民族地区这一特定治理对象的结合，也必然提出西南民族地区治理概念这样的问题。对于何谓民族地区治理以及西南民族地区治理，目前所见的研究成果并不多，对其进行理论上的概念分析和含义规定还是空白，而这对于民族地区治理研究无论是理论阐释和实践研究都是无法绕开的，没有对其作出基本的界定，很难对民族地区治理体系现代化这样的宏观论题进行全面和深刻的研究。当然，我国学术界虽然对民族地区治理缺乏清晰的界定和专门的研究，但是对具体的民族地区的政府管理过程和方法的研究还是非常丰富的，只是没有使用治理的概念和运用治理的理论结构来分析民族地区政府的活动而已。其实，治理理论的兴起所针对的、所挑战的最主要的问题是我国长期存在的政府管理过程和管理方式①，其最核心的主张就是革除政府单向度的统治，实现国家与社会、政府与市场、社会组织、公民个人等治理主体的共同协作、治理公共事务解决社会公共性问题的治理方式的转型，其中治理的核心仍然是公共权力的运用问题，核心主体仍然是代表公共权力的政府。因此，可以说，民族地区治理这一概念是治理理论在民族地区公共管理过程的运用，是试图以治理思维来解释分析民族地区政府管理过程和活动而创造的概念，它融入了现代治理的新元素和公共管理的新技术和新理念，是对当代中国民族地区政府管理的过程和方式的理论化、概念化。

我国学者方盛举教授对边疆治理所做的界定对我们界定民族地区治理这个概念具有启发性。他认为边疆治理是以政府为核心的多元主体为实现边疆的安全、稳定和发展，依法对边疆区域内的公共事务进行管理和处置的活动和过程②。该定义是从治理主体、客体、目标和方式四个要素来概括总结边疆治理的含义，简明扼要，内涵和外延清晰明确，通过该定义使得人们能够比较准确地把握住边疆治理的要点。民族地区治理虽非等同于边疆治理，但是基于两者的交叉关系和部分重叠关系，特别是两者的同质性，民族地区治理的概念解释也是可以按照这样的理论逻辑来展开的。其一，民族地区治理无论是基层的民族自治县、民族乡还是自治州和自治区，都是在一定的行政辖区内运用公共权力管理公共事务的活动，本质上属于公共行政活动；其二，民族地区治理都是依法和依制度进行和展开的，这也与边疆治理存在共

---

① 周平. 中国边疆治理研究［M］. 北京：经济科学出版社，2011：27.

② 方盛举. 当代中国陆地边疆治理研究［M］. 北京：中央编译出版社，2017：49.

性；其三，民族地区治理也是以政府为核心主体的，民族地区自治地方政府构成民族地区治理的元主体，起着主导性的作用，其他主体的参与、协同功能都必须围绕着政府的作用而展开；其四，都具有明确的治理对象以及相对确定的治理客体，边疆是以边疆为治理对象，而民族地区治理则是以民族区域为治理对象；其五，都有相对确定的问题域和治理的目标设定；其六，两者都有相对确定的政治地理空间范围。基于这样的认知和分析，我们认为民族地区治理是一个复杂的治理结构，它以政府为核心、联合多元主体共同为实现民族地区发展、稳定、安全、和谐、团结、美丽等目标，依照法律、制度和政策对民族区域范围内的公共事务进行管理的活动和过程。从主体上划分，它包括政府治理、市场治理、社会治理三种基本的类型，从治理层级来看存在着四个层级的民族地区治理，即民族乡镇治理、自治县治理、自治州治理和自治区治理；从治理方式来讲存在着依照法律、政策、制度等进行的治理；从治理对象来看是以民族地区为对象的治理。而西南民族地区治理则是以西南地区的民族地区为范围的治理，是对治理的地域空间范围限定而已。这一按照一般治理结构要素对民族地区治理所做的界定，是对民族地区治理实践的高度概括，也是一种理论分析框架的理论建构，虽然有形式化之嫌，但是对于我们从总体上把握西南民族地区治理的结构还是有帮助的，对于理清问题的脉络和思路仍然是必须的。

要全面把握西南民族地区治理这一概念，第一，需要把握好治理主体体系。虽然民族地区的治理实质上仍然是以政府治理为主体和核心，但是基于我国政府层级的多样性，仍然需要区别不同层级政府的职能和职责。政府作为民族地区治理的中坚力量，可以划分为中央政府与民族地方政府，民族地方政府又可以分为自治区政府、自治州政府、自治县政府和民族乡政府，它们在不同的行政区域内发挥着区域治理功能。中央政府应该履行什么职能、民族地方应该管理哪些事务、中央与民族地方的关系如何处理等都关系到民族地区的治理绩效。同时民族地方政府之间的关系也很复杂，上下级政府、同级政府之间的关系等也需要协作和合作。除了政府这个主体外，民族地区治理主体还包括群众团体、社会组织、少数民族以及公民个体，他们承担着不同的公共职能，发挥着各自的治理作用。此外，由于我国政府治理是在党政系统中履行职能的，在广义政府的视域中，政府与执政党、人大、政协、司法等其他机关也都在承担着治理的职能，特别是执政党的领导和组织功能。在民族地区的治理过程中，如何发挥党和政府的核心作用，处理好与其他主体的关系，是优化治理主体体系的关键。从政府治理的角度来看，西南民族地区的治理主体体系建设基本的问题是政府治理体制的改革和创新问题，就是按照政府现代化、法治化的标准和要求来发展民族地区政府治理体制，革除体制弊端，这是我们研究西南民族地区政府治理必须关注的重点问题。

第二，要把握好治理的客体。西南民族地区治理的客体，是指根据治理对象、治理目标所确定的治理内容，它是在主体客体关系中对治理目标、治理对象和治理内容的抽象和概括。就西南民族地区治理而言，它是西南民族地区客观存在的民族事务和社会公共事务，这些事务包括政治、经济、文化、社会、生态环境、边疆防御和国防事务等，这些事务包括国家和地区两个层面。国家层面的事务是关系整个国家利益、国家安全和国家整体发展战略的问题，地方事务是指向民族地区并与民族地方公众直接相关的事务，有些事务则是国家和地方共同承担的治理事务。西南民族地区的治理客体是个复杂的系统，所涉及的具体治理对象从经济发展问题到边疆问题多种多样，有些是民族地区特有的，有些则是一般地方共同具有的事务。我们关注的是西南民族地区具有特殊性或者比较突出的事务的治理问题，如发展问题、民族问题、宗教问题、少数民族文化保护问题等。

第三，要把握好西南民族地区治理的法律制度体系。民族地区治理与非民族地区治理的一个主要的特点就是基于民族地区民族社会关系的特殊性所产生的治理制度体系的特殊性。国家为了治理好民族地区，建立了以民族区域自治制度为核心的、以民族政策体系来落实、以民族法律法规体系来保障的民族法律政策体系，它们构成了党和政府对民族地区公共事务的主要治理依据和机制。在这个制度体系中，首先是民族区域自治制度的发展和完善问题，其次是民族法律法规体系的现代化问题，再次是民族政策体系的优化和实施问题，最后是其他民族地区事务治理制度的现代化问题，如民族地区广泛存在的习惯法以及其他非正式制度的优化和改造创新问题。

第四，要把握好民族地区治理的目标。推进民族地区治理，必须要明确治理的目标，才能实现民族地区的善治。党的十八大明确了国家治理现代化这个改革的总目标，根据这个总目标的指引，西南民族地区的治理也必须要有区域治理的目标，这个治理目标既是西南民族地区各族人民所追求和向往的，也是本地区治理体系现代化建设所要实现的目标，它规定着西南民族地区治理体系现代化建设的基本方向，明确民族地区依法行政所欲促进和推进的建设目标。这个目标就是要实现西南民族地区经济社会发展的现代化，为实现这个目标我们必须建设现代化的西南民族地区治理体系，也迫切需要通过法治方式和法治建设来完善西南民族地区的治理体系。西南民族地区经济社会发展现代化是中国特色社会主义建设的历史必然，适应了国家发展的总体战略，是理论与实践的辩证统一。这个区域治理目标可以具体化为基本目标和主要治理任务。

基本治理目标是六大目标：国家统一、民族团结与民族平等、社会和谐、经济发展、文化繁荣、边疆稳定、领土安全与国家发展。

具体的治理任务是基层民族民主建设、经济产业发展、嵌入式社区发展、民族文化软实力提升、生态文明建设、民族问题治理、宗教事务管理、边界秩序维护和国家领土安全、少数民族权利的维护和保障、边疆的稳定与安全这十大任务。

第五，把握好西南民族地区的治理能力。治理能力是治理主体运用治理制度实现对治理对象和客体的治理实效，是治理体系的实际运行效率，它反映了治理体系的优劣状态，也体现出治理主体的制度运用和执行能力。治理能力是治理体系实践状态的实际效能，是整个治理体系协同作用的结果。

3. 西南民族地区治理的问题域

（1）民族地区的社会发展问题。

现代化视域中的社会发展问题是一个综合性、全局性、根本性的问题，它指设的是民族地区在经济、社会以及文化等流域所呈现出的整体发展状况和水平，表征着现代化进程的程度和水平。按照现代化的测量标准，通过对一个国家和地区的现代化发展水平的测量指数的测量，可以基本判断出其现代化的程度。这些测量指数包括政治民主、经济发展水平、文化繁荣以及人口寿命等因素。我国民族地区在现代化水平的这些测量指数方面与发达地区的差距是显然的，无论是从经济绩效、教育水平还是贫困人口等方面，都与其他地区存在着差距，整体上表现出落后的发展状态。因此解决民族地区的发展问题就是提高民族地区的现代化进程的问题，而其现代化发展的战略和策略的选择则成为民族地区治理的首要问题。

（2）民族地区的政治稳定与安全问题。

维护国家的统一和多民族的团结是多民族国家的基本职能，也是国家发展和建设的基本政治条件。改革开放 40 多年来，民族地区面临的政治生态发生了前所未有的变化。一方面，市场化和城镇化改变了民族地区计划经济时代的利益结构、阶层结构、人口结构、就业结构和城乡结构，形成了新的利益结构和格局，突显了社会群体的分化和区域分化，加剧了民族地区的矛盾的复杂性和社会问题多发性。民族矛盾和民族问题与区域问题叠加更加剧了民族地区社会关系和社会问题的复杂性和多元性，更增加了中央和民族地区政府对民族地区问题的治理难度，使民族地区的政治稳定和安全问题成为民族地区的特殊性治理难题。另一方面，基于民族地区绝大多数是边疆地区的客观情况，周边国家和国际环境的变化也激发和催生了民族地区的一系列安全和稳定问题，特别是西方发达国家以民族地区问题和地缘政治问题为借口所制造的事端，严重干扰着国家和民族地区社会秩序和经济社会建设，更使民族地区增添了治理的麻烦和困难。

　　首先是民族地区的政治稳定问题构成了治理的首要问题和难题。政治稳定是国家的政治系统通过自身的适应调节机制，保持政治系统有序运行、功能持续发挥、社会与国家的关系协调的状态①，它表现为宪法、法律制度的稳定、权力关系的协同、政治过程的有序、基本政策的连续以及政府合法性的稳定等方面。宪法设定了国家的国体、政体、基本经济制度等基本制度，规范着中央与民族地区的权力配置关系，宪法的稳定是政治稳定的最高表现。根据宪法建立起来的法律制度体系是政治稳定在法律领域的表现也是政治稳定、社会稳定的法治保障。权力关系的协同是指党政之间、立法、行政与司法之间、中央与地方之间的权力配置合理、关系协调、不存在激烈的权力冲突和对抗。基本政策的稳定性是指国家所制定的政策保持连续性和稳定性。此外，国家与社会的关系基本和谐，政府与社会的关系保持基本的秩序关系和协调性。总之，政治稳定是经济、社会与文化等领域的问题的集中体现，在民族地区，它又是衡量民族关系和谐与否的主要维度，主要表现为政府与民族的关系、民族之间的关系。

　　目前影响着民族地区政治稳定的因素主要表现为五个方面：一是历史上形成的民族矛盾和民族冲突在新的历史条件下的沉渣泛起，特别是西藏与新疆的民族分裂主义并没有完全消除，其对

---

① 陈霖. 中国边疆治理研究［M］. 昆明：云南人民出版社，2011：76.

民族团结的冲击和国家的政治稳定的影响始终是存在的。二是民族地区发展的不充分、不平衡造成了民族地区与发达地区的巨大差距，形成了政治不稳定的心理基础，而这有可能制造民族地区的政治动乱和民族冲突。三是市场化和城镇化过程中形成的社会利益矛盾和冲突，引发新的社会关系矛盾造成社会不稳定，而社会不稳定和社会问题也会转变成政治问题，形成政治不稳定问题的发生。四是民族地区的极端民族主义、极端宗教主义的复合，会导致民族和宗教问题的复杂化，冲击着国家的民族宗教政策的有效推进，也有可能对政治稳定构成威胁。五是不断增加的民族地区的安全问题也会激发社会问题进而波及政治不稳定。

其次是我国民族地区的安全问题也是构成我国的政治不稳定和区域治理的困难。安全问题与稳定问题是互为条件的[①]，也是相互影响的。民族地区由于其区位特点和地理空间的关系，安全问题更为严峻和多元，维护安全的任务更为艰巨。地缘政治安全问题、宗教安全问题、领土主权安全、军事安全、政治、经济、文化、生态领域和社会领域的安全，由于安全问题的多元性和交互性，使得安全问题的治理和风险防范成为民族地区治理中制约和影响国家安全和地区稳定的重要因素和变量，也是考验国家民族地区治理能力强弱的标准和尺度，更是新时代背景下的国家治理任务。

（3）民族地区的民族问题。

民族地区的治理客体是民族问题和区域问题叠加和交错构成的整体，就两者的关系来说，区域性问题是基础性问题，民族问题是附加和衍生于基础性问题之中，通过民族矛盾和民族利益冲突的形式表现出来，形成不和谐的民族关系，破坏民族之间的团结。正是由于民族地区治理客体的两元结构所形成的治理复杂性，使得民族地区的治理比一般地区的地方治理更加困难和艰

---

① 周平. 中国边疆治理研究 [M]. 北京：经济科学出版社，2013：183.

巨，并成为民族地区必须长期应对、认真对待的治理难题，民族问题更彰显出民族地区治理的特殊意义和价值。

民族问题的存在是民族地区治理特殊性的主要事实基础，是最主要的治理客体。民族问题既包括民族自身的发展问题又包括民族之间、民族与阶级之间、民族与国家等方面的关系。① 具体来说，包括：①民族的发展问题，一方面是应该民族的发展现状水平与其期待值之间的落差所形成的不充分发展问题，另一方面是民族地区与发达地区的发展不平衡问题。②民族之间因差异、利益分配和权益配置而产生的民族矛盾。③民族与阶级的关系问题。④民族与国家的关系问题，它包含着两个方面的主要关系，一方面是民族在国家中的法律地位问题，包括民族在国家中的权力分配和权利保障问题；另一方面则是国家对民族关系的治理问题，包括所进行的民族治理政治设计、民族政策的制定、民族关系的法律调整规则体系等。民族与国家的关系是多民族国家需要解决的主要民族关系和民族问题，也是民族地区治理的主要问题。⑤民族文化的延续和传承问题。民族问题的形成是历史因素、自然条件、文化因素、社会发展条件以及国家不同时期所采取的民族治理政策等多种因素共同作用而形成的。有学者将这些民族问题归纳为三种类型②，即隔阂型、矛盾型和冲突型。隔阂型民族问题是在心理层面上的问题，表现为民族之间的不信任和不认同；矛盾型、冲突型的民族问题则表现为行为上的对抗和对立，正常的民族交往关系受到破坏。国家对民族地区的治理就是要努力消除民族之间的不信任感，解决因为利益冲突所形成的民族矛盾，预防和治理民族之间的民族冲突的发生。⑥跨境民族问题。我国西南民族地区与周边国家由于历史文化和地理的原因，形成了比较复杂的跨境民族问题，跨境民族的少数不法分子利用

---

① 国家民族事务委员会，中共中央文献研究室. 民族工作文献选编（1990—2002）》［M］. 北京：中央文献出版社，2003.

② 方盛举. 当代中国陆地边疆治理研究［M］. 北京：中央编译出版社，2017.

同一地缘、同一民族统一语音的便利，从事走私、贩毒、贩卖人口等非法活动，影响边疆地区的社会秩序。

（4）民族地区的宗教问题。

民族地区的宗教问题是构成民族地区治理特殊性的另一个重要客体。在我国民族地区，历史上受宗教影响比较深，各个少数民族在长期的社会发展过程中都建构起自己的民族宗教信仰和本民族的宗教，这也使得宗教生活构成了各个少数民族的社会生活和社会关系的重要组成部分，特别是有些民族，宗教对政治和教育的影响特别深，所形成的宗教社会结构和宗教文化在当代仍然有广泛的影响、发挥比较大的作用。当然，宗教对各个民族的凝聚力和民族认同以及民族文化的形成发挥着积极的社会功能，我国的西南民族地区是宗教影响和宗教教派最为多样化的地区，不仅仅存在着多种宗教种类，而且同一宗教内部也存在着不同的教派，不同的宗教和教派在宗教活动方式和信仰上存在比较大的差异，对民族地区的经济文化和社会发展的影响深度和程度也存在着差异，这对国家的宗教治理也带来巨大的挑战。中华人民共和国成立以来，党和政府制定和执行了符合中国国情和宗教发展规律的宗教政策，有效和科学地解决了宗教问题，实现了宗教信仰自由的宪法原则，保障了广大教民的宗教权益，达到了积极引导宗教与社会主义相适应的治理目标。

但是，改革开放40多年来，民族地区的宗教发展受国内外因素的影响，也出现了新的特点，这给政府的宗教治理提出了新的难题。这些新的特点是[①]：①国内信教群众数量增加、宗教活动场所和寺庙教堂增加无序，宗教的社会影响力不断上升。②外来的宗教的影响和传播增加。③邪教在一些地区沉渣泛起，影响了宗教的正常发展，又对社会秩序造成极大的破坏。④由于民间信仰的兴起以及外来宗教的传播，我国的宗教多元化格局已然形

---

①　王怀超，靳薇，胡岩．新形势下的民族宗教理论与实践［M］．北京：中共中央党校出版社，2014.

成，五大制度性宗教作为党和政府联系信教群众的桥梁和纽带作用被消弱。⑤宗教的世俗化倾向明显，借助弘扬传统文化、发展旅游事业，以盈利为目的，集资敛财。⑥境外宗教团体的宗教渗透，表现为一面利用宗教颠覆我国政权、破坏民族团结；另一方面则通过控制我国的宗教团体干涉我国的宗教事务，在境内发展教徒，壮大其在中国的宗教影响和控制。⑦极端宗教主义与民族分裂势力、国际恐怖主义势力相结合，威胁我国的宗教安全和边疆安全。我国民族地区所存在的宗教问题，对我国民族地区人民群众的社会生活、生产工作都产生了诸多的不良影响，威胁着国家的国家的宗教安全，因此对宗教事务加强治理，是民族地方政府非常迫切的任务。

（5）民族地区的社会问题。

民族地区的民族问题和宗教问题，从广义上说也是社会问题。但这里所谓的社会问题是指在社会运行过程中，由于存在某些使社会结构和社会环境失调的障碍因素，影响全体成员或者部分成员的共同生活，对社会秩序甚至社会运行安全构成一定威胁需要动员社会力量进行干预的社会现象。① 民族地区的社会问题则是指发生在或者主要发生在民族地区的社会问题。它有几种表现方式：一是基于民族地区的特殊地域特征而产生的问题，如跨境赌博、"三非"人员、跨国非法婚姻以及非法社会流动、毒品犯罪问题。二是基于民族地区的社会关系的民族性而产生的跨境民族问题。三是基于民族地区经济发展水平而产生的就业、教育医疗、社保、贫困等民生问题，这些问题在内地也存在，但是与民族地区比较，民族地区更加突出和严峻，治理的难度更大。四是少数民族的社会认同问题。民族地区是由各个少数民族与汉族大杂居、小聚居形成的地域，民族认同感始终交织着与国家认同的纠葛，民族认同与国家认同的分离与整合问题始终存在，而对

---

① 郑杭生. 社会学概论新修［M］. 北京：中国人民大学出版社，2002.

这些社会问题的治理由于其历史性、文化性、民族性以及复杂性而变得异常困难。五是其他基于民族地区的文化、群众文化水平、少数民族生活方式的特点而产生的民族纠纷、民族矛盾问题，虽然一些纠纷与内地并没有多少本质上的差异，但是民族地区的纠纷由于包含民族元素，对其解决难度更大。在经济社会发展过程中，民族地区的社会结构转型和利益分化，形成了传统纠纷和新型纠纷共存的矛盾纠纷格局，这也使得传统社会的纠纷解决机制失灵，创新民族地区社会治理的纠纷解决手段成为民族地区法治的新难题。

（6）少数民族文化传承与发展问题、传统资源与民族权利的保障问题。

民族地区在传统上是典型的农业社会，在漫长的民族发展过程中形成了各具特色的少数民族文化，它维系着少数民族共同体的延续和发展。但是在改革开放以及市场经济的现代化进程的冲击和影响下，民族社会结构的巨变、民族与地域关系的松动使得少数民族传统文化的解体和流失变得不可避免。如何维护民族多样性与国家的统一性上的有机统一，实现少数民族优秀文化的传承和发展是民族地区政府治理需要进一步解决的问题。而这个问题在治理上则主要表现为如何从制度上保障少数民族的文化权利和民族权利。国家对少数民族权利体系的保障和维护是少数民族的生存和发展的内在要求，也是多民族国家政治整合和有效治理的基础，否则国家的政治治理就会因为少数民族文化治理的失败而影响和破坏国家的现代化进程。历史已经证明，在多民族国家，再强大的政治整合，都没有否定文化多样性的合理性和合法性，国家的统一、民族的团结以及少数民族的发展三者之间必须有机结合，形成统一体。

在中国这样的多民族国家，国家的治理过程与国家维护少数民族的权利过程是有机统一的互动过程，国家对民族地区的治理是在不断维护少数民族权利的过程中得以实现的，而这个过程实际上就是从中国现代化发展作为推动力的。① 中华人民共和国成立 70 年来，国家通过宪法、法律和政策赋予少数民族的权利已然形成比较完善的权利体系，无论是政治经济文化和社会生活各个方面，少数民族都享受到了空前广泛和真实的权利。但是由于受国力以及种种条件的限制，在少数民族权利的实现程度上还存在着不尽如人意之处，在民族权利的救济和法律保障方面还存在需要进一步完善的地方，中国的民族法制体系仍然需要进一步加强。

（7）民族地区的生态环境问题。

按照国家"五位一体"的国家建设战略部署，生态环境建设也是我国现代化进程需要重点推进的建设领域。西南民族地区在生态环境上的特点与地理特征，使得生态环境问题具有一定的地域特殊性，所以西南民族地区的生态环境问题也是民族地区治理必须纳入考察和研究的范围。

西南民族地区是指藏、滇、黔、桂、川、渝 5 省（区）1 市，其生态环境的特殊性表现在：第一，该地区自然条件复杂、地理区位重要，由于受特殊的地形地势和气候条件的影响，生态环境十分脆弱。第二，喀斯特地貌在本地区东部分布很广，是本地区环境脆弱的又一要素。在广西，喀斯特地貌面积占全自治区面积的 51.8%。四川和云南也有大面积的喀斯特地貌，蓄水保水能力差。第三，西南民族地区是我国生物种类和生态系统最为丰富的地区之一，至少有 10000 多种高等植物，其中当地特有 700 种以上，中国 44% 的树种和北半球主要生态系统均可以在这里找到。由于人口的增长和对资源的不合理开发利用，生物资源正以惊人的速度遭到破坏。第四，西南民族地区具有丰富的有色金属、贵金属矿产资源和水能资源，各民族具有与本地区自然环境的多样性和特殊性有着密切关系的民族习俗和宗教信仰。第五，西南民

---

① 付春. 民族权利与国家整合 [D]. 上海：复旦大学，2005：序言.

族地区人口增长迅速，地方经济落后，产生大量短期行为，如坡地种植、破坏森林、过牧、过度捕猎野生生物、不合理开采矿产资源等，生态失衡，环境恶化，灾害频繁，生态环境建设刻不容缓。

民族地区环境治理的特殊性主要表现在以下几个方面：一是环境治理主体的民族性。由于西南民族地区少数民族分布广泛，民族地区环境治理主体具有民族多样性。但也给其治理带来了诸多问题，虽然在同一民族地区，但是不同民族的风俗习惯、历史传统会存在巨大的差异和不同，所以对待同一社会问题，同一国家或地方政策，不同的民族会有不同的认知和反应。对于环境治理的认知和要求也有所不同。二是治理环境的特殊性。民族地区环境治理的特殊性既有纯然天成的地理环境也有近年来特殊的政治环境。从地理位置来说，我国民族地区地处西部边远地区，所处区域大多是高山和雪原，这种独特的地理位置使这些地区雪灾、泥石流、地震、森林火灾等自然灾害不断出现。同时，由于自然条件恶劣，基础设施建设和发展缓慢，与其他地区相比，民族地区环境治理任务要更加艰巨，要采取特殊的治理手段和方式防止社会矛盾和冲突的激化，维护民族地区政治上的稳定和社会和谐。三是环境自治能力的差异性。环境治理本身既包括政府对公共事务的管理同时也包括社会公众对环境的自治。但是由于民族地区社会公众所处地理位置的差异，不同的民族地区公众自我管理、自我治理的能力还存在着巨大的差异。这些差异性一方面表现在不同民族自治地方民众自治能力的差异。不同民族地区由于不同民族规模的差异，所处地区民族比例也存在着巨大的不平衡性。

（8）民族地区的边疆问题。

由于我国大部分民族地区从地理上都是分布在边疆地区，因此民族地区的治理必然涉及边疆问题。对于边疆问题的理解和范围的界定，学界的看法和观点并不一致。第一种观点认为民族问题就是边疆问题，两者基本上是等同的，所以中国的边疆治理就是民族问题的治理①。第二种观点是将边疆问题作为边患问题，也就是国家的边境、边防与边境安全与防卫问题。第三种观点主张边疆问题多元论，也就是说边疆问题是多元的，民族问题是多元中的一元，并反对以民族问题来概括和包含边疆问题②。我们认为这些学术观点都有一定的道理和理由，并不存在绝对的是非对错之别。它们分别服务于不同论域研究的需要，能够为不同领域研究提供问题意识和事实基础即可。笔者基于民族地区治理研究这个主题以及把民族问题作为主要的研究领域，所以将边疆问题主要是看作民族地区基于地理边界而发生的对于民族地区治理产生影响的问题，并将其与民族地区的发展问题、民族问题、宗教问题、文化问题、环境问题以及其他问题做相对的界分，作为民族地区治理的问题群中的相对独立的问题来进行认识和研究。

在国家发展的新时代，我国民族地区的边疆问题已然发生了较大变化，这些变化对我的边疆治理策略和战略都提出了新的挑战，迫切要求更新边疆治理思维和边疆理论③，这是富有全球战略眼光和战略意识的，对于维护国家的整体利益是非常有实践价值的。所以对于边疆问题的思考，治理战略的设计必须有全球意识和国际战略眼光，从国家发展的长远目标来展开和设计。从西南民族地区这一特定的区域来分析边疆问题，可以发现边疆问题是多样和复杂的，交织着国际元素与国家元素，政治与经济因素、文化与民族因素、军事与防卫因素，所以必须从中央和地区视域两个方面来看待边疆问题，跨越研究视野的局限，从国家发展的总体战略来思考和研究边疆治理问题，把边疆问题纳入民族地区治理的问题域中，从推进民族地区治理体系的战略来展开边疆问题的研究。

---

① 陈霖. 中国边疆治理研究［M］. 昆明：云南人民出版社，2011.
② 周平. 中国边疆治理研究［M］. 北京：经济科学出版社，2011.
③ 周平. 中国边疆治理研究［M］. 北京：经济科学出版社，2011.

从以上比较简略的归纳和分析中，我们可以总结出民族地区治理的问题群是一个复杂的治理客体，包含着多方面的治理对象，所以必须从整体性、系统性来把握这些治理的问题。从整体性思维来分析，民族地区治理所面对的问题，具有如下明显的特点。

第一，政治性。所谓的政治性首先是指民族地区的治理问题必须从国家政治发展的高度来审视，其治理的问题都具有高度的政治价值，涉及国家政治发展的整体战略，如果缺乏政治眼光就会迷失政治方向。其次是指民族地区治理的问题带有高度的政治内涵，需要按照政治原则来解释和分析，才能获得正确的结论并符合中国国情。最后是民族地区治理是以国家与民族的关系为理论中心来展开的研究，维护国家利益为最高原则，而维护国家统一、民族大团结是民族地区治理的最高价值和目标。

第二，民族性。所谓的民族性首先是指民族地区治理的问题都是在国家与民族的关系中发生的问题，直接或者间接地与少数民族的利益和权利相关，无论是民族的发展、民族地区的稳定与安全，还是社会、环境以及其他边疆问题都与民族地区存在着密切的联系，都必须从民族关系的视域来分析和理解这些问题。其次是指民族地区公共事务的治理过程中，无论是治理主体、客体以及治理依据都与民族地区的少数民族有关，无论是政府的构成还是公民个体利益保障都以实行区域自治的民族为基本依据和基础。最后是民族政策体系和民族法律法规体系都是在维护国家统一的前提上突显少数民族的利益和法律地位的。

第三，经济性。所谓的经济性主要是指民族问题与民族地区的经济发展过程、背景以及条件相关，是民族地区经济转轨和经济结构转型的产物，特别是民族地区的发展问题、社会问题以及少数民族文化问题都是在经济发展的巨变中产生和涵养孕育出来的，经济因素是制约民族地区问题的第一位的因素，也是解决民族地区问题的首要因素，离开经济因素来讨论民族地区的治理就会本末倒置。

第四，历史文化性。当代中国民族地区的问题中，存在着不少的历史遗存，是历史传统和文化基因的延续，所以对这些问题的治理不能抛弃历史的眼光和文化分析的方法论，而需要有一定的历史视域，从历史发展的长河、文化发展的延续中找出问题的原因，提出有远见的对策。

第五，社会性。社会性是指当代中国的民族地区问题必须从民族地区社会关系和社会结构来分析和审视，找出问题产生的社会背景以及对社会关系的影响，明确问题解决的社会意义以及方向。由于市场化和城镇化、全球化的推动和冲击，民族地区的社会关系结构与传统社会已大不相同，从社会个体的生存方式、生活方式到社会组织的关系网络再到社会治理的方式和手段都发生巨大的变迁，所以必须从当代中国民族地区的社会条件来阐释问题。

第六，整体性。我国民族地区所发生和出现的问题是多元性的，从研究的便利出发，我们可以将问题分解为单一性的问题。但是从整体性、系统性的角度来看，所有这些单一问题都是民族地区问题这个整体中的问题，与其他问题存在着交互性和联系性，甚至存在着因果关系，如发展问题与稳定问题、安全问题与稳定问题之间就存在着非常密切的关联性。民族发展不充分，民族地区的社会就会出现不稳定，而社会不稳定就容易产生安全问题，社会不稳定又会造成对发展的负面影响。因此，对民族地区的问题必须有一个整体性的思考，要有整体性的国家全面发展的战略思维。

第二节　西南民族地区治理体系的构成

一、西南民族地区治理体系的构建

通常意义上，治理体系是指治理各个要素构成的有机整体，是由治理理念、治理主体、治理制度、治理客体（对象、治理目标和内容）、治理方式和治理能力等要素构成的系统。治理理念是治理的价值目标和价值追求；治理主体是治理的实施者和参与者；治理制度则是治理的依据和路径；治理客体是治理指向的内容；治理对象是治理指向的具体的问题领域；治理目标是通过治理所期望达到的目的；治理方式是治理所运用的手段和机制；治理能力是治理主体运用治理方式展开的治理活动所实际达到的效能，也就是治理主体的制度执行力。治理体系是对统治体系、管理体系的发展和创新，是治理理念对现代治理实践的改造和升华。

治理体系的这个原理性的规定，对于各领域的治理活动大体上是适用的。就西南民族地区的治理来说，其治理体系的构造也大体上应该符合这一原理。也就是说解析西南民族地区治理体系的结构和层次，也可以按照治理体系的一般构造来进行。但是由于西南民族地区各省区市的差异、各层次民族地区的差异，因此各结构要素也必然存在一定的差异，这有可能造成在理论概括上的偏差。但是，即便如此，对于我们深入研究西南民族地区治理体系的现代化这个宏大的论题仍然是必须做的理论工作。由于西南民族地区治理体系的建设构成是一个逐步发展的过程，也是一个探索的过程，在其中有过曲折、挫折，也有值得辉煌的成就，有党和政府的正确领导，也有各族人民群众的智慧和创造，因此这个体系的形成充满着协作的精神。

1. 建构不同层次的民族地区

民族地区是依据民族区域自治制度建立的治理单位，是制度建构的产物。经过70年的社会主义改造和建设，西南地区的民族区域建设已经形成了完整的自治地方体系，建立了包括2个自治区、14个自治州、60个自治县和616个民族乡的民族地区。这个建构过程是一个性质建构、行政建构和历史建构三者的统一，也是党和政府治理西南民族地区的过程，是基础性的治理工作。民族地区的性质建构是以民族区域自治制度为前提、将一般地方建设为民族自治地方，是国家将少数民族聚集地建成民族地区的活动，它赋予少数民族以自治权，对本民族的事务以自主权，从而形成了新的中央与地方关系，通过民族地区的建构使得新型的国家与民族关系得以构成。所谓的行政建构是就治理的需要将民族地区建设成为自上而下的不同层次的治理区域，从民族乡到自治区，层次分明、结构合适。所谓的历史建构，是指西南民族地区是随着中华人民共和国成立以后地方政权的建设而逐步建设起来的，它经过地方政权建设、民族识别、民主改革、社会主义改造以及民族干部队伍建设等一系列的举措建立以国家权力为基础的制度体系、价值体系和治理体系。经过70年的努力，西南民族地区建成了2个省级的民族地区、14个州级的自治单位、60个县级民族地区和616个民族乡。民族地区的建立，确定了治理的行政区域范围，划定了治理的政治空间，为西南民族地区治理奠定了政治地理基础。民族地区的建立过程也是民族治理体系建设的过程，在这个过程中，党和政府的民族政策逐步成熟，治理智慧逐步积累，治理技术逐步完善。

2. 建构以民族地方政府为基础和核心的治理主体体系

（1）建立和加强中央政府对西南民族地区的行政管理。

中央政府是民族地区治理的重要主体，它通过制定民族政策、划定民族地区、建立领导机构、任命民族地区的主要领导干部来实现对民族地区的管理和控制。就西南民族地区而论，对西康省的撤销和西南行政区的建立是两个重大的举措。

（2）西南民族地方建设的过程是以民族地方政府的建立为中心推进的。

这个过程大体上划分为四个阶段①。第一阶段从 1949 年 10 月至 1958 年，在这个阶段建立了省级别自治区，如广西壮族自治区（1958）和一大批民族地方政府；第二个阶段从 1959 年到 1965 年，民族地方政府建设经历挫折、恢复与破坏的发展阶段，其中西藏自治区政府的建成（1965 年）是这个阶段的标志性事件。第三个阶段从 1978 年至 1984 年，是恢复和发展阶段，一批新的自治州政府和自治县政府得以建成。第四阶段是从 1984 到现在，民族地方政府建设快速推进和全面建设的阶段。1984 年《民族区域自治法》的实施，对于民族地方政府的建设提供了法治保障，以这个民族地区治理的基本法为基础，民族地方政府的建设迈入了规范化和法治化的轨道。

此外，还应通过民族识别建立构建各个少数民族的主体性地位；通过民主改造和社会建设，建构西南民族地区治理的社会形态基础；通过少数民族干部的培养和选拔，建设西南民族地区治理的治理人才队伍。

3. 形成符合国情、民情的西南民族地区治理方式体系

概括说来，70 年来我国逐步形成和构建了初级现代化水平的西南民族地区治理体系，这一治理体系是由以党和政府为主导、包括社会组织、少数民族群众、市场与企业等治理主体相互耦合

---

① 金炳镐. 新中国民族政策 60 年［M］. 北京：中央民族大学出版社，2009：28.

所形成的对民族地区治理的一种整体性制度结构，是国家关于民族区域治理的主体、客体、治理制度、方式手段等相关系统的集合。这一中国特色的民族地区治理体系包含如下几个方面的内容：（1）以国家的立场和整体考虑设立民族地区，并在此基础上建立民族自治地方政府包括自治区、自治州、自治县三级自治地方政府，并以建立众多的民族乡为补充。这是从行政建制的角度做的制度安排。目前我国已经设立了5个自治区、30个自治州和120个自治县，并建立了1240个民族乡作为民族地区的补充。不同层级的政府在设置上的考虑以及治理区域、范围和职权、职责上的分配以及特点都存在差别，但本质上都属于民族地区，其治理体制和治理结构大体上是同质的，与一般的非民族地区存在着一定的差别。（2）实行民族区域自治制度，从政治体制上解决国家整体与民族地区、国家与少数民族的政治关系。所以民族区域自治制度构成我国宪法上的三大基本政治制度。（3）建构一系列的解决民族地区问题的民族政策体系，以落实民族地区的少数民族的自治权，实现少数民族权利的有效保证。（4）逐步建立和完善了一套中国特色的民族法治体系。（5）确定了民族地区的治理对象或者治理客体。

二、西南民族地区治理体系的现代化和法治化

1. 西南民族地区治理体系的现代化

只有良好的民族地区治理体系才能保障民族地区的良好治理，实现民族地区的善治。从本质上看，良好的民族地区治理体系就是建立、发展和完善现代化的民族地区治理体制和机制，实现对民族地区的高效和科学的治理。那么，如何判断民族地区治理体系的现代化？如何判断民族地区治理体现代化的标准和构成要素？这必须从国家治理体系现代化的高度来认识。从完善和发展中国特色社会主义制度来看，实现社会主义国家的现代化必须

从中国的实际情况出发，走中国特色的社会主义道路。我国目前的基本国情是仍然处于社会主义发展的初级阶段，国家和社会的主要矛盾是人民日益增长的美好生活的追求与发展不平衡、不充分之间的矛盾，中国的国家治理体系是由这个国家的历史传统、文化传统、经济社会发展水平决定的，是我国历史传统、文化传统、经济社会发展基础上长期发展、渐进改革、内生性演化的结果。总体上我们国家的治理体系是适应我国国情和发展需要的，虽然仍然存在着现代化程度不高、与整体现代化不相适应的方面。但我们的目标就是向着高水平的现代化目标迈进，而治理的制度与体制是仍然是制约我国现代化进程的重要因素，因而完善和发展中国特色社会主义"国家治理体系对于建成社会主义现代化国家具有非常重要的意义。国家主席习近平同志指出："国家治理体系是在党的领导下管理国家的制度体系，包括经济、政治、文化、社会生态文明和党的建设各领域体制机制、法律法规安排，也就是一整套紧密相连、相互协调的国家制度。①"杜飞进对国家治理体系现代化及其标准的概括对我们认识民族地区治理体系现代化以及标准具有启发和示范性价值，他认为国家治理体系现代化的标准可以概括为八个方面：（1）社会主义国家法治和人民民主制度更加完善；（2）坚持和完善社会主义基本经济制度，形成统一、开放、竞争有序的市场体系和调控体系；（3）建立以权利、机会和规则公平为内容的社会公平保障体系；（4）坚持和完善收入分配制度，形成合理有序的收入分配格局；（5）文化管理体制和文化生产和机制完善，社会主义核心价值观深入人心；（6）形成党委领导、政府负责、社会协同、公众参与、法制保障的社会管理体制；（7）生态文明制度有效建立，人与自然和谐发展；（8）党的建设科学化水平全面提升，党总揽大局协调各

①　习近平．切实把思想统一到党的十八届三中全会精神上来［J］．求是，2014（1）．

方的领导核心作用充分巩固和发挥。① 俞可平教授则认为，国家治理现代化衡量标准至少有五个：（1）公共权力运行的制度化和规范化；（2）民主化，公共治理和制度安排都必须保障人民当家作主；（3）法治化，宪法与法律成为公共治理的最高权威，依法治国成为国家的主要治理方略；（4）效率，国家治理体系应当维护社会稳定和秩序，有利于提高行政效率与经济效率；（5）协调，从中央到地方，从政府治理到社会治理，各种制度安排作为一个统一的整体相互协调密不可分。② 民族地区治理体系是国家治理体系中的子系统，是具有特殊性的地方治理体系，因此国家治理现代化的标准原则上也是适用于民族地区的。但是考虑到民族地区的历史传统的特殊性以及民族地区现代化建设的条件和任务与一般地方治理的差异，民族地区治理体系现代化的判断标准可以进一步地修正，根据治理体系现代化的一般标准并结合我国民族地区的实际情况来确定，其标准既体现现代社会对国家治理现代化的要求，又与我国民族地区的特殊性要求相互适应。综合两位学者的见解并结合民族地区经济社会发展的实际，根据民族地区治理体系的现状和对未来发展趋势的展望，我们认为，如果把民族地区的治理体系和治理能力作为一个整体和国家治理体系下的子系统，民族地区的治理体系现代化的标准可以从民族地区治理体系的结构要素并结合治理体系现代化一般性标准来总结和归纳为：（1）形成党委领导、政府负责、社会协同、公众参与、法制保障的民族地区社会治理体制；（2）坚持和完善民族区域自治制度，实现少数民族当家作主与国家治理的统一；（3）形成国家法治、民族政策体系与民族法律法规协调统一的民族地区治理制度体系；（4）建构协调的中央与民族地方治理关系，实现国家统一与民族团结的和谐民族关系；（5）民族地区公共权力治理过

---

① 杜飞进. 中国的治理［M］. 北京：商务印书馆，2017：28-29.
② 俞可平. 推进国家治理体系和治理能力现代化［J］. 前线，2014（1）：5-8.

程的制度化、程序化与效率化；（6）依法治国成为主要的治国方略，宪法、法律成为民族地区治理的最高权威，法治思维和法治方式成为民族地区公共事务治理的主要治理方式；（7）政治治理、经济治理、文化治理、社会治理与生态治理的协调统一，实现和达到政治稳定、经济发展、文化繁荣、社会和谐与生态文明的治理目标；（8）党对民族地区的领导的科学化水平不断提高。民族地区治理体系现代化标准的设定是为了进一步明确治理体系改革和方面的不足，改进民族地区的治理工作创新的方向，反思我们在民族地区公共事务治理过程中存在的体制、机制和方式等。

2. 西南民族地区治理体系的法治化

什么是法治化，这是大家广泛使用但是却没有明确界定其含义的概念，由于言人人殊，结果大家对法治化这个概论的使用不仅仅混乱而且语义极为差异，这造成了学术交流上的困难，也容易形成理论上的误解。我们认为，概念的明晰是学术讨论的前提，没有含义基本确定的概念就不能进行正常的理论讨论，对于法治化这个在倡导法治、法治话语成为时髦话语的时代尤其如此。就法治化的实质意义而言，法治化就是建构法治的过程和实现状态，它是一种法律实践状态，也是法治的运动过程，它通过法治要素与实践活动的组合形成的法律实践效果。这是其作为名词使用时的含义。当把法治作为动词使用时，也就是如何使之法治的问题，是按照法治的理想状态和预期标准来加以建设的问题。在当下的法治语境下，法治化的主流含义仍然是指以法治的一般标准和尺度对法治实践过程的评价和判断，是对法治主要环节的建构，包含着价值层面、制度层面以及实效层面三个层次，价值层面是对法治精神以及目标的预设，制度层面就是建设起现代法律制度体系，实效层面是指法律制度实现和达到的实践效果。

以治理体系作为系统来观察，现代化是一个包括法治化的范畴，其涉及面更广泛和内容更为丰富，除了法治化的要求外还存在着民主化、科学化以及效率化等内容。在现代社会管理过程中，显然是突显了法治的定位和功能，法治化成为现代社会治理的主要治理方式，其治理效能更具有现代价值，它成为治理体系其他要素的保障。

第三节 西南民族地区治理体系与政府治理

一、政府治理的含义

1. 政府治理的界定

政府治理是政府联合多方力量对社会公共事务的合作管理和社会对政府和公共权力进行约束的规则和行为有机统一体。政府治理有两个面向，一是政府内部管理的效率和政府对社会治理的有效性，二是政府治理行为的正当性，以社会对政府约束的有效性为基础。[①] 而政府治理体系则是指政府治理社会和对政府治理两个方面构成的系统。前者是以社会为对象的治理，后者是以政府为对象的治理，当然广义上还包括对市场等实施的公共管理活动。[②]

在一般意义上说，民族地方政府治理体系是在一个国家主权范围内，国家治理民族地区所构建的包括中央政府、民族地方政府、市场、社会以及各个民族成员相互耦合所构成的整体性制度

---

① 何增科，陈雪莲. 政府治理 ［M］. 北京：中央编译出版社，2015：3.
② 王浦劬. 国家治理现代化·理论与政策 ［M］. 北京：人民出版社，2016：40.

结构，其中政府、市场、社会以及少数民族公民各自都是由一系列相互关联的规则、组织和治理机制构成的制度系统，包括治理主体、客体、制度体系、治理目标以及治理机制和手段等要素，是以政府为元主体、政府、社会、市场以及少数民族以及公民作为多元主体，以法治思维和方式作为基本方略，以民族基本制度、民族法制体系、民族政策体系以及其他治理手段为具体手段而实现对民族地区治理目标的过程。

2. 政府治理在治理体系中的地位和功能

在西南民族地区治理体系的建构过程中，民族地区自治地方政府是主要的治理组织者和实施主体，承担着国家的治理任务和治理民族地区的职责，政府治理是治理体系的关键。在中国发展的整体性和国家发展整体战略中，民族地区地方政府的作用日益突出。在当代现有的西南民族地区治理体系中，自治地方政府的治理任务更加繁重和艰巨，国家对民族地方政府的治理要求越来越高，民族地区地方政府的压力也越来越大。由于西南民族地区内外环境的变迁，西南民族地区地方政府在结构、功能和治理能力上日益暴露出治理的缺陷，表现出与新时代要求的不适应性，这些不适应性反映出西南民族地区政府治理的整体性问题，不能通过对个别要素的调整而改善。在这样的背景下，通过法治的路径推进西南民族地区政府治理体系从传统治理模式向现代治理模式的转型，就成为必然的选择。自然，这个转型的过程是艰难和复杂的，它需要政府自身的改革、创新和革命，也需要外力的推动，并需要确定正确的转型路径才能达到目标。西南民族地区政府治理体系和治理能力是个整体性的系统，政府治理体系是组织和制度架构，治理能力是治理体系作用的表现，实际上是政府的法律、政策和制度的执行力问题。西南民族地区政府治理模式从传统向现代转型过程，本质上就是一个现代化的过程，是对西南民族地区政府治理的治理结构、体制、制度、方式以及治理路径等方面的调整和革新，是以政府治理现代化的标准和需求对其改造和创新的过程。

在民族地区治理体系中，民族自治地方政府在实施民族地区发展战略中具有核心的地位，也是关键性的治理主体。如何发挥民族地区地方政府在治理主体体系中的核心作用，处理好与其他治理主体的关系，提高对民族地区的治理能力，优化民族地区治理体系，具有非常重要的作用。首先，民族自治地方政府是民族地区治理的核心主体，是党和国家的民族政策的主要实施者和贯彻者，没有强大和科学的民族地方政府，国家在民族地区的发展目标和科学规划就难以落实和实现；其次，民族地区治理的其他主体，如社会组织、公民个体、企业、市场等对民族地区治理的作用都与政府的作用息息相关，都需要借助政府治理功能来发挥作用，没有高效、民主和法治的民族地区地方政府，整个民族地区治理主体体系的系统性功能会受到限制而难以发挥出来。再者，民族地区地方政府是民族地区治理的倡导者、组织者、推动者和实施者，负责着民族地区治理目标的规划、治理任务的落实、国家民族政策的落实、国家法律的执行等，同时也是民族区域自治制度的主要实施主体，总之是实现民族地区良好治理的关键。最后，民族地方政府是民族地方治理体系的组织者和实施者，也是民族地区治理体系所指向的治理对象之一。民族地区的政府治理包含着两个重要的组成部分，一是民族地区政府对民族地区的治理，二是对民族地区地方政府的治理，它包括完善民族地方政府的治理体系、治理素质和治理方法，提升民族地方政府的治理能力，这是以政府以及政府治理结构为对象的治理，它为民族地方政府对民族地区的治理创造和提供组织和体制条件，所以民族地区地方政府的科学化建设、法治化建设以及民主化建设的程度，也即是现代化程度，直接关系着民族地区现代化治理目标的实现。毫无疑问，民族地区地方政府在民族地区治理体系中扮演着元治理的角色，承担着建构国家民族地区治理体系的职责和任务，承担着对民族地区的政治、经济、文化、社会以及环境、边疆治理的功能。与一般的地方政府比较，民族地方政府在维护政治稳定方面、建设和谐民族关系方面、处理宗教事务方面，特别是少数民族的发展不充分不平衡的压力等方面富有更大的责任和压力，承担的任务更加艰巨，更具有特殊性。

3. 民族地区政府治理体系的含义

在一般意义上说，民族地方政府治理体系是在一个国家主权范围内，国家治理民族地区所构建的包括中央政府、民族地方政府、市场、社会以及各个民族成员相互耦合所构成的整体性制度结构，其中政府、市场、社会以及少数民族公民各自都是由一系列相互关联的规则、组织和治理机制构成的制度系统，它包括治理主体、客体、制度体系、治理目标以及治理机制和手段等要素，是以政府为元主体、政府、社会、市场以及少数民族以及公民作为多元主体，以法治思维和方式作为基本方略、以民族基本制度、民族法制体系、民族政策体系以及其他治理手段为具体手段而实现对民族地区治理目标的过程。在这个体系中，民族地方政府无疑是治理的核心，承担着民族地区主要的治理职责和任务，也决定着其他治理主体作用和功能的发挥。因此，对西南民族地区政府治理体系的研究，我们必须首先从制度上对该地区的政府治理体系进行分析研究，认识其基本的构造，明确其治理职能和治理任务，然后从实践过程中总结其治理的规律。

就西南民族地区政府治理体系而言，其基本含义是指国家依据治理的需要而构建起来的西南民族地区各级地方政府、根据国家的法律和制度而对相应的民族行政区域治理所形成的系统。其治理结构要素与一般地方政府治理体系在抽象的意义上是一致的，构成元素是相同的，但在民族地方政府建构的前提条件、政府职权设置、治理职能和治理任务上存在着差异性和特殊性，政府治理的运行环境也存在着比较大的差别。西南民族地区政府治理体系的建立与西南地区的自然和社会环境有关，与该地区的民族分布和民族关系有关、与该地区的各个少数民族的发展状况和水平有关，因此该地区的地方政府的建立、性质、权力和职能的确定都有民族性和一定的地域性特征。

二、西南民族地区政府治理体系现代化的历史必然性

我国民族地区地方政府现代化建设的压力来自多方面。第一，经济发展的压力是基础性的，民族地区经济发展水平的相对落后以及引发的社会问题和社会矛盾是对民族地方政府改革的直接压力和动力，如果不能建立起与现代市场经济要求相匹配的民族地方政府体制，就难以实现民族地区治理的现代化。第二，民族地区政府治理的现状与存在的问题也提出了走向政府治理现代化的要求。第三，科学技术的发展相对落后，产业升级换代缓慢，传统的农牧业现代化程度偏低，第二、三产业发展相对落后。此外，我国民族地区地方政府规划上建设的压力还包括少数民族意识的民族意识和各族群众政治参与意识的增强，民族地区政府对微观经济活动的干预太多，民族地区政府的治理能力相对不足，民族地方政府的行政体制中的问题，民族地区的财政状况以及财政基础对其治理能力的限制，民族地方政府以及官员的执政理念上的问题，全球化、地缘政治与民族地区社会变迁相互影响所形成的新型治理问题等。

上述分析说明，处在开放新时代的民族地方政府承担着如此巨大职责和艰巨任务，要履行好这些职责就必须要建构起适合社会主义市场经济发展需求的政府，就需要民族地方政府成为高效、民主和科学的政府，按照国家发展的战略就是要建设成为服务型政府和法治型政府，通过民族地方政府的发展、改革和创新走向民族地方政府的现代化，也就是政府的法治化、民主化、科学化与高效化，通过政府的现代化来实现政府治理的现代化。

推进民族地区地方政府治理现代化是时代的要求，也是实现

民族地区有效治理的必由之路，更是实现民族地区发展的国家战略的要求。现在的关键问题是如何推进的问题，也就是推进的路径问题。学者沈荣华认为，政府治理现代化首要的是明确界定政府在经济社会生活中的地位，理顺政府与市场、政府与社会的关系，从制度上为政府与市场、政府与社会订立边界，充分发挥好政府的作用和市场在资源配置中的决定性作用，从处理好中央与地方关系、优化政府职能、改善政府架构、事业单位改革、财政体制改革以及法治政府建设等六个方面的关系来推进政府治理的现代化进程。① 娄成武则认为，处在社会转型的中国政府治理的现代化之路关键是实现政府与社会协同模式的创新，通过推进政府自身改革、加强社会建设以及构建政府与社会的信任关系来实现。② 朱光磊则认为建设服务型政府是中国政府现代化的方向，也是基础性的工作，通过建设服务型政府来推进政府治理的现代化进程是中国的历史性选择。③ 三位学者对政府治理现代化的理论思路虽然存在着一定的差异，切入的视角和基点也有不同，但是对于我们理解民族地区政府治理现代化建设的问题还是具有启发性和指导性的。基于本研究的法治视域和理论基点的不同，我们认为如何通过依法行政来推进民族地区政府治理体系和治理能力的现代化是关键性的问题，也是核心命题，是通过法治路径推进民族地方政府治理现代化、进而实现民族地区现代化的基本路向。因此，理清依法行政与民族地区政府治理现代化的关联性、民族地方政府治理现代化与民族地区发展的关联性是本研究要解决的两个基本理论问题，前者构成课题的基本论述和研究对象，后者则是前者的现实基础和理论归宿，也是直接的理论目标。在这个理论逻辑关系中，民族地区政府治理体系如何现代化是核心

---

① 沈荣华，曹胜. 政府治理现代化［M］. 杭州：浙江大学出版社，2015：3.

② 娄成武. 中国社会转型中的政府治理模式研究［M］. 北京：经济科学出版社，2015：215.

③ 朱光磊. 服务型政府建设规律研究［M］. 北京：经济科学出版社，2013：导论.

问题，依法行政是推进的基本路径和主要的手段，实现民族地区治理现代化是根本目标。

三、西南民族地区政府治理体系现代化的标准

西南民族地区要实现全面小康的国家建设目标和民族地区的跨越式发展，必须建设一个高效化的政府治理体系；要巩固和发展和谐、平等、团结互助的民族关系，维护民族地区的稳定局面，就必须建设一个民主化的政府；要实现依法行政，达致通过法治的民族事务治理，也必须建设一个法治化的政府；要实现民族地区的长治久安、和谐的民族社会关系和民族地区"五位一体"的现代化建设目标，更需要建设一个制度化的政府。总之，民族地区现代化的建设目标呼唤着一个现代化的民族地区政府治理体系的建构，没有现代化的政府治理体系，就不能实现民族地区现代化的建设任务。

目前，对政府治理体系现代化的标准问题，学者们提出了许多观点，其中既有共识也有争议。何增科认为，政府治理现代化的评估标准包括民主化、法治化、制度化和高效化四大标准。俞可平则认为，衡量一个国家治理体系是否现代化有五个标准：制度化、民主化、法治化、效率化与协调。杜飞进则从中国特色的社会主义建设出发，认为我国的国家治理现代化有八个衡量标准。这些学者的观点对于我们认识民族地区政府治理体系现代化提供了有益的参考，为我们从西南民族地区的实际情况出发探讨民族地区政府治理体系现代化这个规范性问题提供了诸多启示。民族地区政府治理体系现代化的标准问题，不仅仅是理论问题，也是实践问题，它为民族地区政府治理的改革树立了标杆，明确改革的方向和主要任务，指引着推进政府治理现代化的路径选择。

确定民族地区政府治理体系现代化的判断标准需要从几方面

来考量：其一是党的"四个全面"的战略部署有关的决定和决议，它为民族地区政府治理体系现代化确定了基本的建设方向和原则。其二是有关依法行政和法治政府的法律制度。其三是国务院有关政府改革和法治政府建设的政策规定。其四是民族地区政府治理的实际情况，特别是民族地方政府的治理状态，其五是考虑政府治理现代化变革的制度逻辑和法理依据。综合这几个方面的因素考虑，我们认为民族地区政府治理体系现代化的判断和衡量标准必须坚持法治化、制度化、民主化、科学化和高效化。

1. 法治化

民族地区政府治理体系法治化是对政府治理的方式、治理机制以及治理过程而提出的要求。具体来说是：第一，民族地区地方政府要全面运用法治思维和法治方式治理民族事务，实现法律对民族事务治理从具体事项到治理过程的全覆盖，保障民族事务治理在法律范围内开展、在法治轨道上运行，形成办事依法、遇事找法、了事用法、化解矛盾靠法的民族事务治理新理念。第二，要建立健全民族法治体系，加快民族立法进程，完善相关法律法规，全面界定和规范各民族的基本权利和义务。第三，要全面实施国家的民族政策和法律，通过法律制度和民族政策的执行和实施，实现对民族地区各项事务的高效治理，提高政府治理能力。第四，是要通过法治实现对政府自身的规范和约束，实现对政府权力的有效制约和监督。第五，高效的政府执法体制和行政执法能力，通过法治手段实现对社会的有效治理。

2. 制度化

制度化的基本含义是通过各项制度确定中央政府、民族地区政府、社会组织、市场和企业、公民和社区等治理主体在政府治理体系中的法律地位、作用和相互关系，实现通过制度来建构民族地区的合作治理关系。

制度建设在民族事务政府治理中具有根本性、全局性、长远性作用。深入推进民族事务治理现代化，必须深入推进民族事务治理制度化。其基本目标是通过建立和完善与中国特色社会主义建设相适应的民族事务治理制度，确保民族事务治理的规范化、程序化和科学化。实现这一目标的基本要求是建立健全民族事务治理决策咨询制度，最大限度凝聚各方面智慧，确保民族事务治理重大决策的民主化和科学化。建立健全民族政策社会听证制度，就民族政策的实施可能引起的利益调整和分配问题充分听取各方面的意见建议，寻求社会最大公约数。建立健全民族关系预测分析制度，适时分析国家重大改革措施以及国内外各种重大事件可能对民族关系产生的影响，提出对策建议。建立健全民族政策分级制定实施制度，需要由国家层面统一制定的政策由国家统一制定，不需要由国家层面统一制定的政策，由各地依据一定的原则制定，以增强民族政策的灵活性和实效性。建立健全民族事务治理民主监督制度，监督检查民族事务治理中有法不依、违法不究以及各种失职渎职行为。建立健全民族事务治理问责制度。建立健全民族事务治理专项工作制度，如国家民委委员制度、少数民族参观团制度、少数民族文艺会演制度、少数民族传统体育运动会制度、培养选拔少数民族干部制度、少数民族特需商品生产和销售监管制度、民族政策贯彻落实情况监督检查制度、民族事务治理部际和省际协调协作制度以及民族事务治理对外交流合作制度等。

3. 民主化

民主化是政府治理现代化的本质要求，它主要是确定政府治理的目的与贯彻主权在民的政治理念，解决政府存在的根本价值问题。我国是人民当家作主的社会主义国家，坚持党的领导、人民当家作主与依法治国的统一是推进法治建设的原则，按照这个原则，民主化的首要含义就是有坚持和完善人民当家做主的人民代表大会制度，通过这个制度运行保障主权者有效监督政府，掌握权力者能够为人民服务。其次民主化指各族群众能够有效地参与政府治理过程，享受公共事务参与权，有制度化的通道来保障公众的政治参与。最后，公民享有广泛的民族权利，充分享受选举权、知情权、表达权和监督权。

4. 科学化

对于民族地方政府治理体系来说，第一，科学化首先是指对民族地方政府职能的科学定位，理顺政府与市场、政府与社会的关系，充分发挥政府、社会各自的功能和作用，为此，必须建立起科学化的民族地区政府治理体制，为各方主体在民族事务治理过程中展现其治理能力。第二，民族地方政府运用科学的手段和治理工具来治理民族事务，尊重民族关系的发展规律。第三，建立科学合理的政府机构，从组织上保障政府释放出最大的治理能量。第四，建立科学的治理制度和治理机制，特别是通过科学立法来为法治提供制度基础。

5. 高效化

高效化是解决政府治理的绩效问题，其目标是实现政府对治理事项的善治。高效化意味着政府优质高效地履行自己的职能，通过更新治理工具和技术来达到治理效率和效益。高效化一般是通过政府治理能力来实现，通过政府治理绩效来衡量，通过政府评估来测定。

第三章 西南民族地区政府治理体系的构成

　　当代的西南民族地区政府治理已经走过了 70 年的历程，民族地区治理的理论、制度和实践经过长期的积累，逐渐形成了现在的西南民族地区政府治理体系，并在实践中发挥着对西南民族地区的治理功能。在政府治理全面改革、西南民族地区发展巨大变化的背景下，西南民族地区政府治理体系也必须适时地进行改革和法治化改造，在全面依法治国的背景下推进西南民族地区政府治理体系法治化建设的思路，确定西南民族地区政府治理体制、机制、方式和治理制度改革的目标、内容和战略，以提高政府在民族地区治理效能。要提出有效的西南民族地区政府治理改革方略，前提条件是必须对目前的西南民族地区政府治理体系的静态结构和动态过程有充分的认识，把握好西南民族地区政府治理的实践形态，找出民族地方政府治理存在的体制、机制和制度等方面问题，才能对症下药，确立正确的政府治理改革方向和目标。

第一节　西南民族地区地方政府体系的构建

　　所谓政府体系是指构成政府的各个要素在相互依存、相互作用的过程中形成的有机整体。① 一般说来构成政府体系的要素包括职能目标、职权范围、运行规则、组织机构与人员结构、财力物力等。西南民族地区政府体系包括 2 个自治区、14 个自治州、60 个自治县和 616 个民族乡。总体而言，它们在性质上都属于民族地方，所建立的地方政府都属于民族地方政府，它们与一般地方政府存在共性，又有特殊性。

---

　　① 方盛举. 中国民族自治地方政府发展论纲［M］. 北京：人民出版社，2009：15.

西南民族地区地方政府建立的制度前提是民族区域自治法而不是一般地方政府组织法。早在 1947 年 5 月 1 日，中国共产党就将民族区域自治付诸实践，成立了内蒙古自治政府。西南地区解放前夕的 1949 年 9 月，中共中央主持制定的具有临时宪法性质的《中国人民政治协商会议共同纲领》中，专门设立了"民族政策"一章，该章第 2 条（即《中国人民政治协商会议共同纲领第 51 条》）规定，"各少数民族聚居的地方，应实行民族的区域自治，按照民族聚居的人口大小，分别建立各种自治机关"。根据这个规定，西南民族地区的各级别的自治地方政府的建构就获得了合法性的依据。1954 年《宪法》的颁布，进一步明确了民族区域自治制度在国家政权建设中的地位。但是，由于西南地区各省区市情况的差异，民族地方政府的建立过程并不同步，各个层级的民族地方政府建立过程和方式更是充满着特殊性。例如广西，早在 1958 年就建立了广西壮族自治区政府，而西藏则直到 1965 年才成立西藏自治区，这都与广西、西藏的民族关系、地区政治、经济发展水平有密切的联系。再如，在西南地区的 14 个自治州中不仅仅建立的时间跨度比较大，而且建立的方式也各不相同。总之，西南民族地区各级地方政府的建构，既有历史性的规律使然，又受当时国内外形势的制约。

经过 70 年的建设，西南民族地区的政府体系建设形成了四个层次的政府层级。其中，自治区政府统辖着省域范围的行政区域。根据宪法规定，自治区既是民族自治地方又是一级国家行政区划，自治区政府既是省一级地方政权机关又是民族自治机关。西南民族地区的西藏自治区是以藏族为主体建立，而广西壮族自治区是以广西的世代居住壮族为主体建立的。自治州的建立是介乎于自治区与县级之间的行政区域，西南地区的自治州最多，云南 8 个、贵州 3 个、四川 3 个。从西南地区的 14 个自治州的设置过程来看，其设置原因和情况各不相同，有的是以一个民族为主来构建，如甘孜藏族自治州、凉山彝族自治州，有的是以两个或者两个以上民族共同构建民族自治州。自治县政府是最基础的基层民族自治地方政府，它直接面对基层少数民族群众，是国家民族政策和各项经济社会发展政策的具体执行者，上承自治州、自治区或者省政府，下接乡镇政府，在中国行政管理体制中发挥着承上启下的作用，是民族区域制度重要实施主体，其行政管理水平直接反映出我国民族政策和民族区域自治制度的实施状况和水平。我国西南地区的自治县有 60 个，其中广西 12 个、重庆 5 个、贵州 11 个、云南 29 个、四川 3 个。民族乡是中国在不具备实行民族区域自治条件下的较小的少数民族聚居地方建立的由少数民族自主管理内部事务的乡级基层政权，民族乡虽然不是一级自治单位，不享有自治权，但是作为国家解决民族问题的一种政治形式，其建立的宗旨和目的与民族自治地方是相同的。① 我国西南民族地区的民族乡有 616 个，占全国的民族乡数量的一半以上，民族乡政府具体执行国家的民族政策，实施国家的民族法律法规，与少数民族群众密切接触，其素质、能力以及政策执行力直接形成民族地区的治理能力和治理状况，因此民族乡政府在西南民族地区的治理体系中地位和作用日益突显，值得深入的研究。随着我国进入中国特色社会主义发展的新时代，民族地区农村社会结构的巨大转型和乡村社会关系的不断发展，民族地区民族乡村治理体系迎来了发展的历史性机遇但也面临着一系列的治理难题。改革开放 40 多年来所建构的民族乡政府治理体系受到了巨大的冲击和消解，乡村治理的效果无论在秩序的维护和乡村发展的水平方面都遇到了新的体制和机制难题，其面临的治理难题也更为特殊，民族乡村治理结构的调整和创新的任务更为艰巨，乡村建设的现代化道路更为艰难，因此民族乡的政府治理需要进一步健全和完善。

---

① 李俊清. 民族乡政府管理［M］. 北京：人民出版社，2009：9.

　　1992 年，邓小平同志在南方谈话中指出，"再过 20 到 30 年，我们才会在各方面形成一整套更加成熟、更加定型的制度。"党的十八届三中全会关于深化改革的决定将国家治理现代化作为总目标，而治理制度的现代化是治理体系的核心。在民族地区的政府治理体系中，治理制度体系也具有同样的地位，把制度建设摆在突出的位置，突显制度建设和优化的重要性是民族地区政府治理体系的重中之重。

　　西南民族地区政府治理的制度体系是政府治理民族地区的依据和规范体系，它是以中国共产党所创造的民族区域自治制度为核心的、以民族政策体系、民族法律法规为基本内容、以西南民族地区的民族民间习惯法为补充的有机整体。它所解决的是民族地方政府治理的根据问题，也就是说民族地方政府是按照什么规则、制度安排来治理西南民族地区的民族事务和区域事务的，如果说民族地方政府体系的建构是解决治理主体的问题，那么政府治理的制度体系是解决治理制度安排的问题、解决根据什么来治理的根据问题。

　　在理解和诠释西南民族地区政府治理制度体系时，必须首先指出以下几点。第一，基于国家治理的一体性，西南民族地区的治理制度体系与国家治理其他民族地区在本质上、基本内容上是一致的、相同的，因此不可能有独立的专门的西南民族地区政府治理制度。第二，由于西南民族地区治理客体的双重性和复杂性，政府治理的制度体系也是庞大和多样化的，对这一由基本民族制度、民族政策和民族法律法规以及民族民间法所构成的庞杂制度体系要进行全面的阐释和分析是困难的，因此只能对主要的治理制度进行研究和分析。第三，基于西南民族地区的民族关系的复杂和特殊性，党和国家根据西南民族地区的不同少数民族的发展状况制定不同的民族政策，例如，云南的一些少数民族的直接过渡政策、藏区民族改革的政策等都具有的历史条件性，因此在认识国家在治理西南地区不同民族所采取的民族政策必须从历史背景、时代条件和少数民族当时的发展水平来理解。第四，我国是实行统一法制的国家，全国性的法律制度的统一性决定了西南民族地区所实施的法律与全国各地的一致性，这既是国家统一的标志也是国家统一的法治基础。但是由于民族地区的特殊性，国家法律体系在西南民族地区实施时，可以采取变通的方式，这是在法律规定下的变通，依法变通，这样国家法律在民族地区的依法变通也就成为了民族地区政府治理制度体系的有机组成部分。第五，民族民间法是在西南民族地区政府治理过程中无法绕过的问题。民族习惯法、民间法虽然不是正式的国家治理制度，但是由于它在民族地区基层社会中的历史性影响和传统的作用力，在当今的西南民族地区仍然发挥着治理功能，民族地方政府在基层社会关系、社会问题的处理中仍然要按照传统的规范并结合今天的法制来进行。西南地区各个民族，在漫长的社会秩序治理中形成了固有的民族习惯法和民族矛盾处理的非正式制度，这些民族习惯法虽然经过社会主义的制度改造和社会基础的变迁，大多已经失去了效力，不再发挥作用，但是由于历史的惯性和民族习惯法的生命力，许多民族民间法至今仍然发挥着调整民族社会关系的功能。而如何发挥这些习惯法的治理功能，处理好国家法与习惯法的关系，为习惯法的现代化转型和融入，则是西南民族地区治理制度体系研究中必须加以正视、认真对待的治理问题。第六，党的民族政策与国家民族政策的关系。第七，西南民族地区政府治理的制度体系是一个包括基本民族政治制度、民族政策体系和民族法律法规体系的有机整体，如何处理好三者的关系，协调好各自的制度功能，是民族地区治理制度建设的重大问题。第八，从西南民族地区治理现代化的要求来对西南民族地区政府治理制度进行研究，其基本的学术旨趣和实践指向是进一步坚持、发展和完善这些民族地区治理制度，使之朝着民族地区治理制度现代化的方向迈进①，这也是我们研究西南民族地区政府治理现代化的基本政治立场。

一、作为解决民族问题基本政治制度的民族区域自治制度

民族区域自治制度在中国民族问题治理制度体系中居于核心的位置②，与人民代表大会制度、中国共产党领导的多党合作和政治协商制度、基层群众自治制度共同构成民族地区治理的四个基本政治制度③。这一制度是党和国家在民族事务治理中逐步确定和完善的的基本政治制度，是一种历史性的选择和制度安排。这一基本政治制度，由宪法加以确立、以民族区域自治法来加以法制化，以建立民族自治地方、赋予少数民族自治权来实现。

民族区域自治制度在中国的建立和发展过程经历了近百年的探索历程，从 20 世纪 20 年代中国共产党成立之初，就对国内的民族问题如何解决进行了政策上的规划。1923 年中共中央三大通过的《中国共产党党纲草案》，强调通过民族自决的方式来解决中国民族问题。抗日战争期间，党对民族政策进行了重大调整，将民族自决改为民族自治，1941 年在陕甘宁边区施政纲领这个文件中，规定了蒙古族、回族民族实行自治区。党的七大会议上正

---

① 江必新，王红霞. 国家治理现代化与制度建构 [M]. 北京：中国法制出版社，2014.

② 马国华. 当代中国民族问题治理模式——政治人类学的视角 [D]. 北京：中央民族大学，2006.

③ 方盛举. 当代中国陆地边疆治理 [M]. 北京：中央编译出版社，2017：145.

式确立了民族区域自治政策的成型，随后，内蒙古自治区的成立，标志着党的民族区域自治政策付诸实践。中华人民共和国成立后，在共同纲领中党继续坚持和发展民族区域自治政策，并在1954 年《宪法》中加以确认。1982 年《宪法》继续对这个制度加以宪法规范。1984 年根据宪法所确认的民族区域自治制度，制定了对该基本制度加以法律保障的《中华人民共和国民族区域自治法》，开启了民族区域自治制度法治化的进程。

我国的民族区域自治制度由四个要素和内容构成，即民族地方的设立、民族自治机关的组成和职权、少数民族自治权的规定以及上级机关的职责等。该制度所要解决的基本问题是在中国这样的多民族国家中如何实现国家的政治整合与少数民族的权利保障问题，是处理国家与民族关系的基本制度安排和政治设计，是国家治理民族地区、解决民族问题的中国方案。民族区域自治制度规定了中国民族问题治理的基本目标，确立了民族问题的基本治理模式，为民族地方政府治理明确了治理的规范。民族问题的治理目标是维护国家统一和领土完整、实现社会的长治久安，巩固平等、团结、互助、和谐的民族关系增强中华民族的凝聚力，在国家宪法和法律体制下保障少数民族权利的有效实现，重视各个民族之间的差异，促进各个民族的共同繁荣和发展。民族问题的基本解决路径，就是通过赋予少数民族自治权并通过法律和政策的保障来实现，通过自治权的落实来逐步解决中国的民族问题。①

民族区域自治制度科学地确立了少数民族在国家的政治地位，明确了国家与民族的基本关系，将国家的结构形式与民族的自治有机的统合起来，实现了国家统一与民族自治完美结合，开创了中国特色的民族问题解决之路，为民族地方各级政府治理民族地区提供了基础性的制度。中华人民共和国成立 70 年来，由于贯彻和执行这个适合中国国情、民族关系的民族治理制度，使

---

① 嵇雷. 中国民族区域自治制度发展研究 [M]. 北京：民族出版社，2013.

得我国的民族和谐关系得以建立，少数民族的发展水平不断提高，民族的现代化水平不断提升，历史已经证明这个制度在中国的合法性、合理性和正当性，只有继续沿着这个制度指引的方向前进，我国民族问题解决的善治目标、民族问题政府治理现代化才能实现。

二、作为民族地区政府治理制度的民族政策体系

在西南民族地区政府治理的制度体系中，民族政策是非常重要的治理制度，在长期的民族地区治理行政化过程中，民族政策甚至是政府的主要治理手段和工具，民族地方政府通过执行和落实各项民族政策，有效地解决了民族地区的民族问题，实现了对民族地方的政府治理。西南民族地区的民族政策是一个庞大而复杂的体系，也是一个不断发展和创新的体系，其包括不同的层次和各方面的内容，涉及的领域从政治、经济、文化到干部、教育、语言文字、宗教等方方面面。从政策的层次来讲，有中央政府的民族政策、民族地方政府的政策，从调整的范围来分则有宏观民族政策和具体民族政策。从纵向关系来看，可以分为总政策、基本政策和具体政策。基本政策是我国民族政策的一般原则和大政方针，在民族政策体系中地位最高，对民族工作起统帅作用。具体政策是对涉及民族问题的具体规定，内容丰富，涉及范围广泛，既有全国性的也有针对民族地区的。从横向结构看，民族政策因其调整的民族问题领域而分门别类，有调整政治领域的民族政策、经济领域的民族政策、文化领域的民族政策、社会领域的民族政策、教育科技领域的民族政策。①

中国特色的民族政策经过长期的探索、形成和发展过程。新民族主义革命时期是探索阶段，中华人民共和国成立以后可以分

---

① 雷振扬，等．坚持和完善中国特色的民族政策研究［M］．北京：中国社会科学出版社，2014：23－24.

改革开放前的基本形成阶段和改革开放后的发展阶段。前者可以划分为中华人民共和国成立初期（1949～1957 年）、全面建设社会主义时期（1958～1966 年）和文化大革命时期（1966～1976年）三个发展阶段，后者可以分为社会主义建设新时期（1976～1999 年）和新世纪的发展阶段（2000 年至今）。经过 70 年的民族政策发展和完善过程，我国民族政策体系已经建立起了总政策、基本政策和具体政策的完整的民族政策体系。[①] 总政策是执政党的执政主张和理念在民族工作方面的具体体现，从宏观方面发挥指导效力、统领政策体系的作用，对其他民族政策具有指引和规范的作用。民族平等、民族团结是我国的民族政策的总政策，它规范民族政策行为，约束民族政策取向、保障民族政策目标的实现。民族区域自治政策是我国民族政策中的基本政策，它主要是国家对民族问题解决的基本制度安排，是对民族总政策的具体化和制度化。具体民族政策是针对少数民族和民族地区某个领域或者社会生活的某个方面制定的，如民族识别、民族干部、民族统战、民族经济、文化、教育、卫生、风俗习惯、语音文字、宗教、人口发展等方面的政策。

我国的民族政策经过 70 年的实践和实施，取得了伟大的治理成就，也积累了丰富的经验。在成就方面，促进了各个少数民族和西南民族地区的经济社会发展，维护了平等团结互助和谐的民族关系，巩固了国家的统一增进了国家认同，建构了民族地区的和谐社会。

实践证明，我国的民族政策是适合中国国情的，总政策和基本政策是中国特色的解决民族问题的正确道路是必须坚持不能动摇。但是对于具体的民族政策，由于时代变迁和西南民族地区社会的变化和基本矛盾的变化，在计划经济时代所制定的一些具体的民族政策，由于实践和实施环境发生了重大变化，需要进一步

---

① 青觉，严庆，沈桂萍. 现阶段中国民族政策及其实践环境研究［M］. 北京：社会科学文献出版社，2011：5.

发展和完善，而如何发展和完善西南地区的民族政策则是我们重点研究的问题。

三、民族地区政府治理的法律制度——民族法律法规体系

在西南民族地区政府的制度体系中，民族法律制度体系无疑是主要的制度类型，也是法治化所赖以推进的重要制度，没有比较完善的民族法律制度体系，要实现西南民族地区政府治理的法治化是不可想象的。对于民族法制体系，一般认为是指多民族国家关于民族事务管理、规范、调整国内民族关系、化解民族矛盾、保障民族权益的法律制度的总称[①]，它包括民族法律法规体系、实施、宣传、监督等运作过程和活动[②]，是静态与动态的集合。当然，静态的民族法治是指其制度形态，不涉及其运作过程和活动，而动态的民族法制则是侧重于民族法律法规的实践过程，重点在于实施、宣传以及监督等活动。本书的民族法制体系主要是研究民族法律法规体系，侧重于民族法律法规构成的分析，也即从静态的角度来使用民族法制体系这个概念。我国的民族法律法规体系是由六个层次的法律法规组成。

一是宪法中的民族问题条款。如《宪法》"序言"第 11 段、第 4 条、第三章第六节的 11 个条款。宪法是最高的法律规范，其对民族问题的规范所确认的是基本原则、基本制度以及根本规则。

二是民族问题的基本法律。由全国人大制定的《民族区域自治法》是我国的民族问题治理的基本法，是对宪法所确认的基本民族制度的法律化，也是统帅其他民族法律法规的龙头，是民族

---

① 戴小明．民族法制问题探索［M］．北京：民族出版社，2002：130．
② 熊文钊．民族法制体系的建构［M］．北京：中央民族大学出版社，2009：3．

法律法规体系的核心。

三是其他法律中的民族规范。在全国人大以及常委会所制定的非专门民族性法律中也包括着治理民族事务的法律规范，如刑法、民法、行政法以及经济法中的涉及民族问题的条款。

四是民族自治地方人大制定的自治条例和单行条例。

五是国务院以及各个部委制定的关于民族问题的行政法规、行政规章，如《城市民族工作条例》《民族乡行政工作条例》《宗教事务条例》等。

六是地方权力机关和政府机关制定的关于民族问题的地方性法规和规章，如《云南省民族乡工作条例》《南宁市清真食品管理条例》等。

经过70年的民族法律法规建设，我国的民族法制体系也基本形成，主要的民族关系、民族问题的处理已形成了依法办事的格局，民族事务的治理依据问题已经基本解决。这个中国特色的民族法制体系，是党的民族政策法律化的结果，具有政策和法律的两元属性，它的建成对于民族地方政府治理奠定了法制基础和法律前提，为实现西南民族地区的政府治理法治化提供了法制保障。

民族法律法规体系在民族地区政府治理中具有多方面的功能和作用，是民族政策所不能替代的，两者共同完成民族治理的基本目标。其作用表现在：

第一，它是党和国家民族总政策和基本政策的法律化和具体化，为政府治理民族社会提供规范性的指引，从而提高了政府治理的制度化和法治化程度。

第二，它克服了具体民族政策的易变性和不稳定性，使政府治理活动和行为的规范性提高，也使得民族地区的政府治理更为法治化。

第三，民族法律法规的完善使得我国对少数民族事业的建设和发展从政策型治理模式逐步走向法治型模式创造了制度条件。法治的前提是有法可依，民族法律法规主要是解决民族地区治理的有法可依的问题，它通过立法来调节民族社会关系，促进少数民族事业的基础制度建设。

虽然我国的民族法律法规体系已初步建成，但就西南民族地区政府治理制度体系的完善而言，仍然面临着如何进一步完善和发展的问题，这些问题包括：（1）自治条例的完善问题，如广西、西藏两个自治区的自治条例的制定问题，11 个自治州的自治条例的完善问题、自治县自治条例的发展和完善问题等。（2）加快国家散居少数民族保障法的立法进程，适应新型城镇化发展对少数民族权利保障的需求。（3）完善民族法律法规的建设，特别是《民族区域自治法》的配套立法以及其他的民族法律法规的完善。（4）对西南民族地区权力机关和行政机关所制定的地方性法规和规章的整理和完善。（5）保障国家法律在西南民族地区实施的配套立法问题。（6）国家法律在民族地区的变通实施问题。（7）立法的科学性问题。（8）民族政策与民族法律法规的协调和衔接问题。（9）法的实施、宣传和监督问题。（10）其他问题。

四、作为民族地区政府治理制度补充——西南少数民族习惯法体系

在西南民族地区政府治理制度体系中，西南地区因其众多的少数民族在其漫长的历史发展过程所自然形成的社会治理规则而积累了丰富多彩的少数民族习惯法，虽经历史的荡涤，但民族习惯法在西南地区的民族社会中仍然有顽强的生命力，仍然发挥着调整社会的功能，成为西南民族地区政府治理制度体系的有机组成部分，它与国家的民族基本制度、民族政策以及民族法律法规共同发挥着治理的功能。①

---

① 周世中. 西南少数民族民间法的变迁与现实作用 [M]. 北京：法律出版社，2010.

西南地区少数民族习惯法是一个庞大的体系，由于该地区众多的世居民族以及长期的民族生活方式的蕴育，不同的少数民族形成了各具特色的、内容丰富多彩的习惯法规范，其内容涉及民族社会组织、经济、文化、婚姻家庭、宗教信仰、社会交往、财产分配、纠纷解决、侵权救济等①。少数民族习惯法是全民族成员在长期的生活、生产和社会交往中共同确认和信守的行为规范，其目的是调节民族关系维护民族社会的秩序，是一种具有原始民主性质的、具有自治色彩的社会规范②，具有民族性、稳定性、地域性和强制性，它具有维护民族社会秩序、传递民族文化、解决民族纠纷、建构民族文化共同体的社会整合功能。

西南民族地区世世代代居住着众多的少数民族，虽然其起源、发展和人口规模不尽相同，生活的环境和生产的方式也有差异，所形成的少数民族生存方式、民族社会结构也各具特色，但是几乎无例外的都形成了规模不等、形式各异、内容有别的少数民族习惯法，其中藏族、羌族、彝族、哈尼族、傣族、傈僳族、佤族、拉祜族、纳西族、苗族、布依族、侗族、水族、壮族、瑶族等少数民族都有本民族的习惯法，这些习惯法在本民族发展的历史中分别以民族观念、民族器物、民族规范以及制度设施等形式表达出来，并通过世代相传而传承至今。我国的民族学家、人类学家、社会学家以及法律社会学家对西南民族地区的少数民族习惯法体系的产生、演变、发展以及今天的现实遗存特别是对各个少数民族习惯法内容挖掘做了大量的研究工作，积累了丰富的有益的研究成果，为我们思考和研究西南各个少数民族的民族习惯法在西南地区政府治理中的地位和作用提供了基础性的条件。

---

① 高其才. 中国少数民族习惯法研究［M］. 北京：清华大学出版社，2003.

② 高其才. 中国少数民族习惯法研究［M］. 北京：清华大学出版社，2003：217.

从总体上说少数民族习惯法是传统民族社会的产物，其调整的是民族基层社会的关系，是农业社会的社会规范，其产生和存在的社会基础都严格地依附于传统社会的民族关系内部结构的当时的生产生活条件，其对少数民族社会的调整方式和实效都离不开时代的条件。近现代以来，西南少数民族习惯法体系伴随着民族地区现代化进程的推进而逐步式微，有的因为社会条件的变迁而消失，也有的仅仅以观念的形态传承着，有的则通过融入国家法体系成为正式国家法制度，还有的则通过规范的创造性转化形成新的适应时代要求的治理规范，如村规民约这种在少数民族地区乡村治理中发挥重要作用的治理形式就属于这样的情形。从总体上讲，西南少数民族习惯法体系的衰败和瓦解是历史的必然，它被现代社会治理制度的取代是时代进步的表现。少数民族习惯法的制度命运在当代中国是多姿多彩的，但与国家法的关系却是一个已被认知但远没有解决的制度难题，特别是在民族地区的政府治理过程中，少数民族习惯法的遗存和现实影响依然广泛存在，那么如何认识和定位其当下的作用，当其与国家法冲突时如何处理，归根结底，就是如何在民族地区制度体系中安顿好少数民族习惯法的制度命运①，妥善处理好少数民族习惯法与国家法的关系。这一基本矛盾表现在民族地区政府治理领域，就是少数民族的习惯法观念、传统的习惯法制度以及历史影响对于民族地区政府治理行为以及治理活动的影响。具体来说是指：少数民族习惯法对民族地方政府决策的影响、对少数民族干部工作方式的影响、对民族地方政府执法和司法的影响、对民族地方政府制度执行力的影响以及少数民族群众对民族地方政府的信任关系的影响。

---

① 张洪. 使法治运转起来［M］. 北京：法律出版社，2010.

第三节　西南民族地区政府治理的客体

民族地区的政府治理是国家行为，具有公共性和治理性，其治理体系不仅仅有政府治理主体、治理制度，也有治理客体，而治理客体就是指政府治理指向的目标和治理对象，是民族地区政府履行政府职责所针对的国家事务和民族地方公共社会事务。由于民族地方政府具有一般地方政府和自治地方政府的双重属性，既要行使一般地方政府的权责又要行使民族地方的自治权，政府职能也相应地可以划分为一般地方政府职能和民族地方政府的特殊性职能，因此民族地方政府的治理客体也具有双重性，也即一般性治理客体和特殊性治理客体。从民族自治地方建立的过程可以看出，民族自治地方是建立在一般地方的基础之上的，是以少数民族聚居地的地方为基础建构的，所以民族地方政府首先是一级地方政府，享有一级地方政府的职权、承担相应的治理职责，同时还是民族自治地方的自治机关，享有自治权。前者是基础性权力，自治权是附加于一般地方权力之上特殊性权力。[1] 一般性地方政府权力包括行政执行权、行政领导权、行政管理权、地方行政立法权、人事行政权以及行政保护权等，而自治权则包括政治方面的自治权、经济建设方面的自治权、财政税收金融方面的自治权、科教文卫方面的自治权、人口和其他社会事务的自治权等。两种权力构成一个有机的整体，并在政府治理过程中共同发挥作用。由于民族地方政府的权力结构的两重性，所以其承担着更大、更多的政府职能。但是，由于民族地方政府的不同层级以

---

① 周平. 中国边疆治理研究 [M]. 北京：经济科学出版社，2011：56.

及行政管理区域的差别，不同层级的民族地方政府治理的范围和公共事务也是存在差别的。

民族地方虽然与一般地区存在着差异，但是国家行政体制的一体性决定了民族地方政府的公共事务与一般地方政府管理的公共事务是基本相同或者相似的，没有本质性差别，其治理理念、制度、治理政策和治理方式是相同的，出于研究的便利，我们把这一部分事务成为一般性治理客体或者区域性问题，而把基于民族地区特殊性所独有的国家和公共事务称为特殊客体或者说民族性问题。区分一般治理客体和特殊客体，一方面是为了研究的便利，另一方面是突显民族地区治理的特殊性，突显民族地区治理在国家治理体系中的特殊意义和价值。在现实生活中，民族地方政府治理客体是一个有机的整体，无法决然分开。一般性客体中含有特殊性问题，区域性问题包含着民族性问题，民族性问题隐存于区域性问题之中，在一定的条件下，区域性问题会转化为民族性问题，民族性问题也会通过区域性问题表现出来，例如，民族地区的发展问题，是民族地区普遍存在的现象，提高民族地区的发展水平、解决民族地区的贫困问题是民族地区治理的重大任务。但是，如果由于发展不平衡导致民族关系的不协调乃至民族冲突现象的发生，区域性问题就转化为民族问题，因此区域性问题与民族性问题的界分只是具有相对性的意义而不能绝对化。

1. 一般性客体：区域性问题

作为一般地方政府的民族地区地方政府其权力结构和职能与普通建制的地方政府是一致的，这是基于我国是一个统一的单一制的国家结构形式，也是基于我国政府治理体制的一统性。按照"五位一体"的国家治理体系划分，民族地区地方政府的治理客体也可以划分为政治、经济、文化、社会、环境以及边疆等个六领域的公共事务，每个大类下又可以分为更为具体的事务。

（1）政治方面。基于地方政府政治统治的职能需要，地方政府是国家权力的执行者，需要承担维护本地方政权的权威性和地方法律秩序，负有维护国家统一、民族团结的职责。为此需要保障对民族地方的政权建设事务、社会秩序维护事务、和辖区内的人民群众的生命财产安全；保障各族人民享有平等的权利，促进民族团结、平等和繁荣，构建和谐民族关系，消除民族矛盾和冲突等。

（2）经济方面。地方政府承担着经济职能，一方面包括对本地方经济发展，稳定的组织、规划和协调职能，另一方面是市场监管职能。这两个方面的职能在经济发展水平不高的民族地区表现尤其明显，政府的作用更加突出，因此如何通过提升民族地方政府治理能力来促进民族地区的经济发展一直是民族地区的公共性事务。①

（3）文化方面。民族地区政府在文化方面的公共事务大体上可以划分为一般性的文化艺术、新闻出版以及意识形态等事项与针对少数民族的少数民族文化管理的特殊性事项两个方面。针对这些公共事务，民族地方政府需要制定和执行文化政策和文化立法，动员少数民族地区各族群众参与文化活动和文化治理，提供文化建设的制度和财政保障。

（4）社会方面。按照地方政府组织法以及民族区域自治法的规定，民族地方政府在社会治理方面的管理事务是最为复杂和庞杂的，涉及国民教育、体育、医疗卫生、人口与计划生育、社会保障、社会矛盾和纠纷的调处和秩序的维护等。民族的地方政府的社会事务治理是政府治理的艰巨任务。

（5）环境保护。民族地区的环境问题在改革开放 40 年来日益突显，特别是民族地区在开放建设中出现的环境污染问题，使得民族地区在环境保护和生态建设方面的任务更加艰巨，政府的环境治理任务和责任更加艰巨和迫切。

（6）边疆或者边境管理方面。由于大部分民族地区都是边疆

---

① 阎柏. 民族自治地方政府能力与区域经济社会发展 [M]. 昆明：云南人民出版社，2010：1.

地区，因此民族地区地方政府对边疆事务的治理与中央政府共同承担职责，包括边境管理、跨境人口流动、跨境犯罪问题、毒品和枪支走私、主权安全防卫等。这些事务在一般的地方政府辖区内，可能不具有或者不普遍，但是在边疆民族地区则是地方政府的经常性的工作。

2. 特殊性客体：民族性问题

在对民族地区的治理体系研究中，关于治理对象的分析和研究始终交织着民族事务与区域事务的分辨和识别的问题，由于这两种事务在治理机制以及法律的规制上存在着明显的差异、运用不同的治理原则和法律规则，因此对民族事务和区域事务的界分具有基础性的价值。在民族地区的治理实践中，有些地方政府把凡是发生在民族地区的事务都当成民族事务和民族问题来处理就是没有正确区分民族事务和区域事务所造成的。因此，如何界分民族事务和区域事务的边界，明确民族事务的性质、特征以及法律治理的原则就具有现实的必要性和理论上的重大价值。

在西南民族地区政府治理的客体中，民族事务无疑是其中的特殊性客体，也是最富有研究价值的内容，正是因为对民族事务治理的特殊需要，使得民族地方政府治理需要在治理理念、制度和方式上有别于地域一般地方事务的治理。所谓的民族事务是指与民族关系的产生、发展和民族问题的管理过程有关联性的公共事务。民族事务之所以成为民族地方政府治理的客体，第一，民族事务是一种基于民族关系而产生的，其以民族社会的生产、生活为现实基础和背景，以民族关系为基本的内容，因此涉及的范围广泛。第二，民族事务是民族的公共性事务而非少数民族成员个人的私人性事务，具有民族公共性。第三，民族事务存在于民族关系的政府管理过程中，离开政府的管理活动和政府的民族管理，就无所谓民族事务，所以民族事务是民族关系公共性与政府的管理活动相互作用所形成的，必须从两个方面结合才能认识清楚民族事务的本质特征。第四，民族事务是以民族关系、民族问题为主体内容的公共事务，一般存在于少数民族地区居多，其他地区虽然也有可能出现和发生民族事务，但是不是主要的政府治理事项。

第四节 西南民族地区政府治理的治理方式体系

政府治理方式也即是治理机制，是政府治理体系的有机组成部分，治理机制一般包括治理价值取向和治理方法两个维度。[①] 党的十八届三中全会提出的六个方面的国家治理体系的关键着力点，充分体现了民主、公平、法治、参与、责任、有效、廉洁等治理的价值理念，符合社会发展的一般规律。政府治理方法解决的是依靠什么手段进行治理的问题，治理方法涉及联结政府与社会、政府与市场、官员与公众的技术和方法，治理机制体现了价值性和工具性的统一。在民族事务的政府治理体系结构中，民族事务的政府治理机制同样包含着两个方面的维度，一方面是民族事务治理的价值追求，它规定着民族事务政府治理的目标和任务；另一方面则包含着民族事务治理制度的实现机制、治理方式等。

在治理西南地区的漫长的历史发展过程中，历代王朝创设了许多有效的治理方式，从开疆屯戍、土司制度到改土归流、近代以后的一体化政策的推行等[②]，有效地维护了国家的统一和完整，也为后代积累了丰富的边疆民族地区治理经验。中华人民共和国成立以后，中国共产党和政府在治理西南地区的 70 年的历程中，

---

① 张小劲. 推进国家治理体系和治理能力现代化六讲 [M]. 北京：人民出版社，2014：57.

② 孙宏年. 中国西南边疆的治理 [M]. 长沙：湖南人民出版社，2014.

也创造性地提出和实行了许多的治理方式，从行政区划变动、土地改革、民族识别到民族自治政策的创制和推行，从千年跨越的社会建设到新世纪的兴边富民工程，再到睦邻固边等都体现出党和政府对西南民族地区治理方式的与时俱进、不断创新。有学者将国家治理民族地区的治理方式归结为国家制度机制、国家民族建设机制、政党机制、政策机制、意识形态机制、民族工作机制以及国民教育机制等，通过这些机制来实现我国民族关系的有效治理和政治整合。① 学者吕朝辉将党和政府的边疆民族地区治理方式归结和概括为四种模式，每种模式分别由不同治理方式组合形成。他认为我国在边疆民族地区治理实践中，形成了规制型、情感型、文化型和合作型四种治理模式，各种模式都有自身的优劣，因此理想的目标是四种模式取长补短、相互协调，共同构造有机统一的边疆民族地区治理体系。② 这些理论概括具有相当的合理性和实用性，也大体反映了民族地区政府治理过程的内容和方式，值得我们在西南民族地区治理方式体系这个问题时学习和借鉴。

从西南民族地区政府治理 70 年的实践过程来看，它的运行轨迹是一个从政策型治理模式逐步走向制度型治理模式的过程。前者是以民族政策为中心的治理，从中华人民共和国成立到改革开放时期，大体上属于这个阶段，在这个阶段，政治治理方式和民族政策手段构成对民族事务的主要治理机制。1978 年以后，我国的国家建设开始从阶级斗争为纲转向经济建设为中心，启动民主法治建设的进程，各项工作的制度建设和法制建设逐步展开，民族事务的治理工作在维系原来的民族政策治理为中心的格局，逐步推进民族法律法规建设，1984 年的《民族区域自治法》的颁布和实施是制度化的标志性事件，从此开启了我国民族地区治理

---

① 周平. 多民族国家的族际政治整合 [M]. 北京：中央编译出版社，2012：112.

② 吕朝辉. 当代中国陆地边疆治理模式创新研究 [D]. 昆明：云南大学，2015.

制度化和法治化的建设进程。伴随着从政策治理为主转向制度治理为主，民族事务治理方式体系，也发生相应的变化和重组，各种治理方式的地位作用也随之发生变化，法治方式在治理方式体系的地位和功能也逐步提升。从民族事务治理的政治型模式向法治型模式的转换和调整，是一个复杂的系统工程、涉及民族地区政府治理体系的制度重组、权力与权利关系的重新分配，更涉及政府治理方式从政策方式向法治方式的转变，这是一个艰难的漫长的过程，是民族事务治理现代化的必经阶段。

　　我国当代民族事务治理的政治型治理模式是时代的产物，它以一种政党——行政——政策为结构要素的治理模式①。作为执政党的中国共产党，是民族事务治理的中坚力量，其通过法定程序将党的民族政策、民族理论和观点转化和上升为国家的民族政策，继而通过政府的行政力量和方式落实和实现，以完成治理的各项任务和目标。这一模式是在中国共产党的领导下，通过政治化的治理方式、借助政治权威机制、意识形态机制、国民教育机制、国家民族建设机制、民族政策机制、国家民族工作机制以及国家语言建设治理等来实现国家的整合与民族权利的保障的统一。② 从总体上讲，当代中国民族事务治理的政治型模式，比较好地处理了国家治理统一性和民族地区异质性之间的关系，在一体与多元之间寻求到了平衡。政治型的治理模式在中国不仅具有时代的必然性和合理性，也有治理效果的高效性和科学性，与其他民族事务治理模式比较③，具有比较优势。但是，政治型治理模式也有其不足，如行政方式的过度运用增加治理的成本，政策方式的易变性容易形成治理的不稳定，法律方式的运用受到过多的干预，社会参与治理度严重不足，政府的社会治理负荷过度而

　　① 张会龙. 当代中国的族际政治整合研究：结构、过程与发展［M］. 北京：北京大学出版社，2015：248.

　　② 付春. 民族权利与国家整合［M］. 天津：天津人民出版社，2007.

　　③ 陈金钊. 诠释"法治方式"［J］. 新疆师范大学学报（哲学社会科学版），2013，34（2）.

形成政府治理疲劳等，因此必须向法治型治理模式转化，实现民族事务治理的法治化和制度化。法治型的民族事务治理模式是以民族事务治理的法治化和制度化为推进路径的，是运用法治方式来实现的治理类型。法治方式的核心是指运用法治包括制定和执行法律来解决问题，也是指符合法治自身的价值理念、制度逻辑、组织构造、规范结构、思维方式以及建设道路的法治发展方式。

法治方式是以法治思维为心理基础、以制度为基本内容的治理方式①。与德治方式不同，作为国家治国理政基本方式的法治方式有着方法论上的质的规定性：

（1）法治方式主要指称权力运作的方式，涉及政治、经济、文化等各方面的行为方式。法治方式主要涉及的是管理方式，与现实政治权力运行关系尤为密切。

（2）法治方式是基于法律思维所衍生的行为方式。虽然法治方式是一种政治的决定，但对法治方式概念及其意义，却不能根据偏离法治的政治需求中得出。

（3）法治方式是根据法治的要求而衍生的，建立在法律、法治立场上运用法律方法的决策、行为方式。

（4）狭义的法治方式主要是法官和行政官员等，根据法律明示的规则和程序解决处理问题，即所谓形式法治方式。广义的法治方式也可称之为实质法治方式，包括了价值衡量、法律论证和非正式法律渊源的运用，诸如调解、压服性劝导、不违背法律的行政手段、合乎情理的处理问题的方式都可能被称之为法治方式。

总之，法治方式就是运用法治思维处理和解决问题的行为方式。法治方式与法治思维是内在和外在的关系，法治方式就是法治思维实际作用于人的行为的外在表现。

---

① 陈金钊. 诠释"法治方式"［J］. 新疆师范大学学报（哲学社会科学版），2013，34（2）.

法治方式与德治方式相并列的国家治理方式。中国的国家治理不但依法治国，而且要求以德治国，法治与德治都是规范人的思想和行为的手段，在国家治理中缺一不可。习近平指出，要坚持依法治国和以德治国相结合，把法治建设和道德建设紧密集合起来，把他律和自律紧密结合起来，做到法治与德治相辅相成、相互促进。作为治国的基本方式，德治一般是通过一些具体的道德机制和手段来推进对国家和社会的治理。在当前的现实条件下，首先是需要寻找法治与德治的具体结合路径，促进德治和法治互动，将权力关进制度的笼子里，努力培养官德，编织社会诚信之网，培育社会组织和社会的自治能力，以守法教育涵养公民的道德底线。法治与德治作为两种基本的国家治理方式，它是需要一系列的机制和手段来推行和贯穿落实的。例如，在现阶段，我国的德治方式需要通过官德也就是职业伦理的规训来涵养国家工作人员的职业道德约束，通过社会诚信体系的建设来形成社会的道德秩序和良好的社会风尚，通过社会主义价值观的传播和灌输、培育来建构公民的道德和价值信仰。有时也通过道德立法来推行公认的道德准则和引导公民的道德行为。法治与德治两者的关系体现和表现在民族事务治理领域，就是要处理好民族法治和民族情感型治理模式的关系，重新审视民族优惠政策和其他情感性治理方式的关系。

在法治方式成为当下的主流话语和国家治国理政的基本方略的背景下，法治方式与政治方式、政策方式的民族事务治理模式的关系应该如何处理，是一个无法回避的问题，这也是政治与法治关系在民族事务领域的必然体现和表现，它通过政策和法律的关系表现在民族事务的治理实践关系中。我国的民族政策可以分为两个层次，一是党的民族方针政策，二是国家的民族政策，党的民族方针政策是党对民族事务管理的基本原则性的规定，国家的民族政策是政府根据党的民族政策和方针和民族地区的实际情况制定的具体的政策。从规范性的角度上看，在民族地区政府治理的方式体系中，民族政策机制以前是主要的治理方式，现在仍然是政府对民族事务治理的非常重要的手段。但是，随着法治化进程的推进，民族政策方式在政府治理的方式体系中的地位和作用必然会发生相应的改变，一是其主要手段或者唯一手段的地位会发生变化，法治方式在治理体系中地位必然会上升；其二是，在民族政策的制定和实施过程中，政策的法治化也必须提上日程，其基本的内涵是以法治思维方式来引领民族政策的贯彻和落实，克服政策执行的偏差，减少政策方式的局限性，使政策的原则和精神能够通过具体的法律和制度来获得实现。

文化方式也是民族事务治理的重要方式。文化方式是通过建构和传播有利于民族事务治理效果的文化形态，并对这些形态发挥引导力、规范力、约束力、影响力、协调力等，对民族地区复杂的社会主体的思想、意思以及行为方式进行引导、疏导和管控的过程和活动。在现阶段民族事务的文化治理方式主要表现为：第一，对中华民族文化认同的建设；第二，民族传统文化的适应性变革，实现民族认同与国家认同的一致；第三，净化民族地区的文化环境，摒除封建思想和过时的民族文化的影响；第四，通过社会主义选进文化的传播和灌输，突显先进文化的影响力和吸引力。文化方式也存在着文化方式的法治化问题，也即是指文化法治，也就是说文化方式的运用也必须遵循法治原则、程序来推进，通过制度化和规范化的机制使文化方式发挥其治理的效能。

民族事务治理的复杂性，决定了治理方式的多样性和综合性，也决定了多种手段的协同运用，分工协调，才能达到最佳的治理效果，单一的治理手段是片面的。但是多种治理方式的运用并不是指各种治理方式同等重要、不分主次，而是互有分工的，各司其职的，有主有次的。从原则上讲，法治方式和德治方式构成两种基本的治理方式；从中观层次上看，法律手段、经济手段、文化手段、行政和政策手段以及其他手段都是民族事务治理所需要的。从微观角度看，每种治理手段又需要具体的治理方法来实现。所以方式——手段——方法构成一个复杂的体系，问题是如何整合其功能和作用，使之优化组合。

政府治理改革的总体改革是向合作型和整体型模式发展，体现在民族地区地方政府治理的治理方式上，就是要将政府的行政治理方式与社会的自治方式相互结合，将法治方式和政策方式、德治方式、文化方式、情感方式以及其他方式有机整合，形成科学的民族事务治理体系。

第四章 西南民族地区政府治理体系的时代挑战与法治化建设

　　民族地区的政府治理体系的建设是以民族地区的实践环境为基础的，也是以西南民族地区的环境为基本条件、经过长期的努力逐步建成的。所谓的实践环境①，按照系统论的观点，是指凡是影响事物存在、发展及其变化的因素都是环境的组成部分，包括自然环境和社会环境。就自然环境来说，它包括民族地区的地质地形、气候条件、土地水资源、资源和能源以及其他生产条件；就社会环境来说，包括政治环境、经济环境、文化环境、社会环境以及国际环境等。当代西南民族地区政府治理的环境，是指凡是影响制约西南民族地区政府治理的因素的综合，它是一个多维度的复杂体系，需要从整体上来把握，也需要对环境构成要素进行具体化的分析，这样才能对政府治理体系的科学性和适应性进行有效的分析。因为，一方面政府治理体系是治理环境的产物，另一方面，政府治理体系也必然随着环境的变化而变化，新的治理环境发生变化后，政府治理体系也必须进行适当的调适才能适应新情况的治理需要。

第一节　西南民族地区政府治理的实践环境及其变化

1. 西南民族地区的历史环境

　　我国民族地区的历史是落后的代名词，其在经济、文化以及社会发展水平上都与中原王朝地区存在比较大的差异。1949年中华人民共和国成立时西南民族地区有的少数民族还处于奴隶社会的发展状态，社会发育程度比较级，在近现代发展历史的过程中与现代制度的接触比较晚，其祖祖辈辈所延续的生产、生活方式

---

　　① 青觉，严庆，沈桂萍. 现阶段中国民族政策及其实践环境研究［M］. 北京：社会科学文献出版社，2009：24.

是朴素的乡土生活方式，维系社会秩序的社会规范和乡土法则是在长期的社会生活中自然形成和逐步积累起来的。中华人民共和国成立后，虽然经过 70 年的社会改造，但是这些习惯法、乡土规则以及生存在民族地区社会习俗对民族地区社会的建设仍然产生着积极和消极两个方向的影响。民族地区的历史对今天的影响更为重要的是中央王朝在治理民族地区过程中所形成的治理方式、手段和形成的民族关系、民族心理状态至今仍然存在着相当的影响，特别是高压、军事镇压、怀柔政策等治理政策的推行，形成了民族地区的政策治理的心理期待和依赖。从另一方面来说，民族地区所形成的民族社会是以家族、宗族来维系基本的社会关系和社会生活的，宗族规范也就是社会规范构成他们遵从和信赖的对象，这种心理惯性经过历史的积淀和历代传承，成为民族地区社会的民族文化传统，短期内是难以革除的，对今天的社会中所需要的法律信任的形成是有负面影响的。少数民族的历史就是少数民族与汉族的交往历史，在几千年的历史交往中形成了一体化的中华民族，但是少数民族在过去的历史中的经历和经验，对于今天的国家认同、对于统一的国家法治的认同仍然是一种历史的负担和无法磨掉的历史记忆。

2. 自然资源和生态环境的变化

西南民族地区的自然资源和生态环境是指各种影响制约治理的自然因素的总和，包括民族地区的自然生态状况，如地形、地貌、气候等地理环境因素，也包括水力、土地、矿产资源、生物资源等资源因素。自然资源和生态资源是治理的客观物质基础，它本身是客观、自然存在的，是影响民族地区传统生活方式和生产方式的重要条件，也是构成民族地区传统农业社会的物质基础，是形成民族地区民族社会关系的客观条件。例如，民族地区的普遍贫困，除了民族地区群众的自我发展能力不足原因外，与该地区的生产条件也存在着相当的关联性。自然条件本身是客观存在的，除了按照自然规律演化外，人力是无法根本改变的。但是，自然条件会随着自然资源利用方式以及开发方式的变化而发生变化，如民族地区的人口与土地的关系就是例子。在市场化前，民族地区人口与土地的比例相对和谐，但是随着人口的增加，两者的比例关系日趋紧张。再如，西南民族地区的水资源、森林资源、矿产资源等由于过度开发，造成了大量的环境问题，也改变了民族地区自然的生态环境。生态环境问题在经济建设中的日益突显，也迫使政府改革发展组织方式，关注生态环境治理的传统方式，将环境治理列入民族地方政府的重要治理领域。自然地理条件，是形成生产和生活方式的基础，也是制约经济发展水平的主要因素，增加了政府治理的行政成本，也制约着民族地区的自我发展能力。

3. 民族地区基层社会政治环境及其变化

民族地区基层社会是以民族乡村为典型代表的，其政治环境主要是指围绕着落实和实施村民自治制度、保障各族群众当家作主的民主权利的各种影响和制约因素。第一，与发达地区比较，民族地区基层社会的整体状况是各族群众在市场竞争、民族法治意识方面相对薄弱，宗族和家族势力等传统权威和政治习惯侵蚀着村民自治作用的有效发挥，民族乡村治理的现代方式的融入和推展困难。第二，民族乡村的政治参与热情出现两级分化，一方面是农村村民对政治的冷淡，对公共事务的漠不关心；另一方面是对某些政治宗教活动的非理性参与，特别是利益受到影响时，表现出盲目的参与行动。第三，广大的民族地区仍然保留着浓重的民族宗教习惯和行为方式，不仅对社会主义道德建设和价值观的传播产生严重的阻碍，也导致了基层民主制度在民族乡村走样和变异。第四，民族乡村在长期的发展中，民族习惯法的作用仍然根深蒂固，在大量民族纠纷和社会矛盾频发的当下，仍然制约着国家法作用的有效发挥，制约着民族地区地方政府的公共权力的有效行使。第五，民族乡村的广大群众在市场化的激荡下，利益意识和权利意识日益觉醒，利益诉求日益丰富，权利要求日益多元，这些都倒逼着民族乡村民主制度的加强和乡村治理体系的重建。第六，是在市场化过程中，民族乡村是利益高度分化，民族意识日益膨胀，少数民族群众产生了严重的民族心理失衡和心理落差，形成了国家认同与民族认同的冲突，危及国家认同的维护进而影响民族的大团结。

4. 民族地区的社会结构变迁

经过 1978 年的改革开放，民族地区的社会结构也发生了许多变化，包括人口结构、职业结构、阶层结构、家庭结构、社会心理结构等都发生了全面的变化，整个社会的利益格局被市场化、城镇化、信息化所调整，特别是大规模的社会流动加剧了民族地区社会利益格局的深刻变化。这些变化引发了社会治理体制的不适应，倒逼对社会治理的传统方式、社会体制必须进行改革，使得以政府为主要主体、以政策为主要手段的单一型行政治理体制在面对蜂涌而至的社会矛盾、社会纠纷面前束手无策，社会的无序状态预示着社会纠纷的政府解决能力下降，也表明民族地区所形成的纠纷解决机制的失灵。法治社会的重要标志是社会纠纷的法律解决效率，社会结构转型所形成的社会矛盾不能够获得有效的法律解决说明法律制度的权威性和有效性弱化，同时也导致民族社会对国家法律体系认同度的下降。社会结构的变化对法治社会的影响最大的问题之一，是民族地区城市民族流动人口的社会融入以及城市少数民族人口的法律治理成为问题，城市民族问题如何解决往往构成社会事件发生的导火索，引发突发性事件、社会性恐慌和社会风险。法治社会应该是秩序化的社会，社会无序、社会冲突虽然在某些情况下有释放社会压力和缓解社会矛盾的功能，但是对于一个常态的社会，社会无序不能够有效控制意味着社会治理的失败。

5. 民族地区教育科技水平相对落后

教育科技水平是制约人的发展能力的基础因素。民族地区人口的文化教育水平的普遍较低是影响民族地区发展的主要人力因素，而这与民族地区的教育相对落后有关。1978 年改革开放前，民族地区的识字率比较低，接受中等教育和高等教育的比例远远低于全国的平均数。改革开放 40 年来，国家大力发展民族地区的教育事业，从幼儿教育、小学教育到高等教育都获得了大幅度的增长。但是，与经济发展的要求相比、与发达地区比较，民族地区的文化教育水平和人力资源的困乏仍然是突出的问题。民族地区科教文卫事业发展普遍落后。民族地区的地区财政收入困难，科技投入渠道单一，科技与经济、科技与社会相互脱节的现象比较严重，科技发展起点低，科技人才短缺，科技发展缺乏激励机制和内在活力，科技人员积极性和创造性未得到有效调动，影响科技作用的发挥。教育整体发展水平不高，基础教育投入不足，整体素质偏低，教育结构不合理，教学基础设施薄弱，学生上学难问题没有得到根本解决，这些问题导致文化发展水平落后。其中主要问题是教育经费投入总体不足，各级各类教育整体办学条件较差，存在着校舍、设施、师资等资源短缺，区际、城乡教育发展不平衡等问题。以贵州省为例，该省是全国没有普及九年义务教育的 5 个省区之一，农牧区学校布局分散，城市择校问题突出，统筹城乡教育均衡发展的任务十分艰巨，职业教育整体上还处于较低层次，不能满足全省现代化建设对高素质技能型人才的迫切需要，普通高中教育和民族教育发展缓慢。

6. 少数民族干部与政法队伍

我国的民族干部大约有 290 万人。虽然这些民族干部不完全在民族地区工作，在民族地区工作的干部也未必是少数民族，但是少数民族干部对法治社会的形成却具有直接的影响。其一，少数民族干部与政法队伍是国家法律的实施者，其法律素质如何决定着执法、司法以及法律服务的质量，也直接影响着民族地区法律实施的效果，而法律实施效果本身就构成法治秩序的有机组成部分。其二，民族地区的一般社会公众的法律认知、法律感觉、法律知识等都来自与少数民族干部特别是政法干部的执法和司法过程的接触、交往以及感觉，是其法律信任培养的主要渠道，政法干部的表现如何、素质如何、能力如何影响着一般群众的法律认同。其三，在市场化、城市化、网络化以及全球化的背景下，国家——民族地区——社会三元关系日益复杂化，国家对民族地区的治理政策需要通过具体的基层干部来落实，需要干部来沟通国家与社会的关系，这样国家的法律就必须通过干部的工作来构造具体的法治社会和法律秩序。其四，民族地区的政法干部执法水平和司法水平是形成民族地区法治社会的组织保障和人才保障，高素质的法官、检察官以及律师队伍是考核民族地区法治水平的主要指标，也是重要的标志。

7. 民族地区的民族关系及其变化

民族地区的重要特点是民族关系的复杂性。改革开放以来，民族地区各个民族在政治、经济文化和社会交往等方面都非常活跃，形成了政治上的平等、经济上的繁荣、文化上的融合和社会交往上的交互等交往关系，促进了平等团结的交往局面，形成和谐、合作的民族关系。但是在民族交往过程中也出现了消极的因素，恐怖组织、极端宗教势力以及民族分裂势力利用民族交往关系来破坏民族地区的团结关系，导致了民族地区的不安全、不稳定以及不和谐的民族关系的形成，直接破坏了民族地区法治社会的建设进程，造成了民族认同与国家认同的分裂、民族之间的心理隔阂以及民族地区社会秩序的混乱。民族地区法治社会的主要标志是民族和谐，而民族和谐表现在民族政治上的和谐、经济上的和谐以及民族文化发展上的和谐。要建设和谐民族关系，必须积极调整好影响民族关系和民族问题，将消极因素清除，发现民族矛盾产生的根源，协调好民族利益关系，发挥民族制度和民族法律在平衡和解决民族利益冲突中的法治作用，真正地使民族关系走在法治的基础上。

8. 民族地区的经济发展模式

民族地区经济基础薄弱，许多地区国民经济仍停留在传统农业阶段，农业仍是劳动密集型，受耕地、灌溉条件制约，科技能力较低，难以形成规模化、产业化、市场化的经营发展模式。民族地区的交通、通讯、城乡公共设施基础薄弱，发展的能力和空间受到阻碍，影响了地区经济的发展。在产业结构方面，与全国和东部地区相比：第一产业所占比重仍然偏高，社会化水平低，技术比较落后，传统的生产方式比较普遍；第二产业主要是资源型与军工型的企业，整体经济拉动能力弱，轻工业明显落后，对人民生活改善作用不强；第三产业主要集中于传统的商品流通业和旅游业，而信息、金融等新型第三产业比较落后。经济成分中，国有经济比重大，非国有经济比重小，在各类生产企业中，劳动密集型比重大，资金、技术密集型比重小。资本来源结构上，企业主要是国有企业，技术和经营手段与市场经济的要求还有距离，许多企业需要财政支持才能维持，民营经济发展不足，经济的自生与发展能力欠缺。从总体上看，民族地区经济基础薄弱，产业水平低，结构不合理，面对激烈的市场竞争有一定的难度。民族地区传统上是农业社会，其社会关系简单，经济发展方式粗狂，市场化程度比较低，长期以来维持着比较简单的社会再生产和社会生活，社会秩序化程度比较稳定。改革开放以后，我国取得了巨大的经济建设成就，但是由于民族地区经济发展历史起点低、自然条件恶劣、经济经营能力不强，在与发达地区的比较和竞争中处于劣势地位，相对贫困化程度拉大，并逐步形成经济发展的区域失衡状态。地区之间的收入高度分化，导致了民族地区社会问题的不断衍生，而民族地区社会问题的增加，就使得民族社会关系的无序现象大量繁殖和积累，社会信任危机，暴力事件频繁发生，社会凝聚力减弱，民族社会的秩序化程度也自然降低。

9. 民族地区的多元民族文化

民族地区是各民族居住生活的空间，各种民族文化相互交汇，形成了多元文化共同存在的格局，表现在多元宗教文化、多元语言文化、多元风俗文化、多元民族心理、多元文化艺术以及多元审美文化。多元文化共同存在对法治社会的影响是多方面的：第一，多元文化需要法治的一体保护，这是法治社会平等原则所追求的，但是不同文化的并存必然出现文化的冲突，而法治如何协调民族文化之间的冲突是值得研究的问题。第二，法治社会依赖法治文化的支持，但是民族文化元素中，法治文化的因子普遍匮乏，这对民族地区的法治社会的文化基础的形成是不利因素。第三，少数民族法律文化虽然存在许多有利于法治社会建设的资源，但是也存在着许多与现代法治不相容的制度和精神，它对国家法的执行、现代法秩序的形成都有负面的影响。因此，在民族地区的法治社会建设中如何将民族法律文化中的优秀遗产加以发扬仍然是值得研究的问题。

10. 周边国家政治经济环境的变化及其影响

西南民族地区是我国具有特殊政治地理功能的治理区域，它与西亚、南亚以及东南亚周边国家的联系非常密切，这一特殊的周边国家关系使得西南民族地区成为国际交流的重要通道、国际地缘政治的战略中心、国家安全防卫前沿地带和国家利益维护的关键部位。基于这一区位特征，周边国家的政治经济和军事环境对于西南民族地区的治理会产生直接的影响。首先，在国际政治经济文化交流中密切了国家之间的联系，但是也产生了诸多的安全问题，西方反华势力利用这一国际交流通道，大肆进行文化侵蚀、宗教渗透、民族分裂等活动，干扰我国正常的国际文化交流和经济建设进程。其次，基于西南地区的地理位置，许多的跨境民族问题、跨境社会问题，如跨国犯罪、跨境走私、非法移民、跨境婚姻以及贩卖人口等出现，破坏了边疆的社会秩序，干扰了民族地区的社会建设进程。因此，如何治理好边疆，成为民族地区政府的特殊性职责和艰巨任务，考验着民族地方政府发展边疆治理能力。

第二节　西南民族地区治理环境
变化提出的时代挑战

经过改革开放 40 年的建设，我国西南民族地区的经济和社会面貌发生了巨大的变化，政府治理的环境也随之发生深刻的变迁，需要实现的治理目标和治理资源也大为不同。在中国整体进入社会主义发展的新阶段，西南民族地区的内外环境都发生巨大的变化，社会基本矛盾也发生实质性的转型，所提出的治理问题结构具有明显的时代性、区域性和民族性，形成了对民族地区地方政府治理体系的全新压力和考验。由于西南民族地区治理问题的多元性、综合性、整体性、区域性和民族性共存，也由于国家治理的现代化提出更高的要求和国家民族地区发展战略的进一步推动，使得西南民族地区各级地方政府在回应治理要求、履行职责、完成任务、实现赶超战略等方面面临更大的压力和挑战，倒逼着民族地方政府必须进行自我诊断和自我革新，适时调整对民族地区的治理理念、方式、手段、治理制度以及其他治理机制的有效性和合理性，对不适应新形势下的民族地区治理体制和机制进行革除和调整，根据新形势下的治理任务和目标创新政府治理模式，构建一个科学、高效、强能力的、现代化的民族地方政府治理体系，没有这样一个现代化的民族地方政府治理体系的建成，就难以完成民族地区现代化的时代使命。

虽然经过 40 年的建设，我国西南民族地区地方政府以及政府治理体系仍然处于传统性与现代性并存的发展状态，其治理理念和治理结构、治理机制受民族地区条件的限制，在治理能力与治理绩效方面与发达地区地方政府比较仍然存在着不小的差距，面对经济全球化、市场化、城镇化以及区域经济一体化冲击下所发生的环境变化以及所提出的治理问题，仍然存在着不适应、治理能力偏低的问题，这考验着民族地方政府治理体系的有效性与合法性。如何评价和判断市场化下的民族地方政府，是一个复杂和艰难的课题和任务，也是一个涉及如何完善民族地方政府治理体系的前期性理论工作，因为必须对民族地方政府治理体系存在问题进行准确的诊断才能开出有效的药方，对症下药。改革开放40年来，西南民族地区治理环境的变化对民族地区政府治理体系提出全面的挑战，倒逼着民族地方政府的创新和改革，有效地对这些现实问题的治理回应，正是创新民族地方政府治理模式的客观基础和现实动力。

1. 区域不平衡所形成的对民族地方政府经济发展压力

经过40年的建设，西南民族地区的经济社会发展水平都获得了很大的提高，六省区市在经济发展规模、经济发展指标以及社会发展指标方面都有大幅度的提升。但是由于民族地区自我发展能力的不足，与发达地区形成的发展差距是明显的。以贵州省为例，2010年人均GDP仍然处于全国末位，人均财政收入位居西部十省区市第八，高等教育毛入学率排在全国第29位，高中毛入学率排在第31位，城镇化率34%，比全国平均数低16个百分点，人均收入3472元，为全国平均水平的60%，小康实现程度约60%，与发达地区比较，存在相关的差距。民族地区的经济社会的相对落后的现实，对民族地方政府提出了发展的新要求，要实现跨越式发展的战略，缩小与全国的发展水平差距。发展不平衡是我国当前的主要矛盾，解决民族的相对落后的状态成为地方政府的首要职责，同时也迫使政府提升经济治理能力，改善民族地区政府推进经济增长的方式和策略。

2. 民族地区公共基础设施的落后对政府公共服务能力的挑战

公共基础设施是经济发展和民生建设的物质基础，制约着政府的公共服务水平。公共基础设施包括交通、通讯、医院、学校、社会保障机构、文化艺术单位等，是满足群众公共服务需求的主要载体，民族地区公共基础设施的落后也是一个明显的短板，严重地制约着民族地区地方政府公共服务产品的产出。如何满足各族群众日益增长的公共服务需要，也成为各级民族地方政府的重大任务和职责。

3. 国内外政治环境的变化考验着政府的政治整合能力

西南民族地区处于特殊的地缘政治关系之中，由于周边国家经济社会发展水平相对落后，西方国家的文化和宗教对于这些国家的政治和社会影响极大。反华势力一方面利用、控制这些国家的政治经济文化，进而利用这些国家来围堵我国的区域战略的发展空间；另一方面则直接扶持三股势力的力量从事民族分裂活动，鼓动西藏独立运动，严重危及我国的政治稳定。因此如何应对国外的颠覆势力和管控好国内的民族分裂行为，成为民族地方政府的政治治理能力的一个重大的考验。维护民族地区的政治稳定，防止国家的分裂和民族的冲突，成为 21 世纪的中国的重大问题之一。

4. 社会结构的转型以及所派生的民族社会问题考验着民族地方政府的社会治理能力

由于社会结构的巨大变化和民族地区社会关系结构的转型，西南民族地区的民族社会问题也大量滋生，民族矛盾有增长的趋势，社会冲突和利益纠纷事件也有上升的苗头，各族群众与政府的信任关系受到一定程度的破坏。特别是西南民族地区在市场化和城镇化的推进过程，各族群众之间的贫富差距拉大，腐败问题突显，失地农民的利益保护不到位，社会保障存在的城乡差距和地区差距以及基于利益冲突所产生的群体性事件，都表现出民族地区存在着巨大的社会风险的隐患。民族地区的社会矛盾还有一个比较特殊的特点，就是一般的社会矛盾往往以民族矛盾的形式表现出来，或者一个普通的纠纷事件同时具有双重的性质，这进一步增加问题的解决难度。因此，如何积极应对民族地区的社会矛盾，是对民族地区政府的社会治理机制、体制和能力的全方位考验。

5. 民族地区各族群众观念结构的变化对民族地方政府文化治理能力的压力和挑战

西南民族地区是多民族生存和发展的区域，也是各种民族文化的汇聚地。经过 70 年的社会主义文化建设，许多的少数民族文化已经自然消失，但是也有许多的民族文化仍然传承至今，并汇聚在民族地区的文化共同体之中，发挥着传统文化的影响力。民族文化一般可以分层为物质性的民族文化和观念形态的民族文化，前者一定是以特定的物质形式来承载的文化，如民族舞蹈、民间艺术、诗歌、民族建筑以及民族宗教场所和设施等，后者是指少数民族群众所继承沿袭下来的本民族的思想、观念以及民族生活方式。少数民族文化的当代遗存，与民族地区所接受的现代文化的共存，是今天民族地区的文化基本状态，这就提出了一个根本性的传统文化治理问题，如何保护和传承好优秀的少数民族文化遗产，使之转化为现代文化的有机组成部分就成为政府的文化治理难题。另外，民族地区少数民族的一些落后的思想观念和生活方式，也制约着先进的制度和政策的有效利用，制约着一部分群众的自我发展能力和适应市场经济的能力，进而影响到民族地区的整体发展水平。培育民族地区各族群众的现代意识，养成现代化的生活方式，适应城镇化的生产生活方式，既是各族群众的社会责任，也是政府的文化治理责任。

6. 生态环境的变化考验着政府的环境治理能力

40 年来，西南民族地区经济建设取得了巨大的成就，但伴随着这个发展过程，环境破坏和环境危机也日趋严重，环境治理问题被提上日程。相对于其他领域的治理，政府对于环境领域的治理显得相对生疏和经验欠缺，治理工具和手段相对短缺，治理能力明显不足。环境治理需要综合运用法律手段、行政手段和经济手段。在法律手段运用方面，民族地方政府的地方环境立法，普遍立法质量不高、实用性不强，模仿性立法占多，影响了地方环境治理的效果。在行政执法方面，民族地区的环境行政执法普遍疲软，受制于经济建设的巨大压力，环境保护的任务被置放在次要的位置上，这也考验着民族地方政府的环境治理能力和水平。

7. 国家认同与民族认同的张力考验着政府的社会整合能力

西南民族地区是我国民族文化和民族传统浓厚的区域，同时也是跨境民族最多的地区。在市场经济的浪潮中，由于民族发展的相对缓慢，少数民族群众的获得感相对不足，再加上民族历史的遗传和境外反动势力的挑拨、煽动、发展和组织，民族意识上扬，民族利益诉求膨胀，这从一定意义上消弱了对国家整体利益的政治认同，造成了民族认同与国家认同的竞争和紧张。认同问题的形成是多原因的，认同治理的方式也是多样化的，治理过程也是长期性的。认同虽然是一个认识和意识问题，但是，当这些认识和心理外显和扩展时，就会发生非理性的行动，就会冲击着基本的社会秩序，国家的政治权威和法律制度权威就必然会受到挑战。各族群众的政治认同问题的治理是特殊领域的治理，是其他社会问题治理手段所难以解决的，它需要运用实实在在的经济发展水平、生活水平的提高和政府的有效情感治理方式的结合，才能有效治理。

8. 基层社会环境的变化考验着地方政府的基层民主建设能力和民族乡村治理能力

民族乡村的治理是民族地区政府治理的基础和基石。在西南民族地区 600 多个民族乡中，乡镇政府的治理水平和状况直接反映和体现出民族地区的基层治理能力。经过 40 年的改革开放和经济建设，民族乡村的社会结构发生了巨大的变化，从人口结构、家庭结构、就业结构等方面，都被市场化和城镇化所重新塑造，在计划经济时代所建构起来的民族乡村治理体系也受到根本性的冲击，政府的治理作用消弱，基层自治制度的效力减弱，传统的乡村治理方式在维护乡村秩序上捉襟见肘，迫切需要加强乡村治理体系的建设，实现法治、自治和德治密切结合的新型乡村治理体系的重构。

9. 民族关系的新变化考验着政府的民族问题治理能力

由于市场化、城镇化的推动，西南民族地区的各族群众在经济社会交往方面出现了比较大的变化，许多内地务工、经商者进入民族地区，而也有大量的少数民族成员离开故土来到发达地区和城市打工谋生，这种双向社会流动，形成了民族地区民族关系的新变化，在人口结构、职业结构以及利益结构等方面与之前的状况比较都有许多的变化。表现在：第一，民族之间的交往密切和接触，一方面加强了民族之间的认识和关系，但是也形成了民族的不平衡发展，这使得部分少数民族产生了挫折感。第二，市场经济过程中，利益竞争开始引起文化和信仰上的冲突和排斥，引发民族之间情感上和族性上的纠葛。第三，市场经济带来的不平衡，使得潜在的矛盾加剧并行为化。第四，民族聚居区突发事件增多，加大了政府管理成本，也引起了少数民族与政府之间的信任关系受到一定程度的影响。第五，西南民族地区在民族关系上，传统上存在着两个区域性特点，一是西藏自治区藏族以及向东发展形成了广大的藏区，保持着比较浓厚的民族文化和生活方式，与汉族以及其他少数民族之间的文化差异仍然客观存在。另一方面，西南民族地区的族群的多样性特别丰富，民族关系复杂多样，历史上形成的政府治理各个民族的模式也多样化，因此受制于传统因素的影响比较深刻，这也是今天治理西南地区民族必须考虑的传统因素，也就是必须把传统与现实因素进行平衡考虑，不能完全从现实出发来考虑治理政策的片面调整。

10. 复杂多样的宗教关系以及新型的宗教问题考验着政府的宗教治理能力

我国西南民族地区是一个多元宗教共存的区域。西藏是藏传佛教的发源地，藏族群众大多数信仰藏传佛教，约有 10 万群众信仰本教，另有 5000 人自由信仰伊斯兰教和天主教。云南现有佛教、道教、伊斯兰教、天主教、基督教以及原始宗教等多种宗教，信教群众 340 万人，宗教活动场所 5000 座（处），宗教教职人员一万人左右。贵州有佛教、道教、伊斯兰教、天主教和基督教等多种宗教，信徒有 60 万人左右。广西也是多民族并存的区域，壮族、苗族、侗族、仫佬族、毛南族、回族等都有自己的宗教信仰。

11. 特定的政治治理空间环境变化考验着政府的区域治理能力和跨境合作治理能力

西南民族地区有漫长的边境线，与印度、尼泊尔、缅甸、越南等多国毗邻，在地缘政治上处于非常重要的战略地位。改革开放以来，在与周边国家开展经济贸易以及政治交往中，也滋生了诸多的跨境治理问题。跨境问题包括跨境民族交往中的人口流动管理、跨国婚姻、跨国犯罪、走私等问题。加强边境管理，维护边疆秩序，成为民族地方政府的一项重要职能，其迫切需要提高政府的跨境合作治理能力。

12. 社会变迁和法治环境的变化考验着民族地方政府的法治能力

如果说民族地区的经济和社会发展水平与发达地区存在差异，构成不平衡发展的状态，那么民族地区在法治发展水平上与其他发达区域比较，也存在着法治发展水平上的差距。首先因为民族地区法治传统以及法治的社会基础相对比较脆弱，各族群众在法律意识上存在着比较大的差异，这制约着民族地区法治发展的整体水平；其次因为政府对民族地区的长期的政策治理模式的推行，养成了一种比较浓厚的政策依赖和政策治理观念，要实现从政策走向法治的治理转型，需要一个艰难的过程；最后是民族地区在变革时代的特殊矛盾和利益冲突，外显为民族地区的具有特殊性和区域性的法律问题，增加了法律问题的治理难度，也使得民族地区的法治建设任重道远。

就西南民族地区的法治建设而言，除了与一般区域共同面对具有共性的法律问题外，还要面对基于民族地区的社会特殊性和文化特殊性而产生的独特的法律问题。这些问题举其要者有：第一，民族区域自治法的落实和实施问题。民族区域自治法是我国解决民族问题、落实少数民族自治权的主要法律依据，修订后的区域自治法确定了少数民族地区的自治权，规定了民族事务治理的法律原则和主要制度，设定少数民族享有的一系列民族权利，保障了民族地区的各族群众的长远利益。但是，民族区域自治法的实施效果以及实施质量仍然有待提高，法治实践中存在的问题仍然不少，需要进一步完善该法的实施机制和保障机制。第二，民族纠纷的解决。在市场化和城镇化的过程中，西南民族地区的利益结构方式发生了巨大的变化，社会纠纷也大量滋生，由于经常与民族因素耦合和牵连，并以民族纠纷和民族矛盾外显，这就增加了法律处理的难度，而长期以来政府所形成的民族社会纠纷通过行政方式解决的传统和习惯，也消弱了法治方式运用的动力和能力。第三，基于民族地区治理事务的多样性和复杂性，需要展开的法治建设领域广泛且复杂，要全面推进法治需要的制度成本比较大，这也对法治基础相对脆弱的民族地区构成挑战。第四，民族地区法治社会建设任务艰巨，各族群众的现代法律意识的重建是民族地区法治建设的基础性工作。第五，民族地区政法队伍法律运用能力的建设问题。第六，民族地方法治政府的建设问题。第七，民族地区政策、法律以及德治三种治理方式的优化组合问题。第八，党的民族政策如何转化为国家的政策以及国家的法律制度，实现从政策治理向法治治理的转型。

第三节　西南民族地区政府治理
实践中的法治问题

西南民族地区经济社会和文化结构的变迁，对民族地方政府治理体系构成了全面的挑战，迫切需要政府治理体系的全面创新，朝着法治化和制度化的方向迈进，依照依法行政的理念和原则，加快法治政府建设的步伐，实现到 2020 年基本建成法治政府的战略目标。民族地区建设法治政府是在特殊的民族区域、区情和法制环境下展开和推进的，它必须根据西南民族地区的实际情况有针对性的、有步骤地进行。有针对性是指根据西南民族地区的法治实践中存在的问题，确定法治建设的重点任务和建设内容；所谓有步骤，就是分清主次、按照轻重缓急逐项推进。由于依法行政、建设法治政府是个系统工程，是在民族地区这个社会环境和政府治理过程中展开的，因此我们必须从民族地方政府治理过程中、从众多的法律问题中识别出与法治政府建设直接相关的问题进行研究，为下一步的研究提供铺垫。全面推进民族地区的法治建设，构建民族地区的法治政府，所面临的问题和挑战要比其他区域更加严峻和困难，也因此更突显出民族地区法治建设的迫切性和重要性，它既是新时代社会主义建设的需要，也是健全民族地区政府治理体系的必然要求。没有法治为基础和保障的民族地区政府治理就难以达到现代化的程度，没有政府的法治治理，就不会有现代化的政府治理。所以从一定意义上看，法治化水平成为判断治理体系是否达到现代化水平的主要标准。全面推进民族地区的依法治理，要依法治国、依法执政和依法行政共同推进，法治国家、法治政府、法治社会一体建设，实现科学立法、严格执法、公正司法、全民守法，促进民族地区治理体系和治理能力现代化。依法行政是依法治国的一部分，是最主要的组成部分，对依法治国基本方略的实行具有决定性的意义。因此依法行政的主要法律问题就是建设法治政府所面对的问题，换言之，如何建构法治政府就是依法行政所要解决的核心问题。

为了加快法治政府建设，《中共中央关于全面推进依法治国若干重大问题的决定》要求：各级政府在党的领导下，努力做好六个方面的工作：一是依法全面履行政府职责；二是健全依法决策机制；三是深化体制改革；四是坚持严格、规范、公正、文明执法；五是强化对行政权力的制约和监督；六是全面推进政务公开。这六项要求包括行政主体、行政程序、行政执法和行政监督四类问题，它包含着法治政府建设的全面要求。按照该决定的要求并结合西南民族地区法治实践状况，我们认为民族地区推进政府治理法治化所需要着力解决的法律问题包括如下八个方面。

1. 传统权力意识的束缚与现代法治思维重塑的困境

实现民族事务治理体系和治理能力的法治化，首先要实现民族事务治理理念的全面更新。从重点针对少数民族转向包括汉族在内的所有民族，从民族政策就是照顾少数民族转向民族政策是基于国家整体利益而采取的国家治理措施；从民族区域自治是民族自治地方的任务转向民族区域自治是全国各地区各民族的共同任务；从民族事务治理是民族工作部门的任务转向民族事务治理是全社会的共同任务；从以管理为主转向以服务为主。服务是治理的基本方式，服务的方式多种多样。从主要依赖行政方式转向依靠法治方式。通过政策手段治理民族事务是我国政府长期以来运用的主要方式，其优点是效率高，社会组织和动员能力强。但也有不足，需要转变到主要依靠法治思维和法治方式来解决问题、化解社会矛盾。从公民、社会面向来看，公众的权力崇拜、法治冷淡同样厚重，维持和支撑其守法的可能更多是习惯、良知、惧怕处罚的功能而非对法治的认同，法律普及教育功能受限。不仅如此，民族地区公众的法律利用观念和能力偏弱，国家的法律制度利用效率相对偏低，因而在维护民族权利方面表现出忍耐、消极服从或者非法律抗争的非理性维权倾向。政府官员与公众存在的这些观念都有碍于法治政府的推进，因此转变思维，学会运用法治思维和能力解决问题的能力，成为民族地区政府法治化最为基础性的工作。

2. 民族地方政府履行职能过程中权力的失范成为民族地方法治建设的基础性、关键性问题

在民族地区的地方政府履行职能过程中，面临着大量的社会矛盾和纠纷，其中的官民纠纷是矛盾的主要形态。[1] 官民纠纷主要集中于贫富差距、贪污腐败、公共资源政府分配不公、行政不作为、违法决策、暴力执法、资源开发补偿不公、环境污染治理、民族政策执行不力等领域，这些纠纷都与政府履行职能时，权力的错位、越位和缺位有关，政府组织结构不合理和权责不对等，这使得社会矛盾的焦点集中于民族地方政府[2]，即使是一般的社会纠纷、民事纠纷也与政府的纠纷解决能力关联，考验政府运用法律解决社会纠纷的能力。民族地区的官民纠纷的发生与政府的违法、不当决策、与政府运用权力进行社会管理有一定的联系，与政府处理突发事件的方式、程序不科学、不合理存在着关系，与政府执法不规范、执法体制不顺也存在着联系，所以从源头上规范和控制政府权力，是预防和减少官民纠纷的关键，也是预防和解决其他社会矛盾和纠纷的基础。

要规范政府权力，保障政府依法全面履行职责，第一，面临的主要问题是理顺民族地方政府治理体制的问题。第二，完善行政组织和行政程序法制度，为行政机构改革以及政府权力的划定边界，构造权责一致、分工合理、决策科学、执行通畅的行政管理体制提供制度保障。第三，实行权力清单制度，消除权力寻租现象。第四，健全问责机制，加强对政府的有效监督。通过这些方面的法律制度建设，从源头上规范和控制政府的权力运行，保障地方政府依法全面履行职能。

3. 依法行政的制度体系建设方面存在着明显的短板

改革开放40多年来，民族地方政府在法律制度建设上作出了巨大努力，也取得了不菲的成就，但是也存在着明显的短板，主要表现在：第一，民族地方政府立法体制不完善，在立项、起草、论

---

① 马怀德. 全面推进依法行政的法律问题研究［M］. 北京：中国法制出版社，2014.

② 沈荣华，等. 地方政府改革与深化行政管理体制改革研究［M］. 北京：经济科学出版社，2013.

证、协调、审查、等方面精细化程度不够，针对性不强，科学性不足，立法质量需要进一步提高。第二，针对民族地区的重点领域的立法，如促进民族团结的立法、发展民族经济的立法、针对民族社会管理方面的立法，虽然做了大量的工作，但是，立法质量在地方性规章、规范性文件的制定中，需要进一步加强。第三，民族地方立法的公众参与积极性需要进一步调动，制度保障方面也存在一定的问题。第四，民族法律法规的管理、清理等工作也需要改进。

4. 民族地方政府在行政决策方面存在的法律问题

行政决策是现代政府解决管理问题、进行政府治理的基本手段和方式，在行政活动中被广泛地运用，高质量的决策是实现政府治理目标的前提条件。而高质量决策的形成，与决策议程的确定、决策方式是否科学、决策程序是否合理、决策方案的确定、重大决策失误责任如何承担等存在着密切的关联，强化行政决策的法律规制已经成为法治建设的任务。民族地方政府在行政决策中与一般地方政府一样存在着诸多需要法律规制的面向：第一，重大行政决策事项法定化不足，地方性法规对重大事项的内涵与外延总体上比较抽象，具体范围和量化标准模糊，权属不明①。第二，行政决策议程的确定存在着浓厚的官僚主义，对决策目标的确定出现冒进主义，根据行政经验进行的决策缺乏风险评估环节和最优方案的评估，容易导致决策的失误②。第三，行政决策过程的形式主义严重，规则和程序约束弱化和虚置，无法预防和防止决策失误的发生。第四，行政决策中的社会公众参与缺乏制度保障，也使得对行政决策的监督缺少社会动力。第五，在专家咨询论证制度方面，存在着走过场的现象，聘请机制不科学，专家咨询作用有限，缺少对专家与行政机关、专家与利益集体、专

---

① 肖北庚，王伟，邓慧强. 行政决策法治化研究［M］. 北京：法律出版社，2015.

② 卢剑峰. 行政决策法治化研究［M］. 北京：光明日报出版社，2011：49.

家滥用专业知识的规范①。第六，行政决策的责任依据不明，涉及主体过宽，违法决策行为的认定缺乏规范性，法律责任追究方式单一，内容粗略，政策上规定和制度上的设计都没有个人针对性，不同性质的责任分类没有系统化②。总之，民族地方政府行政决策过程软约束机制在于决策责任的不到位和制度不健全，而这正是需要加强行政决策法治化建设的重要内容。

5. 民族地方政府行政执法体系中存在的法律问题

民族地方政府在履行管理职能过程中，行政执法是普遍采用的行政方式之一，因而依法行政也提出依法行政执法的要求，正如《中共中央关于全面推进依法治国若干重大问题的决定》所要求的坚持严格、规范、公正、文明执法是我国加强法治政府建设的基本要求，也是衡量政府是否法治的重要标准，而是否严格、规范、公正、文明执法成为是否建成法治政府的标准。

6. 对民族地方政府权力的监督和制约方面存在的法律问题

随着政府职能的扩展，行政权力的疆域不断扩大，履行职权的范围、事项不断延伸。政府在运用权力为社会公益事业和人民福祉作出贡献的同时，也出现权力滥用和权力寻租的问题，因此监督权力和约束权力成为法治的不变的使命。为了规范权力，我国建立了党内监督、人大监督、民主监督、司法监督制度，以及社会监督、舆论监督等外部监督机制。近年来，权力清单、职责清单制度的全面推行，党内监督、审计监督的进一步强化以及国家监察制度的建构，将我国的权力监督制度体系推向历史的新高潮。

我国的监督制度体系在制约权力上发挥了重要作用，但是在新的时代背景下，其运行中的问题也逐步呈现出来，需要根据现

---

① 马怀德. 全面推进依法行政的法律问题研究［M］. 北京：中国法制出版社，2014：186.

② 肖北庚，王伟，邓慧强. 行政决策法治化研究［M］. 北京：法律出版社，2015：342.

代化的要求进一步发展和完善。在民族地区的权力监督中，具有特殊性的问题是对民族地区政府立法权的监督、对政府在民族法律法规执行方面的的监督检查、对民族政策落实情况的监督检查等，通过这些监督机制促进国家民族政策的落实。在这些对民族地方政府的监督检查实践中，存在的共性问题是对监督检查的形式相对单一，对政府履行职责不力的责任承担难以追究，对违反民族政策、法律行为的权力行为的纠正相对困难，对民族工作评估标准和程序科学性、可操作性需要进一步提高①。

7. 民族地方政府化解社会矛盾纠纷机制中存在的法律问题

从政府预防、化解纠纷的制度机制角度看，行政应急、行政复议、行政裁决、行政调解、人民调解、信访工作制度等都是国家为化解纠纷、解决社会矛盾所建构的重要制度，这些制度在民族地区的运行过程中，也程度不同的存在着需要完善、改进的问题。（1）在行政应急法制建设方面，由于缺乏统一的紧急状态立法的统帅，应急法律法规冲突较多，不够统一；地方政府制定的应急预案操作性、地方适应性有待改进，政府的应急指挥、协调能力需要提升；行政应急中的权力滥用和权力缺位以及责任追究有待规范化和法治化。（2）在行政复议制度方面，存在着复议案件审理机制不健全、公开审理力度不够，通过复议纠正违法和不当行政行为的功能发挥不足；同时还存在着复议案件办案质量参差不齐，专业性、透明性和公信力偏弱，在复议机构设置、人员配备、办案设施条件建设滞后等问题。（3）在行政调解方面，存在着调解范围偏狭窄、程序不规范、调解方法简单等问题；在行政裁决方面，对社会矛盾和民事纠纷的处理存在着法律性不足、行政性有余的问题。（4）在人民调解制度的运行方面，三大调解的联动机制需要进一步加强，调解组织建设需要强化，调解工作重点转移不够，调解实效需要增强。（5）在信访工作方面，需要进一步规范

① 熊文钊．民族法制体系的建构［M］．北京：中央民族大学出版社，2012：404.

信访程序，科学分流信访案件，优化传统信访途径，建立高效的网上信访处理机制，完善涉法涉诉信访案件依法终结机制。

8. 民族地区在民族权利司法救济机制方面存在的法律问题

从权利救济①的角度来观察民族地区的政府治理，发掘和总结其中的法律问题，也是我们对民族地区治理法治化进行研究不可或缺的面向，与前述的政府化解纠纷的机制虽然属于同一性质的问题，但是从救济角度、司法角度进行观察分析研究，会发现治理中的不同法律问题。根据所见的民族法治方面的调研报告、政府部门公布的材料、学者们实地调查发表的成果②以及我们不全面的观察式调研，发现民族地区权利救济在司法救济方面也存在着一定的问题，主要的表现是：（1）民族权利的司法救济并不充分，与行政救济方式的利用比较，司法的利用率是偏低的，这反映在民族地区法院受理案例的数量明显与发达地区的差距，对政策性救济机制的偏好、对传统救济机制的信任和对司法机制的信心不足构成明显的对比。（2）从涉及民族权利纠纷的案件审判过程来看，国家法律、民族政策与民族习惯的平衡、司法效果与社会效果的平衡是法官进行司法判决、司法处理的主要考量因素，这当然是合理和必要的，但是实践中经常出现的问题是对国家法的忽视，对民间习俗的偏爱③。（3）司法和解、调解中的合法性、合程序性不足，并存在着弱化虚化的现象。（4）司法机构的建设方面和职能方面，司法职能行政化倾向明显，司法人员的数量和质量明显不足，民族法律法规的司法运用不高。（5）法律援助制度、陪审员制度、司法辅助性机制建设不能完全适应审判

---

① 在研究权利救济问题上，权利救济与权利保障经常被不加区别的混同，实际上两者是存在区别的，权利救济是保障的主要方式而已。

② 胡兴东．西南民族地区纠纷解决机制研究［M］．北京：社会科学出版社，2014. 彭雅妮．少数民族权利救济机制研究［M］．北京：中国社会科学出版社，2014. 罗大玉，龚晓，魏晓欣．西部少数民族地区纠纷解决机制研究［M］．北京：中国人民大学出版社，2015.

③ 如关于猎枪的国家管制规定、关于盗窃案件的处罚、土葬墓地纠纷等案件的司法解决过程就反映出这方面的倾向。

工作的需要，影响了司法效率的提高。（6）司法审判中对民族文化的影响考量不足或者过度考量，也影响了审判的公正性。（7）智能法院的建设相对滞后。（8）司法外机制与司法机制的衔接出现脱节，并影响到司法机制的有效运行①。

---

① 胡兴东. 西南民族地区纠纷解决机制研究［M］. 北京：社会科学出版社，2014：1.

第五章 优化民族地区的
政府治理体制

引言：打造职责明确、依法行政的
民族地区政府治理体制

1. 民族地方政府治理体制的时代挑战

党的十八届三中全会设定了中国改革的总目标是坚持和完善中国特色社会主义，推进国家治理体系和治理能力现代化。民族地区的治理体系是国家治理体系的重要组成部分，直接制约着多民族国家的国家治理现代化的目标的实现。而民族地方政府又是民族地方治理体系的主导和核心，是民族地方治理体系的组织者、实施者和责任者，因此民族地方政府治理体制的现代化是关系和制约着整个民族地区治理体系的关键。民族地方政府治理体制是民族地方政府治理体系的组织要件，是民族地区政府落实和实施民族地区制度、政策和民族法律体系的组织架构，也是民族地方政府治理的制度环境和组织环境，只有建立科学化、民主化和法治化的民族地方政府治理体制，才能使民族地方政府更好地整合各方治理主体的作用，实现对民族地区的有效治理。

中华人民共和国成立 70 年来，依据我国特色的民族问题治理制度，党和政府成功地实现了对民族地区的有效治理，治理成就获得世界范围的认可和点赞，民族事务治理的中国模式被国际社会视为发展中国家的典范。但是由于民族地区历史起点、自然条件、区域劣势、人才困乏以及公民自我发展能力相对不足等诸多因素的制约，我国民族地区的发展水平和发展程度与发达地区比较，存在着明显的差距，其不平衡、不充分的发展格局不仅仅制约着国家整体发展水平，也与民族地区人民日益增长的美好生活的需求构成矛盾，这既是对我国新时代的历史方位的框定，也是对民族地区发展现状的基本定位。从这个基本定位出发，我们应该看到，我国民族地区在国家的发展中的相对落后和不平衡发展，所导致的结果不仅仅是经济社会发展的水平迟缓，更为严峻的是导致了民族边缘化的的问题和少数民族的相对剥夺感的产生，动摇少数民族地区对我国的民族制度、民族政策的制度自信，进而对民族地区的政治稳定和社会和谐带来不利的负面影响。民族地区发展的相对不充分，一方面在少数民族社会中形成落差，挑战着党和政府的合法性基础，另一方面也拷问着我国的民族治理体系的时代适应性和生命力，拷问着民族地方政府对民族地区的治理能力，对民族地区政府的治理体制构成了挑战。具体表现在：

第一，民族地区的和谐民族关系受到一定程度的破坏和挑战，不和谐的民族关系在市场化的过程中不断出现，特别是国外势力的利用和煽动、支持，更加剧了民族关系的复杂性。

第二，对我国的民族政策体系以及赖以建设的民族理论体系也提出了考验。我国70年的民族工作经验以及所形成的这套政策体系，实践证明是适合中国的民族关系的，效果也是明显的。坚定不移地贯彻执行党和国家的民族政策是一个总的原则，在这个原则的指引下，还应关注如何进一步地与时俱进，根据新的国内外环境调整和改善这一政策体系，使之更加完善。

第三，进一步加强民族团结，推进民族认同与国家认同的统一，仍然是民族地区政府治理所需要加强的工作。在民族地区发生的一系列社会事件表明，在民族地区民族关系的历史隔阂仍然没有完全消除，在市场化和城镇化的影响下，不同民族之间的发展差距增大，少数民族与政府之间的关系也时有激化和增加，政府与公民之间的信任关系受到弱化。

第四，民族地区的政府重大行政决策和政策执行必须要考虑到民族关系以及相关的影响。许多违法、不当的行政决策、行政执法往往会引发社会矛盾和冲突，加剧社会的不稳定和不协调。

所有这些国内外因素迫切要求建构起权责明确、依法行政的政府治理体制，改进和优化民族地区政府治理体制。

2. 打造依法行政的民族地区政府治理体制的时代意义

民族地区政府治理体系的核心要素是政府治理体制，政府治理体制从宏观上看是指政府治理主体的权力划分、运用、监督以及治理主体之间的关系，从微观上看是指政府行政系统的纵横关系、职能配置、组织结构以及运行方式等问题。宏观上的政府治理体制就是通过宪法法律确定下来的各个政府机关之间的关系，是指立法、行政、司法等不同的政府机构依据一定的组织原则通过承担相应的政府职责所形成的政治法律关系。在中国的政治体制框架下，党的领导构成政治体制的领导核心，因而党的领导与政府治理的关系、依法执政与政府治理体制的关系就成为民族地区政府治理体制的关键要素。① 微观上的政府治理体制又称行政管理体制，主要是行政系统的权力划分、职能配置、组织结构、运行方式等关系模式的总称。在民族地区主要是指民族自治地方政府的纵横关系、自治地方政府内部的权力划分、职能配置、权力划分以及组织运行过程中的关系。

建设依法行政的政府治理体制，是我们党全面总结中华人民共和国成立后特别是改革开放以来行政体制改革的成果经验，着眼于党和国家事业发展全局作出的重大决策部署，在中国特色社会主义进入新时代、我国社会主要矛盾发生深刻变化的时代背景下，具有十分重大的意义②。

第一，建设依法行政的政府治理体制是深化党和国家机构改革的重要目标。改革开放以来，特别是党的十八大以来，党中央对行政体制改革高度重视。党的十九届三中全会紧扣新时代新任务新要求，把优化政府机构设置和职能配置放在深化党和国家机

---

① 朱光磊. 现代政府理论［M］. 北京：高等教育出版社，2006：12 - 13.

② 袁曙宏. 建设职责明确、依法行政的政府治理体系. 人民日报，2018 - 04 - 25（07）.

构改革全局中统筹推进，把政府治理体系与党和国家机构职能体系、党的领导体系、武装力量体系、群团工作体系一起部署安排，优化了国务院机构设置和职能配置，理顺了职责关系，进一步明确了政府治理体系的改革方向、目标和内容等，确立了新时代优化政府机构设置和职能配置的总蓝图，说明我们党对行政体制改革的认识和实践都达到了新高度。

第二，建设依法行政的政府治理体制是推进国家治理体系和治理能力现代化的迫切需要。政府是国家治理的主体之一，政府治理体系在国家治理体系中居于重要地位。我国政府治理体系建设的水平和程度，直接关系国家治理体系的完善和治理能力的提升。当前，我国一些政府机构设置和职责划分不够科学，职责缺位和效能不高问题突显，政府职能转变还不到位，在较大程度上影响和制约了国家治理的成效。必须从推进国家治理体系和治理能力现代化的战略高度，深刻认识建设职责明确、依法行政的政府治理体系的重要性和紧迫性，加快实现政府治理规范化、程序化、法治化，善于运用法治思维和法治方式深化改革、推动发展、化解矛盾、维护稳定，不断提高科学治理、民主治理、依法治理水平。

第三，建设依法行政的政府治理体制是统筹推进"五位一体"总体布局和协调推进"四个全面"战略布局的必然要求。政府治理体制改革既是实现全面深化改革总目标的重要抓手，又是使市场在资源配置中起决定性作用，更好发挥政府作用的关键举措，也是贯穿经济体制、政治体制、文化体制、社会体制、生态文明体制改革的连接点、交汇点和关节点。只有建设职责明确、依法行政的政府治理体系，坚决破除制约市场在资源配置中起决定性作用，更好发挥政府作用的体制机制弊端，围绕推动高质量发展、建设现代化经济体系，加强和完善政府经济调节、市场监管、社会管理、公共服务、生态环境保护职能，才能为实现全面建成小康社会的奋斗目标、实现全面深化改革和全面推进依法治国的总目标提供有力的机构保障。

第四，民族地区打造依法行政的政府治理体制是对民族地区政府治理体制的创新和自我革命，是对民族地方政府内部的权力结构组织形式、治理方式等的理性选择，也是在新的时代背景下进一步适应依法执政与依法行政关系、依法行政与立法、司法与守法关系变革的需要，其核心问题就是民族地方政府在党的领导下，如何根据宪法和法律治理民族地区的问题。

因此，完善民族地区的政府治理体制，首先，必须在政治体制上进一步坚持和完善党对民族事务的领导体制和方式，全面贯彻依法执政，从政治战略上理顺党的领导与政府治理的关系，确保民族地区民族事务治理的制度化和法治化。其次，从宏观上处理好民族地方政府与市场、政府与社会的关系，明确政府治理的权力边界，实现民族地区政府与社会的合作共同治理，提高民族地方政府的治理绩效。再者，从中观上，理顺中央政府与民族自治地方政府的关系，实现民族事务治理上权责关系的规划化和法治化。最后，在微观层面，从民族地方政府的治理机制上落实依法行政的要求，加强民族地区政府治理体制改革的重点领域的法治建设。

第一节　民族地区政府治理体制的概念分析与基础阐释

一、政府治理体制的概念分析

目前，对于政府治理体制的概念，学界并没有作出严格的统一的界定，由于政府治理体制是从行政管理体制的概念衍化、发展而来的，所以多数学者都是在政府管理体制、行政管理体制的意义上来理解政府治理体制，将两者作为同义词来使用。但是严格说来，政府治理体制与政府管理体制、行政管理体制还是存在一定的区别的。政府治理体制是从治理的视角、政府治理过程和结构来理解政府治理中的权力配置、组织机构以及权力职责关系，而政府管理体制、行政管理体制则是从公共管理和行政管理的角度来理解其中的体制问题。由于治理体系包含着更多的主体、更大的范围、更复杂的权力配置关系，因此，政府治理体制的构成涉及更加多样化的关系。

对于行政体制的理解，概括起来主要有四种观点。第一，主体说。如胡伟认为狭义的行政体制特指政府体制，广义的行政体制指包括执政党在内的一切国家机关的体制。第二，要素说。侧重于从要素或内容的角度去界定行政体制，包括行政管理的运行机制，以及为实现其总体目标所采取的调节手段、方式和方法。① 第三，关系说。侧重从行政体制内部的关系角度来界定行政体制。② 第四，综合说。从综合主体、要素和关系角度上界定行政体制，如薛刚凌认为行政体制是一个宏观的但又有着具体和深刻内容的概念。

笔者认为，行政体制就是国家行政机关为有效管理社会公共事务而确立的有关行政职能定位、组织结构、行政权力划分、人员配置、行政权力运行机制等的关系模式和制度规范的总和。其实质是行政权力的配置、运行与规则相互关系的总和。它包含如下几个方面的含义：第一，行政权力划分和行政职能定位是行政体制的核心内容。第二，行政组织结构是行政体制的静态表现形式。第三，运行机制是行政体制的动态表现形式。第四，制度规范是行政体制的保障。③

虽然行政体制是政府治理体制的核心内容，但是政府治理体

---

① 汤庭芬. 行政管理体制改革应把握和处理好的几个问题 [J]. 求是，1998 (18)：36－39.

② 张国庆. 公共行政学 [M]. 3 版. 北京：北京大学出版社，2007：542－543.

③ 褚添有. 嬗变与重构：当代中国公共管理模式转型研究 [M]. 桂林：广西师范大学出版社，2008.

制包含着更加广泛的权力配置关系。从宏观上看是指政府治理主体的权力划分、运用、监督以及治理主体之间的关系，从微观上看是指政府行政系统的纵横关系、职能配置、组织结构以及运行方式等问题。宏观上的政府治理体制就是通过宪法法律确定下来的各个国家机关之间的关系，是指立法、行政、司法等不同的国家机构依据一定的组织原则通过承担相应的政府职责所形成的政治法律关系。在中国的政治体制框架下，党的领导构成政治体制的领导核心，因而党的领导与政府治理的关系、依法执政与政府治理体制的关系就成为民族地区政府治理体制的关键要素。① 微观上的政府体制又称行政管理体制，主要是行政系统的权力划分、职能配置、组织结构、运行方式等关系模式的总称。在民族地区主要是指民族自治地方政府的纵横关系、自治地方政府内部的权力划分、职能配置、权力划分以及组织运行过程的关系。

二、民族地区政府治理体制改革的内涵

对于政府治理体制改革，学界还没有达成一致性意见。黄达强、刘怡昌认为，政府体制改革一般是指在政府行政管理范围内，为了提高行政效率，改变旧的和建立新的行政制度和方式的行政行为。任晓将政府政体制改革界定为：行政体制改革即行政组织和行政人员的改革，是有意识地改变行政组织的结构、功能和行政人员的行为方式，增强行政效能，以适应环境变化和要求的活动。笔者认为，政府体制改革是指为适应行政外部环境的变化和挑战，政府有意识地对行政系统的功能、结构、行为进行调整和改造，以期取得行政系统与外部环境之间的动态平衡，从而实现提高行政效能，产出更多更好的公共物品和公共服务。这一定义包含如下几个层次的意思。第一，政府体制改革是政府一种有

---

① 朱光磊. 现代政府理论［M］. 北京：高等教育出版社，2006：12－13.

意识、有目的的理性活动，其目的是提高行政效能，产出更多更好的公共物品和公共服务。第二，政府是行政体制改革的倡导者、推进者，同时又是改革的对象。第三，行政体制改革涉及的主要内容是围绕政府职能的转变、行政组织结构的调整、行政权力的优化配置、行政权力运行及其监督的完善等来展开。首先，转变政府职能。政府职能转变是对原有政府职能的分解与转换，如保留、转移、返还，以及根据情势增加一些新职能，如新设、强化。其次，行政组织结构的调整与优化。政府机构是政府职能的载体，合理确定政府职能就必须相应地调整政府机构，优化机构的设置。最后，行政权力的优化配置。行政权力是政府机构履行职能最重要的手段和资源。行政权力配置给一定的行政机构，一定的行政机构履行一定的行政职能，三者形成紧密的链条。第四，行政权力运行及其监督的完善。要使政府手中的权力能够真正做到"情为民所系、权我民所用、利为民所谋"，则需要加强对行政权力运行过程的规范、制约和监督。强化行政责任机制和监督机制，为行政权力运行提供充分的财政支持，将整个行政权力运行纳入法治化轨道。

三、理论基础——西南民族地区政府治理体制改革的理论依据[①]

1. 基于治理理论的分析

随着市场失灵和政府失灵的相继出现，一些学者开始思考探寻一条能够促进人类社会健康发展的新道路而提出了治理理论。该治理理论[②]认为：（1）治理主体多元化。（2）治理意味着国家正在把原先由它独自承担的责任部分转移给社会组织、公民。

---

① 褚添有. 嬗变与重构：当代中国公共管理模式转型研究［M］. 桂林：广西师范大学出版社，2008：导论.
② 俞可平. 治理与善治. 北京：社会科学文献出版社，2000：34.

（3）治理明确肯定了在涉及集体行为的各个社会公共机构之间存在着权力依赖。（4）治理意味着参与者最终将形成一个自主的网络。（5）治理意味着办好事情的能力并不仅限于政府的权力，还存在着其他的管理方法和技术。总之，"治理"的本质是在政府的科学安排和指导下形成良好的社会管理机制。

2. 基于整体性治理理论的阐释

整体性治理理论最早由英国学者佩里·希克斯、帕却克·登力维等基于对科层治理、竞争性治理的部门化、碎片化与裂解性等弊病的反思、解构和弥补的基础上而提出来。其主要理论观点包括：（1）强调以公众需要和公众服务为中心，而不是以官僚制政府为中心。（2）主张以整体性为取向，克服碎片化管理的困境。（3）以综合组织为载体，修正过度分权带来的弊端。（4）提供一套全新的治理方式与治理工具。整体性治理理论以整体主义为理论基础，以网络信息技术为平台，对不同的信息与网络技术进行整合，推动政府行政业务与流程的透明化，提高政府整体运作效率和效能，使政府扮演一种整体性服务供给者的角色。民族地区的行政管理体制同样存在着"碎片化"问题，从而妨碍了政府部门、政府和社会组织、公众之间的合作，加大了社会管理的成本投入，浪费了社会资源，降低了社会管理的效率。因此，整理行政管理体系中的碎片，创新行政管理体制机制已成为当务之急。

3. 基于服务型政府理论的考量

"服务型政府"的概念是由"服务行政"演化而来的。服务型政府是在扬弃管理行政（即官僚制）理论和新公共管理理论的基础上兴起的新型治理理论，其主要观点包括：（1）服务型政府的宗旨是要"以公谋公"，即政府行使的公共权力，本质上用于追求公共利益，解决公共问题，提供公共服务。（2）服务型政府的理念是以公民为中心、为公民服务。（3）服务型政府主张多元化的治理结构和方式。政府虽然还是专门的公共管理主体，但不是唯一的主体，在政府之外，还有一些自治性的或半自治性的机构来充当公共管理的主体。因此，深化行政体制改革，有效根治上述顽症，提高政府服务的效率和质量，增强政府合法性，已成当务之急。目前我国行政体制改革的目标已经明确，即建设职能科学、结构优化、廉洁高效、人民满意的服务型政府。

四、打造依法行政的民族地区政府治理体制的原则、目标与基本任务

1. 民族地区政府治理体制改革的原则

准确和全面地确定民族地方政府治理体制改革的目标，才能明确改革的基本任务，而目标和任务的确定又离不开对民族地方政府治理状态的诊断，收集和掌握政府治理体制运行的信息和资料并进行分析判断，就是这个诊断的过程，通过科学地诊断来定位改革的目标和任务。同时，民族地方政府改革目标和任务的科学界定，还必须确定改革的原则，保证改革能够沿着正确的方向推进，以实现改革的目标。

政府治理体制改革是民族地方政府回应民族地区治理环境变化主动作出的自我调整和革新，这是一个有计划、有目的、有序的规范变迁过程，而为了保证改革的有序，就必须坚持一定的改革原则。学者方盛举认为民族地方政府发展需要遵循七个原则，即巩固发展平等、团结、互助、和谐的民族关系原则，依法自治原则，统一原则，效能原则，精干原则，现代化与民族化相统一原则，扩大行政参与原则。① 我们认为，中国民族地方政府治理体制的深化改革，必须以民族地方治理体系和治理能力现代化为目标，以民族法治体系的建构来展开，法治化是国家治理现代化

---

① 方盛举. 中国民族自治地方政府发展论纲 ［M］. 北京：人民出版社，2007：114 –117.

的本质特征，在民族地方治理体系的改革中，必须注意改革与法治的关联性、系统性，把全面推进依法治国与全面深化改革结合起来，把民族地区地方治理体系的改革纳入到法治的轨道上推进。按照法治思维和法治方式展开的民族地区地方治理体系的改革，需要遵循如下六个方面的原则。

（1）依法改革原则。习近平总书记在 2014 年 2 月 28 日主持召开全面深化改革领导小组第二次会议上指出："凡属于重大改革都要于法有据。在整个改革过程中，都要重视运用法治思维和法治方式，发挥法治的引领和推动作用，加强对相关立法工作的协调，确保在法治轨道上推进改革。"强调重大改革必须于法有据是对改革与法治的基本定位，也是对所有领域的重大改革所确定的原则和方向，对于民族地方政府治理体系改革具有十分重大的意义，对完善我国的民族政策体系和民族法律法规体系也框定了基本的方向。我国的民族地方政府治理体制的主要制度和机制都是依据国家的宪法、法律逐步建设起来的，人民代表大会制度、中国共产党领导的多党合作与政治协商制度、民族区域自治制度、基层群众自治制度以及单一制国家结构制度是组织国家、建构民族地方政府治理体制的主要法律制度依据和法律基础，因而这些制度和所确定的原则是不能动摇的，民族地方政府体制和机制的改革都需要在这些原则的基础上进行修正和调整，而不能逾越原则。依法改革的核心是依据法治来规范改革的过程和内容，确保民族地方政府体制改革能够在法治轨道上进行。这既是对改革开放 40 多年来的改革经验的总结，也是法治的内在要求。其基本的规定性体现在：第一，民族地方政府治理体制机制的改革必须遵循国家的宪法和基本政治制度。第二，改革必须依据改革程序有序推进，法治必须贯穿改革的全过程。第三，必须以法治方式推进政府治理体制改革，以建构民族地方政府和公务员的法治思维能力和法治能力为重要目标，以改变民族地方政府的传统思维、政策化工作习惯。第四，以法治来化解民族地方政府在改革过程中出现的利益冲突和矛盾，以法治来形成构筑改革共识，并以法治来巩固政府改革的成果。我国行政体制改革的历程经过了七次大改革，形成了行政主导型的改革推进模式，这一模式虽然在效率上提高但是在规范化、制度化以及理性化方面存在着明显的不足，特别是缺乏外部因素对行政自我改革的刚性约束，容易使改革流于形式或者空转门，政府的低效、不协调以及腐败等政府病并没有革除，政府治理能力并不能有效提高，政府与社会的矛盾和冲突仍然无法消除，社会对政府的信任关系也难以有效建构起来。所以无论是一般地区的地方行政治理体制改革，还是民族地方的治理体制改革都需要从行政性改革转型，以法治化改革模式为方向，实现法治改革观统领下的政府改革。①

（2）巩固和发展平等、团结、互助、和谐的民族关系原则。

民族地区政府治理体制改革的根本目标是为了促进和实现平等、团结、互助、和谐的民族关系。平等，是指各个民族在政治法律地位上平等，民族不分大小、历史长短、发展水平差距，都平等地享受国家宪法和法律赋予的权利，履行相同的义务；团结，是指各个民族相互尊重、不歧视，在认可差异的基础上相互包容，共同发展；互助，是指不同发展水平上的各族人民群众在经济社会发展过程中，取长补短、相互帮助、共同进步、砥砺前行；和谐，是指各族人民在中华民族这个大家庭中，和谐共处，共同维护国家统一和民族大团结。巩固和发展平等、团结、互助、和谐的民族关系原则，是民族地方政府治理民族地区的主要目标和任务，是判断民族地方政府治理体制的基本指标，也是政府治理体制改革的主要原则。中华人民共和国成立 70 年来，西南民族地区的治理实践从正反两个方面反复证明，以平等、团结、互助、和谐的民族关系为建设原则，民族地区的经济社会就

---

① 陈金钊．法治与全面深化改革［M］．上海：上海人民出版社，2014：1－3．

能够获得发展，否则就会造成民族地区社会的混乱和发展的停滞不前甚至倒退。巩固和发展平等、团结、互助、和谐的民族关系原则，规定着民族地方政府发展的方向，也是我们诊断政府治理各个领域治理绩效的试金石，更是甄别和判断政府治理体制优劣的标杆。因此，凡是不利于发展平等团结互助和谐民族关系的体制，都应该在改革之列，凡是有助于推进、发展平等团结互助和谐民族关系的举措都应该在政府治理体制创新的内容之中。由于民族地区政府治理体制改革涉及宏观上的制度架构也关系着政府自身内部的革新，牵涉到的利益关系的方方面面，牵涉到政府与社会、政府与市场、政府与社会组织等治理主体的利益关系，而要处理好这些关系就必须遵循这个原则，在这个原则的统帅下，协调好各方面的矛盾个关系。①

（3）坚持党的领导原则。打造依法行政的民族地区地方治理体制，必须坚持党的领导原则。党的十八届三中、四中全会，对全面推进中国的法治进程进行了全面部署，确定了依法治国、依法执政、依法行政共同推进，法治国家、法治政府、法治社会一体建设的大政方针。依照这个方针，在建设依法行政的民族地方政府治理体制中，首先，需要按照党的全面推进依法治国的战略部署来进行民族地方政府治理体制的完善工作，在依法治国的基本治国方略中健全民族地方的政府治理体制。其次，紧紧地围绕着依法行政的原则来建设民族地方法治政府的各项工作，使民族地方政府的体制和机制符合法治的要求。最后，坚持和完善党的民族工作领导体制和机制，使党的民族工作领导体制在民族地方政府治理体制中发挥主导性的统领作用，更有效地保障政府发挥依法行政的功效和功能。党的民族工作领导体制和机制是民族地方政府治理体制的有机组成部分，也是其中的中坚、领导力量，在依法执政的原则下，必须正确处理好坚持党的领导与依法行政

---

① 方盛举.中国民族自治地方政府发展论纲［M］.北京：人民出版社，2007：112.

的关系，通过依法行政来落实、实现党的领导，通过党的领导来保证依法行政的全面落实。

（4）各族人民主体地位原则。打造依法行政的民族地区政府治理体制，实现对民族地区的有效法治治理，归根到底是为了各族人民的根本利益，这是以人为本的体现，也是人民当家作主的必然要求。坚持各族人民主体地位原则，是解决民族地区政府治理体制改革和完善的目的问题，确定这个根本目的，改革就有明确的方向，也就找到了发展和完善的动力。党的十八大以来，以习近平总书记为核心的党中央围绕坚持和发展中国特色社会主义这一主题，举旗定向，在治国理政的实践中始终践行人民主体地位理念，落实在建设中国特色社会主义的方方面面。人民主体地位在民族地区治理体制改革中具体表现为：第一，完善政府治理体制是各族人民当家作主的价值立场。我国宪法坚持人民主权原则，明确规定国家的权力由人民赋予。宪法通过确认人民民主专政的国体，保障了广大人民群众的主人翁地位。习近平总书记强调，要坚持国家一切权力属于人民的宪法理念，充分彰显了人民的权力主体地位。第二，确定了政府的服务价值主体，各族人民共享发展成果。人民主体地位理念集中体现了以人民为中心的发展思想。坚持一切发展为了人民，发展成果由人民共享，使全体人民在共建共享发展中有更多获得感，这是人民价值主体地位的鲜明体现。第三，确定了各族人民对政府治理体制和治理绩效的评价主体。人民主体地位理念是尊重人民意愿的工作态度。人民是党的工作的最高裁决者和最终评判者，是对人民评判主体地位的充分肯定。民族地区治理的成效、民族地方政府治理改革的成败要由各族人民来检验和评价。是否促进民族地区的经济社会发展、是否给各族人民带来实实在在的获得感，是否发展和实现好人民群众的根本利益，这是民族地方政府治理成效的根本标准。总之，要用各族人民的获得感检验改革发展的成效。

（5）民族化原则①。民族化原则就是在民族地区政府体制现代化改革过程中，民族地方政府体制改革应该与民族地区的传统文化相适应，从各族人民特有的思想方式和行为方式中吸取改革的动力，使改革目标与民族文化价值现实需求相融合，从而使民族地区政府体制契合民族地方的社会关系和人文关系，从而保障政府发展的现代化方向。民族化原则体现在制度和文化两个方面，制度层面表现为民族地方政府治理制度是否适合民族地方各族社会公共事务的治理，文化层面则是指民族地方政府的治理过程是否充分体现民族特色的行政文化。民族地方政府治理体制的民族化一般通过大力培养、运用民族干部、运用本民族语言以及本民族的形式来实现对本民族、本地方公共事务的管理。②

（6）科学化原则。科学化的原则是民族地方政府治理体制改革的技术性原则。党的十九届三中全会紧扣新时代、新任务、新要求，把优化政府机构设置和职能配置放在深化党和国家机构改革全局中统筹推进，把政府治理体系与党和国家机构职能体系、党的领导体系、武装力量体系、群团工作体系一起部署安排，优化了国务院机构设置和职能配置，理顺了职责关系，国务院减少了八个正部级机构、七个副部级机构，进一步明确了政府治理体系的改革方向、目标和内容等，确立了新时代优化政府机构设置和职能配置的总蓝图，充分说明我们党对行政体制改革的认识和实践都达到了新高度。

2. 民族地区地方政府治理体制改革的目标

确定民族地区政府治理体制的改革目标才能把握好政府治理未来的发展方向，而这个目标的确定和选择的依据是民族地区的行政生态环境、国家对民族地区发展的政策要求以及政府治理体

---

① 阮朝奇. 民族自治州行政管理体制改革研究［M］. 昆明：云南人民出版社，2016：139.

② 方盛举. 中国民族自治地方政府发展论纲［M］. 北京：人民出版社，2007：81.

制改革的原则，综合这三个方面的因素和要求，我们认为民族地区地方政府治理体制改革的目标应该是建设行为规范、权责明确、公正透明、廉洁高效的依法行政型的民族地区政府治理体制。其以全面提高政府公务人员的素质为关键、以运用先进政府管理理念和技术为手段，进而实现民族地区地方政府治理的法治化、民主化、高效化以及科学化。政府治理体制的现代化是改革总目标的内容也是基本要求，而政府治理的现代化则需要通过法治化、民主化、高效化和科学化来落实和实现。在这"四化"中，民主化是实现少数民族权利的有效机制和手段，是平衡各族群众利益、解决民族关系的主要制度安排，也是调动各族群众参与公共事务治理积极性的前提条件，没有民主化的政府治理必然是低效的。高效化是民族地区地方政府治理体制的运行实效和治理技术上的要求，科学化是指民族地方政府治理工具和治理方式的选择和运用科学有效，治理过程符合科学规律，高效化则要求在民族地区的政府治理体制中要充分发挥政府、市场以及社会三方主体的优势，协同完成治理事项，达到民族事务治理的良好绩效。法治化则是对民族地方政府治理体制的基本要求，表现为政府治理依据规范化、治理过程制度化、治理方式法治化，要求政府在治理过程中全面依法行政，将法治思维和法治方式贯穿在政府活动的过程中。

3. 民族地区地方政府治理体制改革的任务

（1）进一步理顺政府治理体制的主体间关系。民族地区政府治理是多主体共同参与的治理活动和过程，各方主体的关系是治理体制的核心问题。其中中央政府与民族地方政府的关系、政府与社会、政府与市场的关系是必须协调好的三对关系。处理好这三对关系，民族地方政府治理中的职权和责任才能明确，各方主体在治理中的积极性才能有效发挥，也才能克服政府单方面管理所形成的弊端。

（2）进一步落实民族地方政府治理过程和运行机制的法治

化。促进民族地方政府治理的法治化是治理体制改革的根本目标，贯穿在政府治理的全过程，包括合法行政、平等行政、责任行政、民主行政以及监督行政等内容，其实质是对民族地方政府的行政行为和公务员的职务行为实现法律规范、监督和约束，达到依法行政的目标要求。在民族地方政府的治理实践中，客观上还存在着一定程度上的权力滥用、误用和懒政行为，长期养成的政策治理思维方式对民族干部的依法行政转型是最大的限制和制约因素，因此民族地方政府治理的法治化建设仍然任重道远。

（3）进一步改革民族地方政府的行政管理体制。我国的民族地方政府的行政管理体制是在计划经济时代建立起来的。改革开放40多年来虽然经过7次大规模的改革，也取得了巨大的进步，但是在新的发展阶段，其体制弊端仍然存在，表现在机构设置和职权配置上，人员臃肿、职能不清、职责不明确仍然存在；在行政重大决策方面，科学化水平有待提高，决策的制度约束不足；在行政执法方面，有法不依、违法不究、滥用权力现象仍然存在；在工作作风上，形式主义、官僚主义还广泛存在。因此，如何通过对民族地方政府行政体制改革来提高政府的治理能力，建立权责明确的政府行政体制仍然是提高民族地方政府治理实效的重要内容。

（4）进一步完善公务员制度、提高民族地区的民族干部队伍的治理素质。民族地方政府的治理工作都要通过民族干部队伍来具体实施和落实，所以高素质的民族干部队伍非常必要。所谓的"高素质"，包括坚定的政治信念、优秀的职业技能、合理的知识结构、先进的思想观念以及合作精神和能力。[1] 其中公共管理知识、民族政策运用能力以及通过法律、制度和政策来解决民族地区问题的能力占据着非常关键的地位和作用。目前，我国民族地区的干部队伍素质已经有很大的提升，但是与新时代的要求相比

---

[1] 阮朝奇. 民族自治州行政管理体制改革研究 [M]. 昆明：云南人民出版社，2016：103.

还存在着一定的距离，在法治方式的运用上、在民族政策的运用能力上以及在解决民族问题的法律制度上还需要进一步提高。

（5）进一步完善民族地方政府民族工作体制、机制。中华人民共和国成立70年来，我国已经建立了一支民族工作经验丰富的专业队伍，建构了一个中国模式的民族工作体制，形成了契合民族地区实际的工作机制，构成我国民族地区治理民族事务的主要工作模式。

（6）进一步优化民族地方政府的治理方式和管理技术。我国在计划经济时代形成的政策型治理模式，在改革开放后面临着市场化、民主化、法治化以及信息化的冲击，迫切需要更新政府治理的方式，实现从主要依靠政策向依靠制度、政策和法治的综合型治理模式转换，实现政府治理方式的法治化变革。法治化变革的方向不是要放弃政策的运用和对民族区域自治制度的坚持，而是在坚持民族区域自治制度基础上，创新自治制度的法律实践机制，完善民族政策的落实机制和法律实现方式，消除人治的弊端，实现民族问题的制度化治理和法治化治理。

（7）进一步完善社会组织参与政府治理的法律制度保障。民族地区政府治理离不开社会组织的有效参与，而社会组织的参与也需要有健全的体制和制度保障。目前，我国社会组织参与政府治理的形式也颇为多样化，参与的效果也有显现，但是参与中的问题也不少，其中的参与质量以及参与的制度保障是一个突出问题。

（8）进一步加强和完善党对民族工作的领导体制和方式。党对民族工作的领导是我国的政治优势，也是民族工作的优势，党对民族工作的领导体制主要体现为政治、思想、组织三个方面的，党对民族工作的领导方式在依法治国的背景下，需要转变到通过法治方式的领导，通过依法执政的方式实现对民族领域的领导。

4、民族地区政府治理体制改革的具体内容①

打造依法行政的民族地区政府治理体制，实现西南民族地区政府治理体制现代化的重点建设内容。

（1）必须正确处理好党的依法执政与民族地方政府的关系是理顺民族地方政府治理体制的关键问题，也是其他体制要素建设的政治前提。中央与民族地区政府关系的法治化是民族地方政府治理体制改革的重要内容，也是发挥中央与民族地方两个积极性的前提和体制基础，解决好央地关系就为民族地方政府治理现代化奠定体制基础。

（2）民族地方政府主导、社会协同与公众参与的治理关系的重建是民族地方政府治理体制的改革方向。同时，加强民族地方政府自身建设和推进民族地区社会组织、少数民族成员在治理过程的社会参与，实现政府与社会协同的民族地区政府治理新模式是体制改革的根本目标。

（3）明确民族地方政府在经济社会中的功能定位，明确政府在民族事务治理过程中的功能性职责和内容性职责。民族地方政府的职能优化与政府结构优化则是民族地方政府治理体制改革的核心问题。

（4）民族地方政府干部队伍的法治化建设则是民族地方政府治理体制创新的人才基础和新的突破口；围绕着这个改革的根本方向，建设好民族地区的政法队伍和民族干部队伍是实现民族地区治理的关键。

（5）民族地方政府治理理念和机制创新是治理体制改革必然要求，理念创新是理论基础，机制创新是手段，其核心、载体、关键分别是理顺政府间关系、创新政府权力配置和运行方式，重建政府与社会的信任、责任关系。

（6）健全民族地区地方政府的民族工作机制和体制，是民族

---

① 参见《广西行政体制改革研究报告》，该报告是提交给广西壮族自治区人民政府的决策研究报告，报告负责人褚添有教授。

地方政府治理体制的有机组成部分，也是民族地区政府治理体系的主要实现机制。

（7）实现民族地区乡村治理体制现代化是民族地区政府体制现代化的基础，也是民族地区政府治理体制的基石。民族乡政府体制建设是民族地区政府治理体制的最基础的工作。

第二节　西南民族地区政府治理体制法治化的实现路径

一、坚持和完善中国共产党的民族事务的领导体制和方式

1. 党对民族工作的领导体制和方式

在构筑依法行政的西南民族地区政府治理体制中，如何认识党的全面领导以及党在民族地区政府治理体制中的地位和作用始终是根本性的问题，而这个问题又必须放在依法执政与依法行政的关系中来理解。

中国共产党始终是中国国家治理体系变革的主要推动力量，继续完善国家治理体系和治理框架的前提，在于明确政党在国家治理体系中的角色定位。只有政党自身角色不断理性化和现代化才能为国家政治社会发展提供源源不断的核心动力，才能为国家治理体系现代化奠定坚实基础和牢固保障。中国共产党是中国改革的领导主体也是中国法治建设的领导主体，更是民族事务治理的领导主体。但是在新的背景下，党对民族工作的领导体制和机制也面临着新的挑战。首先，是国家治理现代化的改革目标对党的民族事务治理能力提出新的要求。民族地区和民族事务的治理

是国家治理的薄弱环节，关系着国家全面小康目标的实现也关系着民族关系的和谐，因此对党的民族事务治理能力提出了更高的要求。其次，依法治国的国家治理方略的确定，也要求党实现向依法执政的转型，而民族地区的依法执政必然要求更新民族事务的治理理论、治理方式以及治理观念，实现民族事务治理的法治化转向。再次，民族地区出现的新情况和新问题也倒逼着民族事务治理模式与时俱进，不断创新。经过 40 多年的改革开放，民族地区的社会结构和社会关系已经发生了巨大的变迁，民族地区的社会基本矛盾也已经发生根本性的变化，这就要求党根据民族地区的实际情况调整和创新执政方式。最后，现代国家治理的治理主体多元化、治理方式合作化、治理过程法治化对政党组织架的挑战。这种挑战在我国民族事务的治理过程中同样存在。

民族事务治理方式的合作化对党的领导的影响表现在：第一，合作治理对执行方式的挑战，合作治理提倡的"合作协商"，与党内"行政命令"的执行方式相对照，将会使政策执行缺少创新性。第二，合作治理主张"公开透明"，与党内存在的封闭不公开透明的权力运作相对照，将会使党的公信力不断下降。第三，合作治理蕴含的"双向互动"，与党内存在的政策制定实施过程中对公共事务实行单一向度管理的现象相对照，将会使党的政策与民众社会需求出现脱节。第四，合作治理倡导的"主动高效"服务，与党内存在的被动低效、形式主义、官僚主义现象相对照，将会强化党的社会管制功能而弱化社会服务功能。

治理过程法治化对政党运作模式的挑战。依法治党及政党运作模式的法治化，是治理理论提出的新要求。长期以来，民族地方各级党组织习惯于用文件政策治理，这种运作模式将会受到法治化要求的极大考验。表现在：一是对党是否在宪法框架下活动的考验。宪法明确规定政党必须以宪法为根本的活动准则，必须通过法治才能处理好党与国家、党与政府、党与社会、党与市场关系规范化和法治化，建立和完善党治理公共事务的法规体系，全面提升党的依法执政和领导水平。二是对党员干部是否依法办事的考验。新媒体的发展及法治意识的增强必然要求党员干部不断提高依法办事、按政策办事的水平。只有运用依法办事才能广泛凝聚共识，并从根本上预防和化解矛盾冲突、促进社会和谐。

2. 党在民族事务治理体系中的角色定位

（1）中国的实际国情和现代化的内在机理，决定了中国共产党在国家治理体系中的核心主导角色，在民族事务治理体制中仍然是处于核心领导地位。因为，具有强大权威的政党，不仅是推动国家治理体系现代化取得成功的关键，而且也是在这个过程中促进社会政治秩序安定有序的保证。同时，随着国家治理体系现代化的推动进程，"民主参与、多元共治"将会成为社会治理的主流，党的核心地位更加突显。民族事务治理的主导角色意味着，在多元化治理主体构成的国家治理体系中，中国共产党是一个领导力量，担负着治理的核心主导角色，负责把握治理方向、制定方针政策、整合政治资源，协调好政府、社会与公众对国家的治理。

基于执政党在国家治理体系中的核心主导地位，执政者在执政方式上，应通过实施政治领导、思想领导和组织领导引导国家治理的理性化和制度化。在战略上，其执政者角色的应有之意，就是主动培育现代政府体系和公民社会建设，并逐步还权于国家政权组织，释放社会的自主发展空间，不断增强社会各类主体自治的制度保障，让公民权利得到不断实现和发展，促进国家治理体系的成熟发展。在当前背景下，着眼于现代治理理念的培育及国家治理制度的完善，为推动国家治理体系现代化寻找合适的价值支撑、制度保障和载体资源。

（2）治理的参与角色。中国共产党作为一种社会力量，担负着治理的参与角色，负责组织、协商、积极参与，目的是更好地发挥政党的社会职能，服务于国家治理体系现代化，满足广大民众的社会需要与政治期望，从控制者的角色转变为组织者的角色。

3. 党在民族事务治理体系中的依法执政

依法执政①可以理解为中国共产党实施依法治国方略，领导立法、带头守法、保证执法、支持司法，推进国家政治经济文化和社会治理法制化、制度化。具体来说，包括几层含义：第一，以宪法和法律为执政依据，依宪执政是依法执政的前提和基础，依法执政是对依宪执政的具体化和落实。第二，通过法定的国家制度、国家组织形式执政。第三，党的执政行为要符合宪法和法律规定的国家政权运作方式，督促、支持和保障国家机关依法行使职权。第四，全面从严治党，查处违纪违法行为，保障党的各级组织和党员干部遵纪守法。依法执政落实在民族事务治理领域，必须遵循上述四个方面的要求，将党的依法执政贯穿在民族事务治理的全过程之中。党的依法执政是依法治国的国家治国方略对党的执政活动的基本要求，而党的依法执政又必须通过具体的方式落实在民族事务的治理活动环节中，通过将党的民族治理政策主张、治理理念通过法治和制度的方式加以落实。具体来说：

第一，不同历史阶段，通过提出和制定民族事务的大政方针、路线，统领全党、全国人民正确处理民族关系和民族问题，明确国家民族问题的解决原则和根本方向。第二，将成熟的民族关系处理原则和民族政策，通过立法的方式确定为国家的民族法律，以规范基本的民族关系，构造处理民族关系和民族问题的法律规则，从而将我国主要和基本的民族关系法治化。第三，领导全国和民族地方的民族立法。民族立法是以规范民族关系为主要内容的立法，包括全国性和地方性。全国性的民族立法在全国范围内有效，由中央机关根据立法法的规定来制定，地方性的民族立法由民族地方政权机关制定，在一定的行政区域内有效。无论是中央还是地方的民族立法，党的领导就是要保证民族立法的内容符合党的基本民族政策、符合宪法和国家法律。第四，保证民

---

① 江必新，程琥. 国家治理现代化与依法执政 [M]. 北京：中国法制出版社，2016：71.

族地方政府严格规范、公正文明执法。行政机关是国家的执法机关，行政执法的基本要求就是严格规范、公正文明。保证执法就是在党的领导下，建立权责明确、权威高效的依法行政工作机制，在法治的轨道上工作，创新执法体制、完善执法程序、推进综合执法，建立职能科学、权责法定、执法严明、公开公正、廉洁高效、守法诚信的法治政府。第五，组织好党员干部带头守法，带领和带动全国人民遵纪守法，构造法治社会。第六，支持司法。

二、创新民族地区政府治理模式的主要路径

1. 正确处理好政府与其他主体的关系

民族地方政府的权责科学是建构法治型政府治理模式的前提。权责科学就是要正确处理好三个基本关系：一是政府与市场的关系，理清权力边界，发挥市场的主导性功能；二是处理好政府与社会的关系，充分发挥好社会的治理辅助功能；三是处理好政府之间的关系，包括上下级政府的纵向关系和同级政府的协作关系。建构权责科学的民族地方政府是推进依法行政的法治政府建设的第一要务，也是民族地方政府行政体制改革的核心工作。因此，必须加快推进政府职能转变深化行政体制改革，划清政府与市场、政府与社会的权界，明确各自定位，深入推进政企分开、政资分开、政事分开、政社分开，推动政府职能向创造更好的发展环境、提供更加优质的公共服务、更好维护社会的公平正义彻底转变，转移到市场监管、宏观调控、社会管理、公共服务和环境保护上来，真正做到该管的管住、管好，不该管的坚决不管，切实提高政府治理的科学化水平。

2. 强化对政府权力的约束

民族地区的政府在民族地方的治理中是最主要的治理主体，其依法行政的水平和能力很大程度上决定着国家的法治水平和对该民族地方的治理能力。要提高西南民族地方政府依法行政的水

平，首先需要进一步规范西南民族地方政府立法行为，坚持科学立法、民主立法、提高立法质量。其次应以强化责任为核心，完善依法行政各项制度，提高制度质量，坚持用制度管权、管事、管人，规范行政权力的运行过程。梳理自治区、市县政府各部门和乡镇政府的行政职权，公布权责清单和权力运行流程图，规范行政裁量权，划分自治区与市县、市与城区、县与乡镇的权责界限，明确责任主体和权力运行流程，严格依照法定权限和程序履行职责，确保法律法规的有效执行。

3. 深化政务公开，完善电子政务，再造民族地方政府工作流程

政务公开是行政机关全面推进决策、执行、管理、服务、结果全过程公开，增强政府公信力、执行力，提升政府治理能力的重要制度安排。要完善西南民族地区政务公开和政府信息公开制度，稳步推进行政权力公开，扩大政务公开范围，公开行政职权依据，公开权力运行，保证公开内容真实可信、过程有据可查、结果公平公正、监督及时有效。同时，不断推行电子政务建设，推进政府上网工程的建设和运用，扩大政府网上办公的范围，以技术创新推进政府管理信息化、政府服务无缝化。首先建立电子政务信息共享资源库。其次构建统一开放的政府行政服务体系。最后完善电子政务管理、作业、安全的法规保障体系。

4. 推行"互联网＋政府治理"新模式

2014 年以来，一些建立了政府网上办事大厅，借助计算机和网络平台实现对公共数据的整合与处理，提出了具有创意性的"互联网＋"的观点，构成了"互联网＋政府服务"的政府运作模式，大大提高了政府职能发挥的效率，取得了理想的应用效果。实现了网络办事大厅的一体化服务，具有诸多的优点。第一，方便快捷。第二，服务全面。网上办事大厅的事务处理范围比之前大，还可以安装数据收集与处理软件，并建立电子版本的人口、法人数据库，相较于传统的政府部门办事效率大大提高。第三，公开透明。网上办事大厅是透明地存在于群众的视线之中

的，将重要的公共项目信息推送到政府的官方网站，信息根据透明性与公开性，是接受群众监督的重要体现，提升政府职能发挥的质量和效率。

5. 推进西南民族地区政府决策的科学化、民主化

合理界定政府及其部门的决策权限，依法规范和约束决策主体、决策行为，建立健全公众参与、专家咨询、风险评估和合法性审查的决策程序，坚持科学决策、民主决策、依法决策。凡是涉及经济社会发展中的重大决策，都应当坚持调查研究与集体决策制度，并充分听取社会各界的意见。属于专业性、技术性较强的重大事项，实行专家论证、技术咨询、决策评估制度。属于与人民群众利益密切相关的重大事项，实行社会公示、听证等制度，落实人民群众在决策中的知情权、参与权和建议权。建立健全决策反馈纠偏机制和决策责任追究制度，确保行政决策的科学性和严肃性。①

6. 更多地运用柔性治理方式减少强制、命令等过于依赖公权力的管理方式

更多地运用那些体现参与性、互动性、协商性和可选择性的新型行政管理方式，如行政指导、行政合同、行政资助、行政奖励、行政给付、行政调解等柔性管理方式，积极主动选择对话、谈判、协商、合作等的方式，加强与其他治理主体的协同共治，形成治理合力，提升治理绩效。

三、转变民族地区政府的职能

1. 推进职能转移，充分发挥市场在资源配置中的决定性作用，更好发挥社会力量在管理社会事务中的作用

其一，减少投资审批事项，除涉及国家安全、公共安全等重

---

① 王澜明. 以党的十八大精神为指导深化行政体制改革［J］. 中国行政管理，2013（1）：11－14.

大项目外,按照"谁投资、谁决策、谁收益、谁承担"的原则,最大限度地缩小投资项目审批、核准、备案范围,切实落实企业和个人投资自主权。

其二,减少生产经营活动审批事项。按照市场主体能够自主决定、市场机制能够有效调节、行业组织能够自律管理,行政机关采用事后监督能够解决的事项不设立审批的原则,最大限度地减少对生产经营活动和产品物品的许可,最大限度地减少对各类机构及其活动的认定等非许可审批。

其三,减少资质资格许可和认定。全面清理现有资质资格许可和认定,评比达标表彰、评估事项。除依照行政许可法要求具备特殊信誉、特殊条件或特殊技能的职业、行业需要设立的资质资格许可外,其他资质资格许可一律予以取消。

其四,加强对行政审批的管理。对已经取消的行政审批项目,要做好后续监管,防止一些部门变相审批。对确需保留的行政审批事项,要形成目录清单,按照依法、高效、便民的原则,明确管理层级,简化审批程序,优化办理流程,最大限度减少预审和前置审批环节,创新审批方式,明确办理时限,坚持阳光操作、公开透明,实现行政审批操作标准化和行政审批全区无差异化服务,方便群众办事,接受社会监督。

其五,改革工商登记制度,切实做到"宽进严管"。对按照法律、行政法规和国务院决定需要取得前置许可事项,除涉及国家安全、公民生命财产安全等外,将"先证后照"改为"先照后证",并将注册资本实交登记制改为认缴登记制,放宽工商登记其他条件,降低市场准入门槛,优化登记流程,进一步缩短办照时限,提高服务效能。改革监管方式,实行宽进严管体系建设。同时,推进商务诚信建设,加强对市场主体、市场活动的监督管理,落实监管责任,切实维护市场秩序。

其六,推进政资分开,减少政府对国有企业的控制和干预。按照分类推进、分步实施的原则,进一步清理政府部门所属的各类经济实体和企业，解除政府主管部门与其行政隶属关系，实现人财物彻底脱钩。政府相关部门要明确职责分工，切实履行好国有资产监督管理职责，以及从企业分离出来的社会事务管理职能。

其七，改革社会组织管理制度，进一步向社会放权，消除对社会组织的制度性限制，加快形成政社分开、权责明确、依法自治的现代社会组织体制，更好地发挥社会组织在社会管理中的作用。

2. 政府职能下放，充分发挥民族自治区与市县积极性，更好发挥基层政府贴近基层、就近管理的优势

首先，认真做好国务院取消和下放行政审批事项的承接工作，应转给市场和社会的，自治区人民政府任何部门不得截留，可下放市县政府的，要彻底下放。对需要国务院部门进一步取消和下放行政审批事项的，由自治区有关部门或市县政府提出，经自治区人民政府汇总后向国务院提出调整建议。

其次，对市县政府放权，增强其服务公众的能力。对由市县政府实施更有利于当地经济社会发展的投资、规划建设、土地使用等审批事项，下放市县政府承担。加大对北部湾经济区各市、重点园区、经济强县、少数民族自治县、重点镇行政审批权的下放力度。对直接面对基层和群众，由市县政府就近实施更为方便有效的行政审批事项，尽量交由市县政府组织实施。取消和下放自治区人民政府行政审批事项需修改国务院有关规定的，由自治区人民政府向国务院提出建议。

最后，减少专项转移支付和收费。按照财权与事权相匹配的原则，调整完善自治区对市县专项转移支付制度，大幅度减少、合并自治区对市县专项转移支付项目，增加一般性转移支付规模和比例。将适合由市县管理的专项转移支付项目审批和资金分配工作下放市县政府，相应加强财政、审计监督。建立健全政府非税收入管理制度，清理规范各类行政事业性收费和政府性基金项目，取消不合法不合理的收费基金项目，进一步完善收费公示制度，合理确定征收标准，严格征收管理，把所有非税收入全部纳入预算。

3. 改善政府管理，加强事中事后监管

推进简政放权、减少行政审批事项后，各级政府部门要转变管理理念，改进工作方式，有效履行职责，加强事中、事后监管，避免管理缺位，防止"一放就乱"。严格执行国家法律法规、发展规划和产业政策，加强对投资活动中土地使用、能源消耗、污染排放等的管理。加强对市县政府在市场监管方面的规范管理和角度指导，组织查处跨区域案件或大案、要案，一般不设行政执法队伍。市县政府要在当地已经开展的文化市场综合执法、农业行政综合执法、交通行政综合执法、城市管理综合执法等基础上，进一步清理整顿和整合各领域的行政执法队伍，明确职责范围，规范执法行为，探索推进跨部门、跨行业综合执法，逐步消除多头、多层执法现象。进一步加强政务服务体系建设，增强服务意识、创新服务方式、改进服务内容、规范服务行为、落实服务责任、提高服务质量。

4. 强化民族地区政府社会管理和公共服务职能

首先，调整和优化政府组织结构，提高负责社会管理和公共服务的部门在政府机构中的比重和地位，使之真正成为政府的主要部门或核心部门。其次，调整财政支出结构，逐步增大社会管理和公共服务支出所占比例，使之成为政府的主要支出。进一步增加政府用于改善民生和发展社会事业的支出比重，使基本公共服务水平与经济社会发展水平相适应，并达到世界同等发展地区的服务水平。进一步加大对农村和落后地区基本公共服务的投入，提高农村和落后地区基本公共服务水平，逐步缩小城乡之间、发达地区与不发达地区之间基本公共服务的差距。科学配置各级政府的财力，增加一般性转移支付的规模和比例，加强县级政府提供基本公共服务的财力保障。大力鼓励支持和公平对待市

场、社会组织参与教育、就业、医疗卫生、社会保障、住房保障、文化体育、残疾人服务、慈善、环境保护等领域公共服务的供给，积极稳妥推进政府向市场、社会组织购买服务工作，建立健全政府购买服务的标准、招投标和监督评估等制度，加快形成公共服务多元化供给新机制。

四、建立政府和社会合作共治机制，健全社会力量参与机制

在现代社会，单靠政府自身的结构调整，而不关注政府与社会以及市场关系调整的改革是很难取得成功的，没有社会和市场对政府功能的参与和分担，政府改革就不可能取得突破。因此，政府必须从那些"不该管、管不了、管不好"的领域中退出，转移出那些可以由社会公共组织来承担、由市场自行调节的职能，加强社会组织、当地公民参与帮助政府治理能力。

1. 建立社会组织和政府共治机制

首先，健全社会组织参与治理的相关法律及政策制度体系，健全的法律制度能确保社会组织参与治理的合法性与正当性，应根据西南民族地方特殊性，因地制宜地制定适合当地社会经济发展的法律法规和条例，明确社会组织在法律上的地位、性质、职能，以及参与的程序、条件等，构建一套完整的法律法规体系。其次，建立备案登记制，减少政府对社会组织的行政干扰，根据具体情况降低社会组织建立门槛，给社会组织提供一定的政策优惠，促进社会组织的良性发展。再者，加大对社会组织的政策支持力度，如给予社会组织一定的资金支持，或通过购买社会组织服务的方式将政府职能转移到社会组织上。最后，建立政府与社会组织治理的良性合作平台，实现社会组织与政府的良性互动。

加强社会组织的独立性和参与治理能力建设。首先，建立社会组织管理和治理体制，减少政府对社会组织的行政干扰，明确

政府与社会组织的关系和相应的职责，使社会组织依照有关的法律框架和组织章程来规范运作，积极履行和实现社会组织本身所应担负和完成的任务和使命；其次，对社会组织建立一套科学有效的监督和评估机制，加强对社会组织内部及外部的监督，提高社会组织的透明度和社会公信力。最后，对社会组织成员进行一定的培训，加强其服务意识和公共治理的能力，提升社会组织治理质量。

2. 建立公民和政府合作共治机制

要大力推进民族地区社会经济发展，加快实现各族群众脱贫致富。只有实现全面脱贫致富，才能使各族群众把更多的时间和精力投入到公民参与中。要大力发展教育事业，不断提高公众的文化素质和参与能力。民族地区各级政府要加大对教育的投入力度，不断提高受教育水平，使社会公众形成对公民参与的正确认知，提高公民参与的质量。要加强宣传和引导，使各族群众有序参与地方政府公共决策。地方政府要通过电视、广播、手机等传播媒介，积极宣传公民参与的政策、途径、权利和义务等相关内容，增强各族群众参与的积极性和主动性。要建立健全参与机制，完善相关法律法规，保障公民参与的合法地位，明确权责关系，具体规定公民参与的程序，参与的方式、方法、步骤以及意见和建议的表达、反馈等内容，使公民参与制度化、法治化。要有效利用新技术、新工具，不断拓宽参与渠道。充分利用互联网技术，树立大数据思维观念，打造互联网参与平台，通过电脑、电视、微博、微信等媒介与公众加强互动沟通，降低公众参与的成本。

五、完善民族地区政府治理绩效评估制度

1. 完善立法以明确绩效评估标准和程序

绩效评估最重要的就是建立衡量指标体系，明确绩效评估标准。要通过立法，将以下几方面政府职能和相应的考核指标固定

下来，并制定奖惩机制和问责机制。

要明确政府绩效评估的对象和范围，具体可以从"五位一体"总部局的角度来确定。包括：在政治方面，政府的主要职责是不断深化行政体制改革，简政放权，释放社会活力；在经济方面，政府的主要职责是确保经济平稳较快发展，人民生活水平不断提高，幸福感大幅增强；在文化方面，政府的主要职责是大力发展社会主义先进文化，弘扬社会主义核心价值观；在社会方面，政府的主要职责是创新社会管理方式，激发社会活力；在生态建设方面，政府的主要职责是建设美丽中国，加强环境保护与治理，创造一个山清水秀，生态宜居的生态环境。明确了绩效评估标准，还要规定绩效评估程序，确保绩效评估的实施程序法治化。绩效评估是周期循环的流动过程，包括确定目标、实施评估方案、审查评估结果、修正目标、实施方案的循环周期。为了确保绩效评估程序的法治化，必须根据政府的法定职能确定绩效评估目标，不能设定一些脱离实际情况的目标，同时在制定评估方案上，要充分发扬民主，依照法律法规进行，不能搞违反宪法、法律原则的评估方案。此外，在审查评估结果上，要坚持实事求是原则，要坚持政治原则性，不能随意定性。在修正目标上，要针对实际问题，遵循政治原则，依照法律法规对目标进行合理修正。在实施方案上也要依照法律法规，要由具有法定职能的机构来实施，不能"自己既做裁判又当运动员"。

2. 确保绩效评估结果公开

确保政府绩效考核结果公开法治化，可以有效防止人为非法篡改数据与资料，保障人民群众的知情权、监督权，为上级政府机关做好决策、科学指导下级机关工作提供了参考依据。要由独立的第三方权威评估机构对政府的绩效进行客观、公正评估，并通过合法合理的途径，对绩效评估结果进行公开，同时要依法建立绩效考评奖惩、追责机制，对于认真履行职责、依法开展工作、获得了较高绩效的政府机关与部门要进行奖励，反之，则要进行相应的惩戒与追责，确保绩效评估的严肃性、权威性，避免搞形式主义，走过场，一阵风。

3. 加强民族地区政府绩效评估的制度供给，实现西南民族地区政府绩效评估的法治化

必须着力解决目前制度缺失的尴尬问题。一是建立健全西南民族地区政府绩效评估的工作制度。应当成立专门的绩效评估办公室或者领导小组，市县级政府要将法治政府绩效评估的参与主体、评估指标、评估程序、评估报告撰写、评估结果运用、评估法律责任、评估申诉制度等内容以及具体指标体系在本区域内统一安排。二是基层政府绩效评估的激励制度。要建立"赏罚分明"的奖惩机制、定期的绩效公示、绩效挂钩干部考核等具体制度来督促各级政府法治建设的绩效评估工作。

4. 建立基层政府绩效评估的问责机制

绩效问责是规范政府及其工作人员行政行为的强力措施。为此，一是完善政府绩效评估的法律责任制度依据，建立健全政府问责的法律法规体系，如制定有关行政问责的实施办法或实施细则及其相关配套制度，按照一件事情原则上由一个部门管理和权责一致的原则，合理界定和调整政府部门的职能，明确界定评估主管单位、评估主体、评估对象等相关行为人的法律责任，明确相应的责任，做到权力与责任对等，以夯实政府绩效评估问责的法治基础，使行政问责真正做到有法可依、有章可循。二是强化政府绩效问责教育，培养基层政府及其工作人员（尤其是评估主体）"依法问责""全程问责"的理念，深刻理解"绩效问责"的应有内涵，娴熟掌握科学绩效管理工具实践操作，以增加政府绩效评估问责的法治能力。三是拓宽政府绩效问责的公众参与通道，建立绩效问责公众参与制度，重点发挥大众媒体对绩效问责的监督作用，通过舆论压力促使政府绩效评估实现客观性与公开性，以培育政府绩效评估问责的法治环境。

第三节　实现中央与民族地区政府关系的法治化

民族地区的政府治理包括中央政府作为治理主体对民族地区的治理，也包含着民族自治地方政府的治理。中央政府与民族地方政府构成民族地区治理的两个主要的主体。在民族地区与民族事务治理过程中，充分发挥两者的主体性功能、实现两个积极性的共同发挥，是实现民族地区政府治理的最佳状态和理想预期。但是，随着民族地方作为利益共同体以及民族地方政府主体性的获得，中央政府与民族地区地方政府的关系在保持利益一致性和治理统一性的前提下，也在实践的层面上展现出中央与民族地方利益冲突的关系，中央的一统体制与民族地方自治体制在权力分配与权利的保障上必然发生矛盾，特别是通过政策来调整的中央与地方的关系，更增加了不可预期性和变数。中央与地方的关系本质上是一对以利益为核心的矛盾关系，一定的中央与地方关系模式体现着政治秩序在纵向方面的特征。中央与民族自治地区政府的关系，指的是中央政府与自治区政府之间以权力划分为核心形成的关于各自权力来源、权限范围、权力运作模式等方面的制度安排。中央与民族自治地区政府的关系，既不同于中央与普通行政区地方政府关系，又不同于其他国家解决民族问题的模式，是具有中国特色的解决国内民族问题的模式，是一种特殊的中央与地方政府关系的模式。西南民族地区自治地区政府有着一定的自主权，能够自主地管理本行政区域内的事务，是一个相对独立的利益主体。因此，为了促进西南民族地区政府治理的成效，通过法治化手段明确中央与西南民族自治地区政府在政治、经济、行政等方面的关系，才能使双方依法行使各自权力，促进两者关系的良性互动和协作治理效果。

一、中央与民族地区政府关系法治化及其现实意义

1. 处理中央与民族地区政府关系的总原则

改革开放后，1982 年《宪法》明确规定了中央与地方政府职权划分的总原则，在遵循中央统一领导下，充分发挥地方的主动性、积极性。随着中央的放权让利，地方政府的主动性和主体性被发挥出来了，民族地方政府也是如此[①]。在民族地方利益的驱动、政府治理职权、责任的压力以及市场化环境的倒逼之下，民族地方政府的创新和主体性充分地展现出来，并体现在民族地区的治理事项中，这是民族地区社会和经济发展的关键要素之一。但是，在民族地区发展中，民族地方政府的治理活动中，特别是在行使民族自治权过程中，也受制于自身发展条件的不足、发展能力不强以及计划经济体制惯性的束缚，而表现出自治权行使不充分，自治权落实不到位的政策困境，从而影响政府对民族地区的治理能力的发挥。中央与民族地方关系中，虽然通过民族区域自治法划定了民族地区的自治权范围，但是还是存在着诸多的模糊地带：第一，中央与民族地方的事权范围需要进一步明确。第二，中央与民族地方的权责关系以及责任方式过于原则，缺乏具体性和规范性。第三，中央与民族地方政府权利界限需要通过立法使之规范化，否则难以避免双方因权属不明确而产生矛盾冲突。

2. 中央关系与民族地区的法治化具有特别的治理意义

与一般地方比较，民族自治地方与中央政府关系存在着另一方面的关系，也即民族关系，中央与民族地方关系法治化的内在动力因此也多了一个推动力。中央与民族地方关系法治化的提出是实践中两者权力的收放循环中始终处于变动不居的状态，需要一个稳定性、规范性和可操作性的中央与地方关系，才能实现国

---

① 高锟芳. 当代中国中央与民族自治地方政府关系研究 [M]. 北京：人民出版社，2009：58.

家的治理。而在民族地方与中央关系上除了与一般地方实践中理由外，主要的依据是中央政府与民族地方政府在民族自治权的实现和落实上仍然存在着规范空缺的问题，中央与民族地方的事权划分以及支出责任不明确的问题，因此民族地方与中央地方关系的处理，法治化的要求更为迫切。

3. 中央关系与民族地区的法治化必须遵循宪法

第一，在宪法关系中定位双方的法律关系，把中央政府的权力与民族地方政府的权力纳入宪法规范中。① 第二，中央民族地方关系法治化必须以建立起规范化和制度化的关系为基础，将民族地方政府的权力边界划分清楚，克服简单的自上而下的简单控权方式来解决中央与民族地方的争议，除了行政手段、政治手段、协商手段外，司法手段的运用也应该成为有效的解决手段。② 第三，中央与民族地方关系的法治化需要以中央与地方权力划分的科学民主和均衡为目标，以实现统一与自治的治理目标。第四，尊重民族地方的民族自治权，以法律的规定为界限，中央政府应该积极履行职责，保障自治权的落实。第五，实现中央与地方关系的有效司法调控。

二、中央与民族地区政府关系的法治化以宪法和法律对中央政府与民族地方政府的权责明确为前提

大国的治理始终贯穿着中央与地方的一致性与地方分权主义的冲突。③ 地方作为具有主体性的行动者与中央的博弈，始终是

---

① 杨海坤．中央与地方关系法治化问题刍张［A］//北京大学宪法与行政法研究中心，耶鲁大学法学院中国法研究中心．"中央与地方关系法治化"国际学术研究会论文集［C］．北京：北京大学宪行政法研究中心，2017：17．
② 熊文昭．法律保障央地关系［J］．瞭望新闻周刊，2005（49）：26－27．
③ 周雪光．中国国家治理的制度逻辑［M］．北京：生活·读书·新知三联书店，2017：3．

中央地方关系的一对矛盾，解决这个矛盾或者平衡这个矛盾成为国家治理的核心问题。在民族地区的国家治理过程中，中央与民族地区的关系也面临着相同的问题。所不同的是民族地区与中央的关系除了具有一般地方与中央的利益博弈和争议以外，还表现出三个方面的特殊性：一是民族地方政府的自治权，宪法与法律所设定的自治权，划定了中央政府的权力边界也确定了民族地方政府的权力范围；二是民族地方政府对中央和上级决议的变通执行权问题。① 改革开放以来，中央向地方下放了许多权力，改变了长期以来权力过于集中的格局，调动了地方的主动性和积极性，有力地推动了民族地方的改革和发展。中央与民族地方的权力与利益争议始终是客观存在的，其一般以积极形态和消极形态两个方面表现出来，从积极的面向看，就是以作为的形式形成的利益和权力矛盾和摩擦②，从消极方面看就是以不作为的方式表现出来的争议，典型的表现就是地方针对中央的政策和行政指令不积极贯彻执行，有令不行、有禁不止，或者有选择性地执行。无论是以积极方式还是以消极方式表现出来的中央地方争议，都表明通过法律方式解决争议的必要性和重要性，并凸显出中央与民族地方关系法治化的迫切性。中央与民族地方政府无论在立法权限、财政权限、行政事权以及产权权限和组织权限等方面都存在着争议，而且在争议的解决方式上通常采取的行政化解方式，都与法治化要求有相当的差距，特别是采取自上而下的控制方式来解决争议，虽然效率很高，但是往往留下后遗症。③ 因此，探究法治化的争议解决机制是根本的方向。中央对地方的控制方式，一般包括立法控制、行政控制、司法控制、人事控制、财政

---

① 谭波. 我国中央与地方权限争议法律解决机制研究［M］. 北京：法律出版社，2014.

② 薛刚凌. 中央与地方权限争议的法律解决机制研究［M］. 北京：中国法制出版社，2013：2.

③ 薛刚凌. 中央与地方权限争议的法律解决机制研究［M］. 北京：中国法制出版社，2013：3.

控制以及政策控制①，其中的立法、行政以及司法机制是采取法律机制解决争议的主要方法，而这些法律方法的运用，必须以宪法和法律对中央与民族地方的职权的明确界分为前提条件，以确定的中央职权与民族地方政府职权为法律解决的根据。

1. 宪法、法律对中央政府职权的制度设计

国务院，即中央人民政府，是我国的最高国家行政机关和最高国家权力机关的执行机关，地方各级政府是在国务院统一领导下的地方国家行政机关。根据《宪法》第85条的规定："中华人民共和国国务院，即中央人民政府，是最高国家权力机关的执行机关，是最高国家行政机关。"第112条规定："民族自治地方的自治机关是自治区、自治州、自治县的人民代表大会和人民政府。"根据宪法和地方组织法的规定，地方各级人民委员会，即地方各级人民政府，是地方各级人民代表大会的执行机关，是地方各级国家行政机关。中央政府与民族自治地方政府的职能定位是：其一，中央政府的职能具有统一性。中央政府作为最高国家行政机关，有权根据宪法和法律，制定行政措施，制定行政法规，发布决定和命令，有权统一领导全国地方各级国家行政机关的工作，规定中央和省、自治区、直辖市的国家行政机关的具体划分，有权改变或撤销地方各级国家行政机关的不适当的决定和命令等。其二，中央政府的职能具有普遍性。所谓普遍性，是指在职能范围上，中央政府享有并行使在全国范围内的广泛的行政管理权，领导和管理全国范围内的各种事务。其三，中央政府的职能具有宏观性。中央政府代表着全社会的公共利益，其最重要的职能是维护国家的独立统一，维护现有的社会制度和政治制度，同时又要促进经济、社会的发展和繁荣，因而中央政府的职能必然要从整个社会公共利益的角度出发来承担整个国家的宏观管理职能，提供全国性的公共物品，力求使国家利益或社会公共

---

① 熊文钊. 大国地方：中央地方关系法治化研究［M］. 北京：中国政法大学出版社，2012：22.

利益最大化，这就使得中央政府职能具有鲜明的宏观性，中央政府必须负责有关国家安全和经济发展的重大事务，如国防建设事业、对外事务、国民经济和社会发展计划以及国家预算、宏观经济政策等。其四，中央政府的职能具有主导性。中央政府在行使职能的过程中，必然以国家强制力为后盾，通过运用法律、行政、经济手段对地方政府以及各种非政府组织的行为进行约束，以保证国家意志顺利有效地执行，中央政府在中央与地方政府职能关系中居于主导地位。

2. 宪法、法律对民族自治地区政府职权的制度规定

根据现行《宪法》第 115 条规定："自治区、自治州、自治县的自治机关行使宪法第三章第五节规定的地方国家机关的职权，同时依照宪法、民族区域自治法和其他法律规定的权限行使自治权，根据本地方实际情况贯彻执行国家的法律、政策。"根据宪法和法律规定，一方面，民族自治地方政府作为中央政府和上级政府的专属机构，必须对中央和上级政府负责，执行中央和上级政府的决定、命令和指示，具有代表中央和上级政府履行地方经济和社会发展的职能，并服从中央政府的整体、全局和长远的利益；另一方面，民族自治地方政府作为地方国家权力机关的执行机关，应当对地方人大和当地人民负责。民族自治地方政府应当有效地制定地方的发展规划，处理地方社会公共事务，发展地方的经济、文化和各项社会事业。这种双重性职能形成中国民族自治地方政府职能的一大特色。民族自治地方政府的管辖范围仅限于本行政区域内的社会经济事务，政府职能的效力只能是区域性的，但民族自治地方政府所管辖的事务涉及政治、经济、文化以及社会等各种具体问题，这就决定了民族自治地方政府职能具有综合性。民族自治地方政府具有相对独立的自主权。行政性分权和经济性分权，使地方政府获得了极大的利益空间，民族自治地方政府具有因地制宜的自主权，并体现于各种有效的形式和方法中，使民族自治地方政府得以因地制宜，充分发挥其主动

性、积极性和创造性。民族自治地方政府及其自治机关具有民族自治权。

三、中央与民族地区政府关系中的法律问题

1. 现有的法律规定太原则，缺乏可操作性

宪法和民族区域自治法是调整中央与民族地方政府关系的主要法律，但是，两者的规定太原则，缺乏可操作性，且没有制定出很好的保障实施的具体措施。实施自治法面临几个方面的困难。一是自治法的条款太原则，实施起来不易操作，例如，自治法关于"上级国家机关职责"中，对上级国家机关在财政、税收、金融、外贸、资源开发、基础设施建设、文化教育、干部培养等方面支持和帮助民族自治地方的条款，都规定得比较原则，没有具体量化，执行起来很困难。自治法规定民族自治地方"尽量并合理配备"少数民族干部，也没有具体的要求。① 二是自治法关于自治权的原则规定很难具体落实。很多自治权的行使受到中央国家机关职能部门的制约和限制。首先，中央与民族自治地方政府之间职责范围界定不够明确，含糊不清的大多被分配给下级政府，有些事权虽然明确划归中央或省级地方，但在实际执行中发生了"错位"。其次，中央与民族自治地方上下级政府之间事权范围的划分随意性很大，在垂直体制下，上级的法律事权往往成为下级的当然事权，现实中上级通过考核、一票否决等程序将本级责任分解成了下级的责任。② 三是自治法本身没有规定监督机制和法律责任。自治法由谁来负责实施，谁来监督实施，违反了谁来处理、怎么处理等，都规定的不明确。以广西为例，自

---

① 朱玉福，伍淑花. 民族地区《民族区域自治法》配套法规建设探讨［J］. 贵州民族研究，2003（1）：31－36.

② 任进. 合理划分和依法规范中央与地方的职能权限［J］. 学习与研究，2006（5）：26－27.

治法实施以来，没有一例因违反该法而受罚的案例。针对以上这些问题，国务院要尽快制定贯彻落实自治法的法律法规，进一步完善自治法体系。①

2. 民族自治机关的双重性在一定程度上制约着中央与民族自治地区关系的良性调整

民族自治地方政府的性质，要么是行政性的，要么是自治性的，区别在于行政性地方政府从属于中央政府，由中央决定，中央政府在行政性事物上享有最后的决定权；而自治性地方政府与中央政府的关系相对分离，自治机关的事务大多由国家法律明确划分，有着专属于自己的事务范围和相对独立的财务管理权和人事管理权，对于法定的地方性事务地方政府拥有着最后的决定权。② 但是，宪法和法律赋予了民族区域自治地方政权机关两种职能，但却未能通过宪法或者法律作出规定，未从事权角度对民族区域自治地方政府的权力作出明确划分，仅仅是笼统地做了"管理本民族、本地区内部事务"的规定。另外，以民族自治地方立法权行使为例，民族自治地方政府作为国家一级地方政权机关制定地方性法规只需报上级国家机关备案即可生效，而作为自治机关制定的自治条例和单行条例则要上报国家机关批准后方可生效，这样一种制度设计使得民族自治地方自治机关在很多时候放弃自治权的行使而采用国家一级地方政府的身份来行使权力。③

3. 自治权的附属性阻碍民族地区自治权的行使

民族区域自治权的行使要以维护国家统一和民族平等、团结和共同繁荣为原则，民族区域自治制度的自治性特征要远远弱于其行政性特征，在民族区域自治制度中，民族因素是从属的，主

---

① 朱玉福，伍淑花. 民族地区《民族区域自治法》配套法规建设探讨 [J]. 贵州民族研究，2003 (1)：31-36.

② 国家民族事务委员会经济司，等. 中国民族统计年鉴 [M]. 北京：民族出版社，1998：479.

③ 徐会平. 民族区域自治权研究——中央与地方关系的视角 [D]. 济南：山东大学，2007.

要的因素是区域因素，这样中央与民族自治地方之间的关系更接近于中央政府与一般性地方政府之间的关系。从政治体制的角度来看，自治权的行使要服务于国家的统一，从民族区域自治制度的具体设计来看，民族自治地方的自治性在很大程度上依赖于行政性。

4. 自治权的制度化不足

宪法和民族区域自治法赋予了民族区域自治地方较大的自治权，但是两者均没有明确违法责任与制裁制度，各地制定的自治条例更是如此，这使得民族区域自治法在实施过程中出现违法现象而责任却难以追究的结果。① 宪法和法律规定的民族区域自治地方的变通权难以实现。虽然宪法和刑法、婚姻法、民法总则等对于民族区域自治地方的变通权做了规定或授权，但目前民族区域自治地方制定的变通或补充规定数量不多，涉及的内容也较为狭窄，主要是有关婚姻、继承、义务教育、计划生育等方面的内容。之所以会出现这种现象，一方面是民族区域自治法中违法与制裁条款的缺失，另一方面是部门利益高于地方利益，自治法规服从部门政策，变通自治权难以实现。

5. 自治法的不完善

自治法是我国社会主义民族法制体系的主干工程，具有较强的宏观性和原则性特点，因而其能否得到具体的贯彻落实，主要还取决于自治法的细化、量化程度。但是，现行有关于民族地方自治的法律法规体系不完善、法律体系不健全，变通补充规定没有用足、用活，民族自治地方对上级国家机关制定的不适应本地实际情况的决定，照抄、照搬照办的多，作出变通规定方面的少。同时，由于法律内容只是侧重于经济发展而忽视人权保障和社会发展方面。再有，法律体系内部不协调，主要表现在：一是有关对自治地方制定的自治条例，单行条例等自治法规的批准方面的矛盾；二是有关民族地方法规的立法权限不统一；三是自治

---

① 吴宗金，敖俊德. 中国民族立法理论与实践［M］. 北京：中国民主法制出版社，1998：641.

地方法规的报批程序不统一。这些亟待解决的问题都是影响中央与民族自治地方关系朝向更明朗化，法治化方向发展的屏障。

四、推进中央与民族地区政府关系的法治化的路径

中央与民族地方的关系应当通过法治化的方式理顺。既要有维护国家的集中领导和法治权威，又赋予地方必要的自主权力。合理划分中央和地方经济管理权限，明确各自的事权、财权和决策权，做到权力和责任相统一，并力求双方关系的规范化、法制化。

1. 确定和完善中央与民族地区的协商制度

长期以来，处理中央与民族地方关系行之有效的方式是通过中央与民族地方的协商，将双方的意见进行真诚沟通后形成共同意见，以消除双方的分歧。对有些分歧不能达成一致意见，在坚持原则性的条件下，往往采取灵活的解决办法。

2. 通过立法机制解决双方的争议

所谓立法机制是指，通过立法的手段来实现争议的解决，既包括中央的立法也包括民族地方立法。完善宪法和法律制度，确定职权划分标准。通过一定的原则来确定中央与民族自治地方的权限：第一，凡是与国家利益直接相关的职能，由中央政府承担；第二，凡是与民族自治地方利益直接相关的职能，由民族自治地方政府承担；第三，中央政府和民族自治地方政府都有提供共享物品和服务的职能；第四，中央政府与民族自治地方政府的职能既应有分工，也应有合作。依照上述原则首先要从宪法上明确中央与民族自治地方事务的管理范围和相应拥有的权限，适时修改宪法，明确各类地方政权组织，包括一般地方国家机关、民族自治地方的自治机关管理范围和相应的职权。其次合理划分和依法规范中央与地方政府职能权限，最终要以政治体制改革为远景目标，通过完善宪法、法律，建立更加完善的违宪审查机制，依法建立科学合理的地方利益表达与平衡机制，扩大公民直接参

政和地方对中央立法、重大决策的参与。

3. 建立争议法律解决机制，用法治方法解决职权争议

中央与民族自治地方之间存在博弈关系，即使有明确的规定进行了事权的划分也无法一劳永逸地解决矛盾。尤其在中央与民族自治地方权限的临界点和管理事项的共享部分，必须建立两者的冲突协调机制。目前，全国人大及其常委会涉及中央与民族自治地方权限争议处理的机构主要有两类，一是全国人大的专门委员会，二是全国人大常委会的工作委员会。这些机构行使职权过程中涉及中央与民族自治地方权限争议的处理问题。但全国人大的专门委员会或是全国人大常委会的工作委员会不是按照研究和处理权限争议事项所影响的地域范围来设置的。从理论上说，在不修改宪法前提下，由立法机关处理权限争议问题比较稳妥，但要设立专门的机关或赋予某些机关处理这类争议的权限和职责，除了可考虑设立专门委员会性质的"地方事务委员会"处理一般地方与中央的权限争议外，还应按不同地方制度的特点，将现有的民族委员会，改组为民族自治地方事务委员，由它协助全国人大及其常委会对中央与民族自治地方权限争议，包括立法冲突争议和国家机关权限争议进行宪法审查并作出宪法和法律解释。

4. 完善民族区域自治法配套法律体系

《民族区域自治法》涉及民族自治地方的建立与自治机关的组成、自治权，以及检察机关、审判机关、上级国家机关的职责等国家政权性内容，如果以行政法规和规章去具体化这些方面的内容是不合法理的。因此，应以单行立法为起点，建构《民族区域自治法》的配套立法体系。首先，要开展行之有效的宣传教育活动，积极创造贯彻落实《民族区域自治法》的良好社会氛围，改变我国公民甚至某些执法人员不知自治法为何物的尴尬局面。其次，《民族区域自治法》是实施宪法规定的民族区域自治制度的基本法律，它的法律地位仅次于宪法，从中央到地方的各级国家机关及全体公民都应该遵照执行。最后，国务院和有关部门要尽快制定实施民族区域自治法的法规、规章、措施和办法，杜绝

因条块利益而造成自治法弱化的现象，从而加强民族法制建设，进一步推动自治法的配套建设。

5. 完善民族区域自治法制建设还必须加强对民族法律实施的监督

要完善中央对民族自治地方的监督机制。第一，要加强中央对民族自治地方监督的权威性、系统性和独立性，提高监督机构的地位和权威，以保证中央对民族自治地方监督的有效。第二，改革监督方式和手段。要变直接的行政干预为主为间接的法律监督、财政监督、司法监督、行政监督相结合，变事前行政审批为主为事后合法性监督、效率监督为主，以保证中央政府既不插手民族自治地方事务的管理，又能对民族自治地方事务实行切实有效的调控。第三，建立和完善监督程序。科学完善的监督程序是保证监督目标实现的重要条件，是监督机制完善的重要标志。没有监督程序，就像机器没有传动装置，监督就不可能高效优质运行。因此，一定要建立和完善监督程序，以使中央对地方的监督程序化、规范化、制度化。

6. 完善中央与民族地区的责任追究机制

目前在处理中央与民族地方关系中，责任的虚化是一个客观现实，从制度完善的角度来看，未来的发展需要进一步明确中央与地方都是当然的责任主体，确定承担责任的方式和条件。

第四节　民族地区政府治理体制法治化建设的重点

一、民族地区政府的行政机构改革法治化

党的十九大报告提出，要"统筹考虑各类机构设置，科学配

置党政部门及内设机构权利、明确职责。统筹使用各类编制资源，形成科学合理的管理体制，完善国家机构组织法……赋予省级以下政府更多自主权，在省、市、县对职能相近的党政机关探索合并设立或合署办公"，这不仅为我国深化机构和行政体制改革提供了目标，也为西南民族地区政府机构改革明确了方向。

1. 大部制改革的法治化

民族地区政府大部制改革与法律是紧密相连的，必须处理好大部制改革与依法行政之间的关系，只有改革整体规划之始统筹法律制度的改革，才能保证改革的有法可依，保证改革成果法治化的巩固。要实现改革的法治化，第一，要正确处理依法行政与改革的关系，保证改革有法可依。如果不以法律作保障，难以确保改革的科学性以及稳定性。第二，必须认真梳理西南民族地区现行法律规定，改革西南民族地区现行的行政组织立法，建构完善的行政组织法律体系，以法律来规范和约束行政权势在必行，将大部制改革纳入法治轨道。第三，行政组织法的完善是大部制改革法治化的必然要求。在中央与民族地方关系问题上，行政组织法一直存在缺失，导致中央与地方权利配置存在争议，这不利于大部制改革法治化的进行。第四，扩充现有行政组织法的内容，如增加组织听证、公开改革方案、鼓励公众参与等；增加违反行政组织法的法律责任，对违反行政组织法规定的行为严格追责；修订《国务院组织法》与《地方政府组织法》，实现《宪法》《国务院组织法》和《地方政府组织法》的体系结构上的有机统一，使行政组织在国家宪政体制的基础上得到统一，使国务院以及地方政府机构成为宪法统一规范下的国家行政部门。第五，理顺职责关系，加强协调机制法治化建设。理顺民族自治区与市、县政府之间的职责关系，畅通正式沟通渠道，减少自治区人民政府各部门对下级政府行政事务的过多干预。理顺各级政府内各部门之间的职责关系，坚持一件事情原则上由一个部门负责。建立专门综合性协调机构，赋予其协调中心的地位，使其承担起协调部内组织关系、疏通部内工作渠道的责任。建立部门间的工作协调机制，对跨部门、跨行业、跨地区的工作任务，单个职能部门协调确有困难的，可通过建立专门委员会或部门间的联席会议等方式进行协调。[①] 积极推进协调机制的法治化，对政府内部的行政协调主体、协调层级、协调方式手段、议事协调规则、适用范围、权力授予、责任落实、检查追究、配套机制等方面作出一定的规范。[②]

2. 机构编制管理法治化

（1）制定和完善西南民族地区行政编制法。

行政编制法主要规定行政机关的机构设置、人员配置问题，隶属于行政组织法。在中央政府机构中，对行政编制的规定集中体现在由国务院制定发布的《国务院行政机构设置和编制管理条例》中，而且该条例内容仅对国务院行政机构的设置程序及编制审批程序作出规定，没有明确编制管理的基本原则、程序、权限和纪律等内容。因此，西南民族地区目前缺乏一部有其地方特点适应地方行政组织的行政编制法。

（2）建立科学的控编减编长效法治机制。

其一，加强机构编制法治化建设，加快民族地区机构编制相关法规立法工作，修订及出台相关机构编制标准。其二，严格执行机构编制集中统一管理和审批制度，凡机构编制事项必须报机构编制部门按程序专项办理，副处级以上机构的设立和调整报自治区审批，副科级机构（含内设机构）的设立和调整报市审批，不得采取变通方式违规设立机构。其三，进一步完善机构编制和组织人事、财政等部门协调配合机制，建立财政供养人员只减不增的部门会商制度。其四，全面实行机构编制实名制管理，推进

[①] 乔小明. 大部制改革中政府部门间协调机制的研究 [J]. 云南师范大学学报（自然科学版），2010（4）：77-82.

[②] 麻宝斌，仇赟. 大部制前景下中国中央政府部门间行政协调机制研究 [J]. 云南行政学院学报，2009（3）：53-56.

机构编制政务信息公开，建立机构编制数据动态分析、报告、发布制度。其五，加强对编制种类、结构、层级比例的研究，建立编制使用效益评估机制。

（3）严肃规范机构编制纪律。

首先，将机构编制政策规定执行情况纳入上级党委和政府督查工作范围，健全机构编制监督检查协调机制，加大对机构编制违法违纪行为的查处力度，涉嫌犯罪的，移送司法机关依法处理。开展机构编制和实有人员的核查工作，严禁行政编制和事业编制混用，重点治理超限额设置机构或变相增设机构、超机构规格配备领导干部、超编制进人、超职数配备领导干部等"四超"违规违纪行为。开展财政供养人员只减不增、控编减编和在编不在岗人员的专项检查和清理工作，对以虚报人数等方式占用编制并冒用财政资金等违规违纪行为的责任人员，严格按有关党纪政纪规定严肃处理。其次，严格执行干部退休制度，不得随意或变相降低退休年龄。再者，实行领导干部机构编制执行情况审计制度，将审计结果与干部的考核奖惩和选拔任用挂钩，强化各级领导干部的机构编制意识和责任。最后，严禁上级部门以会议、文件、领导讲话、划拨经费、项目审批和评比达标等形式干预下级的机构编制事项。

二、民族地区政府的行政体制改革法治化

行政体制就是国家行政机关为有效管理公共事务而确立的有关行政职能定位、组织结构、行政权力划分、人员配置、行政权力运行机制等的关系模式和制度规范的总和。行政体制包含的五要素，即行政职能定位、行政权力划分、组织结构、运行机制和制度规范，行政体制改革涉及的主要内容是围绕政府职能的转变、行政组织结构的调整、行政权力的优化配置、行政权力运行及其监督的完善等来展开。

改革开放后，总体来说西南民族地区政府职能转变取得了一些成效，但政府职能的转变还未真正到位。首先，应革新政府理念，加强服务意识。改革意味着理念的变化和更新，更意味着建立一个符合时代需求的理念，推动西南民族地区政府行政体制改革，就是为了建设一个更符合民族地区实际发展所需要的政府。从现有情况看，西南民族地区进行了多次行政体制改革，虽取得了一定成效，但各级政府中依然存在大量的个人或者某个核心职能部门左右政策，忽视法律程序和法律规范的现象，甚至不惜采用各种手段阻挠改革进行。其次，要从根本上改变政企不分、政事不分的现象，真正理顺政府与市场、政府与社会之间的关系。现阶段政府职能缺位、越位、错位现象，排除地方政府直接干预微观经济行为和市场运行，进一步加强政府的社会管理、公共服务、市场监督、环境保护职能。

行政组织结构的调整与优化虽历经多次机构改革，但我国各级政府机构的臃肿问题一直未能得到根本性改观。因此，政府组织机构的调整应当遵循两个原则：一是按照精简、统一、效能的原则，调整政府组织结构，实行精兵简政，加强宏观调控部门，调整和减少专业经济部门，适当调整和增加社会服务部门，加强执法监管部门，发展社会公益组织。二是依据政府事务综合化管理的要求和按照权责一致的原则，综合设置政府部门，实行"大行业""大产业"的管理模式，克服多头管理、政出多门的弊端。对外层面，根据行政职能的减弱、取消或转移给社会、市场、企业等主体，相应削减政府机构及其编制；对内层面，根据政府职能的调配，在横向、纵向结构上对政府机构进行调整。

我国行政权力配置现状，存在诸多问题，如行政权力制约机制不健全，权力越界风险较大；中央政府与地方政府在行政权力划分上简单而模糊；地方各级政府行政权力配置高度同质化，且权责不匹配；政府部门行政权力交叉重叠较为严重；行政权力高度集中与权力分割并存等。近年来，西南民族地区的各级政府着眼于促进经济和社会事业发展和提高行政效能，通过机构改革集中解决和理顺了一批部门职责交叉和上下关系不顺的问题。按照必要的集中与适当的分散相结合的原则，合理划分了自治区与市县、市与城区、县与乡镇之间的事权范围，明确各自的权力和责任。

我国行政权力运行一直存在着诸多不完善之处，如权力运行程序不规范，法制化程度低，缺乏透明性；权力运行的激励机制和惩罚机制发生扭曲；权力垂直控制方式过于单一，基本上是命令、强制等方式等。这些问题的存在极大影响了行政权力运行的质量和政府功能的发挥。所以，应把改革的重点放在以下几个方面：一是建立一套科学民主的行政决策机制。二是完成行政审批制度的改革。虽然行政审批事项得到大幅削减，但仍存有大量与社会主义市场经济不相适应的行政审批项目，在行政审批工作过程中，行政人员行政官僚主义倾向严重，在一定程度上降低了行政效率；三是健全行政问责机制和行政监督机制。一方面，现实中的行政问责与监督往往局限在政府内部，排除了公众和社会的参与；另一方面，也存在政府预算、审计财务监督不到位，权责不明确，有权无责等问题，最终导致了行政执行过程中问责无力和失职渎职、滥用权力现象的不断发生并产生了严重的后果。四是建立健全部门之间合作、协调机制，加大政务公开的范围和程度，完善绩效考核制度，建立科学的评价体系和事后问责追责制度。

三、民族地区政府民族工作机制以及创新

党的十九大报告在回顾党的十八大以来各个领域工作成就时，对民族工作作出了"民族宗教工作创新推进"的表述，这是新时代我国民族工作的主要方向。在新时代背景下应该创新民族地方政府的工作机制，深化"中国特色处理民族问题的正确道

路"涉及的民族理论、政策、法律、制度及机制的学术创新，正面、积极宣传民族区域自治制度，从实际出发、客观地做好对外宣传工作，避免就事论事地回应分裂势力对民族区域自治制度的歪曲解读，从理论与民族自治地方实际情况结合上进行宣传，使宪法精神深入人心，杜绝不明真相的人们片面理解。加强自治机关自治意识，创新民族工作理念，"做好民族工作，最关键的是搞好民族团结，最管用的是争取人心"。要做到凝聚人心，巩固民族团结，只有少数民族和全国人民一起实现小康，才能赢得少数民族群众真心的拥护。

习近平总书记在多次深入民族地区调查之后，连续五次提出了"全面建成小康社会，一个民族都不能少"的要求，这对全国各民族群众来说是极大的鼓舞。以西藏地区为例，自党的十八大以来，中央召开了第六次西藏工作座谈会，专门研究西藏及四省藏区的发展和稳定问题，在中央对民族地区一般扶持政策的基础上给予了更多的优惠政策，但我们还应看到政策优惠的局限性和弊端。任何政策都是阶段性的，民族区域自治制度的主体在于通过自治权促进少数民族地区发展，我们要在肯定和实施优惠政策的同时，加强自治权的全面落实，增强自治机关"自力更生"的自主性意识和自治的能力，防止民族地区发展过分依赖优惠政策而怠于行使自治权，建立民族地区繁荣发展长效机制。

采用差别化支持政策，创新民族工作方法。少数民族有各种各样的发展困境，民族地区同全国一道实现全面建成小康社会目标难度较大，要做到不使任何一个民族掉队、不使任何一个民族地区继续落后，就"必须加快发展，实现跨越式发展"。目前，我国的贫困地区主要集中在中西部地区，其中14个集中连片特困地区中就有6个在西南民族地区，是中国深度贫困的集中地带。这些地区发展起点低、发展基础差，要想在限定的时间里，与全国其他地方一道建成同一标准的小康是不现实的，要采取差别化的要求与政策，即精准的扶贫，建立精准扶贫机制。

推进民族工作智库建设，提升民族工作科学化。智库既是政府政策制定理念的主要来源，也扮演着政策实施过程的监督者、政策实施效果的评估者的角色。目前民族事务日益复杂，单靠政府的力量是不够的，民族工作必须广泛地向社会各界、专家学者以及研究机构征询意见和建议，才能提高民族工作的科学性和实效性。

四、加强社会组织参与政府治理的法治保障

近年来我国社会组织大量出现，西南民族地区社会组织主要是指活跃于西南少数民族地区的社会组织，西南民族地区的社会组织在规模上、数量上、种类上及服务能力上都有明显的提升。总体来说，西南民族地区社会组织主要有以下几个特征：第一，民族与宗教色彩浓厚。受民族历史文化与宗教的影响，社会组织呈现出鲜明的民族或宗教特点。其表现为，一是大多数社会组织有着非常明显的民族特色，如云南元江县哈尼文化学会、西双版纳曼刚傣族寨等民间组织，均带有典型的民族特色；二是一些社会组织在目标与宗旨设定上受其宗教信仰的影响；三是一些社会组织在组织结构、成员分工以及管理方式等方面仍沿袭民族传统习俗与文化传统。第二，鲜明的民族区域特征。民族地区社会组织的运行因地理位置与历史文化差异而具有典型的区域性特征。例如，凉山彝族妇女儿童发展中心，主要为彝族地区乡村建设、扶贫、妇女儿童救助、艾滋病教育、农村青少年就业培训和抗震救灾等提供支持和服务。在基层社会事务管理的方式方法上带有明显的传统风格与地方烙印，如"翁村"① 制度是京族社会中具有原始民主色彩的管理制度。第三，重视民族文化认同。民族文化是各民族约定俗成的规则与习俗。民族地区社会自治的运行基

---

① "翁村"是京族乡村自治管理组织，由村内有名望的老人组成"嘎古集团"推选出来，负责处理村内生产、生活等日常事务以及维护村内治安。

础来源于对这种民族规则与文化的认同。民族地区大多数社会组织的内部治理在权威来源、人员构成以及管理方式等方面都十分重视民族风俗与文化的传承。一是一些民族地区社会组织的权威形成仍然保持了原来的传统，如苗寨的"寨老"一般是该族部落的民间法人代表。二是相同民族身份与变共同宗教信仰的影响，民族地区社会组织对内部成员的管理方式都传承了民间原有的习惯法则，成员也更容易形成组织认同与凝聚力。

随着经济的发展与社会的转型，当今社会问题具有复杂性、多元性、风险性等特点，民族地区社会组织参与政府治理也受到了多方面的挑战。一是民族地区社会组织自身发展不够成熟、专业性较弱、组织规模小等问题都影响了社会组织参与政府治理的广度与深度，加之资金有限和人才的严重缺乏，民族地区社会组织的服务能力和服务效率也亟待提升。二是民族地区社会组织参与政府治理机制不完善，缺乏独立性，无法真正代表所属群体利益，且受严格准入资格的影响，社会组织难以进入某些社会服务行业和领域，导致社会组织参与治理的渠道狭窄不畅，加上相关立法不完善，民族地区社会组织参与政府治理的合法地位得不到保障。三是民族地区社会参与政府治理的方式较为单一，大多是由政府主导的方式进行，行政化倾向明显，主动性很弱，严重影响了社会自治参与政府治理的作用发挥。

民族地区社会组织发展的改革应主要从以下几个方面入手：第一，建立完整的社会组织参与政府治理的体制机制，转变政府的管理理念，减少对社会组织管理的行政干扰，加强社会组织的独立地位，加大对社会组织的资金支持和政策扶持，为社会组织的发展制造良好的社会环境以便其最大程度地发挥自身优势参与政府治理。第二，建立健全民族地区社会组织发展与管理的法律法规体系，结合少数民族地区特点设立完备的社会组织管理法律，明确社会组织的地位、性质、职能等，制定适合本民族地区发展所需的社会组织管理法，强化其参与治理的法制建设，为其参与治理提供一个优质的法制环境。第三，完善社会组织的自我管理机制。要强化社会组织的治理理念，加强社会组织的自身建设，建立内部监督机制，保证公开性和透明性以增强社会公信力及自我管理能力。第四，完善组织结构，制定人才引进和培养方案，提升民族地区社会组织的整体服务能力和治理能力，从根本上解决人才缺乏的问题。

五、健全民族乡政府治理体制

随着我国进入中国特色社会主义发展的新时代，民族地区农村社会结构的巨大转型和乡村社会关系的不断发展，民族地区乡村治理体系迎来了发展的历史性机遇，但也面临着一系列的治理难题。其中民族乡镇政府治理体制、治理功能退化都暴露出一定的问题，使得改革开放 40 多年来所建构的乡村治理体系受到了巨大的冲击和消解，乡村治理的效果无论在秩序的维护还是乡村发展的水平方面都遇到了新的体制和机制难题。因此民族地区的民族乡镇政府治理体系需要进一步健全，通过自治、法治、德治三种乡村治理机制的有机组合以健全我国民族地区的乡村治理体系，实现民族地区乡村治理的现代化目标。

（一）西南民族乡（镇）政府治理体制中的法治困境

1. 民族乡政策过于分散，法律制度不完善

（1）现行的《民族乡行政工作条例》是 1993 年国家民族事务委员会制定的行政法规，法律地位较低，缺乏对民族乡的法律地位和具体性质的规定，基本上为原则性条款，存在文字表述模糊化的问题，具体条款内容的概括性和抽象性使得落实起来可操作性不强。该条例实施 20 多年来未作修订，很多条款已不能适应当前经济社会发展的需要。地方层面，对民族乡的民族立法普遍缺失，如广西是多民族聚居区，却没有相关散居少数民族权益

保护条例。广西涉及民族乡的条例只有《广西壮族自治区乡、民族乡、镇人民代表大会工作条例》，而且是 2009 年修正版，一直没有制定广西民族乡工作条例。民族工作缺乏权威的法律依据，民族乡法制建设有待完善。

（2）对国家政策的研究和落实滞后，不能及时高效地应用。以广西为例，《"十三五"促进民族地区和人口较少民族发展规划》（国发〔2016〕79 号）文件于 2016 年 12 月 24 日颁布，《广西壮族自治区人民政府关于贯彻落实国家"十三五"促进民族地区和人口较少民族发展规划的实施意见》（桂政发〔2017〕58 号）文件于 2017 年 11 月 6 日下发，历时近 11 个月，地方才出台有关实施意见，效率不高。中央的政策从下发，到省、市、县、乡接收文件内容、领会文件精神、部署责任落实、贯彻执行政策，将耗费更多时间。这不利于民族地区快速接收和转化国家对民族地区的发展优惠政策为己所用，不利于欠发达地区各民族尽快享受政策倾斜、资源优化配置带来的发展成果，可能导致民族地区错失发展先机，民族间发展差距进一步加大。

（3）民族政策措施落实不够到位。广西壮族自治区人大常委会在 2016 年的调研中发现，少数民族自治县能享受的不少优惠政策，在民族乡却没有实行。比如，农村义务教育阶段家庭经济困难寄宿生生活补助，少数民族自治县可获 100% 补助比例，而民族乡与非民族乡镇所获比例一样，都是 60%。逢 10 周年民族乡乡庆时，自治区本级财政安排给每个民族乡为民办实事的资金仅为 90 万元，远远不能满足加快民族乡经济社会发展的需要。从中央到地方都没有专门的支持民族乡发展的制度和政策设计，项目资金安排缺乏专门渠道，甚至连统计工作都还没有必要的制度设计，想要获得更多发展机会还要依靠地方领导的意志和统筹水平。各级各部门对民族乡发展的支持缺少整体性和系统性，必然导致支持力度受限，政策措施难以得到连续而稳定的执行。

2. 民族乡治理体制不健全

（1）民族乡党委及其成员学习和领会上级会议精神、文件纲领方面不够透彻，急需提升领导班子政策水平和党委组织成员整体素质。（2）由于传统管理模式的惯性，民族乡政府"政府负责"的思维仍然存在，在当地社会治理中往往秉承过去大包大揽的做法，社会治理理念跟不上，不适应治理转型的现状，在社会治理追求面面俱到，不论大小事事都要抓，政府效能低下。（3）目前民族乡政府还没能很好理顺政府与企业、社会的关系，"社会协同"的渠道还不够畅通，一些本可以由社会组织承担的社会管理职能往往被政府包揽。民族乡政府在整合社会资源方面还处于摸索阶段，还不能高效的集中和协调社会力量充分参与到民族乡的社会治理工作中去。（4）民族乡政府推动"公众参与"的动力不强，公众参与社会治理的渠道不畅，积极性不高、组织化程度不够、专业化水平偏低，加上各种制度建设的滞后，制约了公众的积极性、主动性、创造性的充分发挥。（5）民族乡治理的法制保障还不到位。归根结底，这个问题的根源在于民族乡法治不健全、不到位。在全国没有形成一个国家法律与地方法规、制度有效衔接配套的民族乡法律体系，难以有效规范行政权力的运行，推动民族乡经济社会发展。

3. 民族乡治理机制不完善

自治不充分。城市化进程带来了民族区域自治经济社会基础的发育，新兴的经济社会因素（包括民族因素）要求参与民族区域自治政治生活，从而对民族区域自治制度空间的转型带来了结构性压力，但民族乡也同样受到这样的压力。由于我国一贯采用自上而下的权力运行机制，使得民族乡的基层组织习惯于服从上级组织下达的指示、被动地接受上级安排，村民自治在很多地方流于形式。目前各地行政主导的做法很普遍，基层党委政府把村支书、村主任当成党政一把手，抓决策、开展工作缺乏集体协商机制，村委会作为群众自治组织的职能落空，村支书、村主任实际上成了基层政府职能的延伸。这既有基层政府人员法治观念淡泊的因素，也有自治组织自身能力较弱的因素，还有村民的法治意识、维权意识普遍不强的原因。有些村成立村委会以来，很少召开村民大会；一些地方村规民约写得很好，但是制定之后束之高阁没有充分利用起来，没有得到应有的重视。

法治不健全。随着我国经济体制改革的不断深化，民族乡政府实际拥有和实施的管理权限、享有的权利，法律上的规定不一致。民族乡政府普遍存在没有充分运用法律赋予的自主权和上级所给予的优惠扶助政策的问题，很多优惠政策并没有落地，甚至正在面临失效。《民族乡行政工作条例》条例颁布至今，已20余年，运行环境早已发生了显著变化，有些规定已不再适用。有的地区在政策实施中，还存在"一刀切"等现象，一些发展基础较好的民族乡并不特别看重优惠政策，而某些发展比较落后的而民族乡，却不能最大程度的享有国家赋予的优惠和扶持政策。一些地方的村干部，政治素质较低、作风比较霸道。有的农村的村委和村干部"以言代法"现象比较突出，对村干部的监督约束机制不完善，成为法治乡村的障碍。在民族乡的广大农民群众中，不同程度地存在法治思维欠缺、法治观念淡薄、依法维权意识不强等问题。

德治不深入。民族乡道德治理和道德建设存在一些问题。由于经济发展压力大，行政效能考评侧重于对经济指标的考核，对民族乡政府德治工作不够重视，对精神领域的满足和价值追求关心不足。道德治理的维度不够广，道德治理的形式较为简单，创新不足。少数民族传统文化融入道德治理不够，缺乏丰富有效的形式激发农村传统文化活力。根深蒂固的宗族观念严重影响了社会主义新风尚形成。基层党组织和广大农民党员在农村道德建设中的重要作用没有得到充分发挥，没有充分发动广大群众支持和积极参与道德治理工作。精神文明创建尚未形成常态。

（二）民族乡政府治理的法治化建设

民族乡要实现政府职能的转变、优化机构设置和职能配置、改革与当前经济社会发展不适应的治理体制和机制，就必须建立健全"党委领导、政府负责、社会协同、公众参与、法治保障"的新型乡村社会治理体制；并通过挖掘整合民族乡村治理的传统优秀社会资源、有效的治理经验以及民族法律文化资源，将"自治""法治""德治"三种民族乡村治理机制有机结合起来，实现民族地区民族乡村政府治理的现代化目标。

1. 完善民族乡的基层自治制度，深化村民自治实践

民族乡的治理，既需要民族乡政府行使行政管理权力来管理和引导本乡的建设，更需要给予群众话语权，让群众参与本地的公共管理事务。为实现村民自治组织的立法目的，应积极构建"政党领导、政府主导、农民主体、市场引导、全社会参与"多元主体协商共治的乡村治理体制，进一步调整和规范民族乡政府和本地区村民自治组织之间的关系，健全和创新村党组织领导的充满活力的村民自治机制，健全村民自我管理、自我服务、自我教育、自我监督的民族乡社会自治体系。

2. 加强民族乡法治建设，发挥法治保障核心作用

民族乡政府要实现建设法治乡村，必须坚持法治为本，树立依法治理理念，强化法律在维护农民权益、规范市场运行、农业支持保护、生态环境治理、化解农村社会矛盾等方面的权威地位。增强基层干部法治观念、执法为民意识，将政府涉农各项工作纳入法治化轨道。深入推进综合行政执法改革向基层延伸，创新监管方式，推动执法队伍整合、执法力量下沉，提高执法能力和水平。建立健全乡村调解、县市仲裁、司法保障的农村土地承包经营纠纷调处机制。加大农村普法力度，提高农民法治素养，引导广大农民增强尊法学法守法用法意识。健全民族乡公共法律服务体系，加强对农民的法律援助和司法救助。同时，强化民族乡行政管理机制法制化，改革民族乡政府执法机制，规范开展民族乡司法工作，规范民族乡基层政府监督管理机制。

3. 加强道德治理，提升乡村德治水平

完善民族乡的道德治理方式有很多种，要将社会主义的核心

价值观，以及具有民族特色的道德治理因素渗透到德治工作中。首先，以社会主义核心价值观引领社会道德风气治理。以社会主义核心价值观指导党风、政风的建设，构建好全社会良好风气的示范群体。第二，利用少数民族传统文化建设开展道德治理，传统技艺传承、传统文化交流、文艺活动、文体比赛、组建文艺队、民族传统节日的表演比赛等特色民族文化活动，将少数民族的优秀传统文化通过深挖掘、适应性改良、优化整合的方式，转化成为民族乡道德治理的重要资源，展现蓬勃的生机。第三，挖掘少数民族传统习俗中的善良成分，使之成为社会道德教育的资源。通过发掘和评选民族乡当地的道德模范及优秀典型，向各阶层推广家风建设等有益于道德教化的的各种方式，将重德修身的理念推向新的高度。

第六章 完善西南民族地区政府
治理的法律制度体系

引言：依法行政与政府治理的法律制度体系建设

在西南民族地区政府治理体系中，政府治理体制所要解决的是政府治理的组织问题，也就是治理的主体问题，核心问题是解决由谁来治理。这个问题确定之后，就需要进一步明确和落实治理主体依据什么来治理的问题，也就是说治理的根据问题。

由于西南民族地区相对特殊的政治生态以及治理对象的复杂性，决定了西南民族地区政府治理依据的多样性，它需要有一套区别于发达地区的解决民族地区问题的制度、法律和政策体系，以满足民族地区治理的需要。民族地区治理的法律、制度与政策体系就是为了有效解决民族地区的公共问题所建立起来的一整套具有民族性的法律、制度和政策的综合体，其中民族地区政府治理的基本制度是国家解决民族问题的基本政治制度设计，是对民族与国家基本关系的制度安排，具有原则性和宏观性。民族法律法规则是针对民族问题所制定的专门性法律法规①，是对民族政策的法律化的结果，具有相对的稳定性、规范性和国家强制性。民族政策则是政治主体为了规范、引导、调控特定集体和个人对待和处理民族关系、解决民族问题的行为和态度所制定的措施、规定以及方针、原则等的总和②，民族政策具有高度的政治性、民族性、灵活性、社会性以及执行性。虽然民族基本制度、民族法律法规和民族政策在表现方式以及实施方式上存在着一定的区别，但是三者都是构成基本的政府治理根据，都具有制度的基本

---

① 熊文钊. 民族法制体系的构建［M］. 北京：中央民族大学出版社，2012.
② 金炳镐. 民族理论通论［M］. 北京：中央民族大学出版社，1994：395.

内涵，是民族地区地方政府治理的主要手段和机制，是治理制度的主要表现形式。

在党的十八大报告中，特别强调在坚持走中国特色社会主义政治发展道路和推进政治体制改革的过程中，要把制度建设摆在突出位置。① 在《中共中央关于全面推进依法治国若干重大问题的决定》中更是从战略的高度重申法律制度建设的全面性和重要性，特别强调全面法治和主要领域法律制度建设的重要性和迫切性。在这样的时代背景下，民族地区政府治理的法律制度体系建设的迫切性也日益突显，法律制度体系建设也成为提高民族地区政府治理质量的关键问题。第一，在民族问题的中国道路上，必须通过中国的民族制度体系来证明中国民族问题解决之道的正确性和中国特色民族理论的真理性。在当代中国民族问题的治理中，无论是对中国政府治理的制度以及所依据的理论，在中外都存在着不和谐、甚至是怀疑的声音，对这些不和谐的声音的最有力回应就是充分展现我国民族事务治理制度的有效性，通过制度的治理实效来证明我国的民族理论的正确性；第二，通过民族法律制度体系来推动民族地区的发展是民族地区发展的必由之路。民族地区的发展仍然是民族地区问题的关键，提高少数民族的经济社会和文化发展水平仍然是民族地区治理的主要任务，而只有健全和完善民族事务的各项治理制度，才能为民族地区的发展提供制度保障。第三，民族事务的制度治理是治理现代化当然要求，是对政府治理行为的规范和约束，确保政府治理的活动纳入制度化和法治的轨道，避免在改革过程中的无序和混乱。第四，优化我国民族事务治理制度的需要。对民族地区的治理，我国已经建立了相对完整的民族制度和体制，但是民族制度体系在面对新形势下仍然有完善的空间。因此根据治理体系现代化的高标准和严要求，进一步完善我国的民族事务政府治理的制度法律体系

---

① 江必新，王纪霞. 国家治理现代化与制度构建［M］. 北京：中国法制出版社，2016.

仍然是未竟的事业。特别是从制度实施的角度来观察，我国民族地区在落实和实施民族制度体系上仍然存在一定的不足，要达到准确、全面、有效地执行民族制度体系，仍然需要根据民族地区的实际情况进行针对性的建设。民族制度体系的实施是民族事务治理体系建设的重中之重①，也是民族事务治理中经验最为丰富、存在问题相对较多的环节。因此也是我们关注的重点环节，总结其中的规律，发现其中的问题，寻找其中的完善对策，构成本章研究的主要目标和旨趣。

我国是统一的多民族国家，实行单一制的国家结构形式。在这个国家结构制度中，中央与民族地方的关系是整体与部分的关系，它解决的是国家纵向分权的问题，是国家权力与地方政府权力的分配制度，在这个制度框架下，民族地方的权力来自中央的授予和赋权，地方的权力受到中央的限制和控制。西南民族地区是国家的有机组成部分，因此民族地方政府治理体系属于国家治理体系中的有特殊性的地方治理。既然其性质上属于地方政府治理，其治理制度体系也必须贯彻和遵循全国性的法律制度，在维护国家法制统一的基础上和过程中体现民族地区治理的制度特殊性。党的十七大报告指出，要坚持中国特色社会主义政治发展道路，坚持党的领导、人民当家作主、依法治国有机统一，坚持完善人民代表大会制度、中国共产党领导的多党合作和政治协商制度、民族区域自治制度以及基层群众自治制度，不断推进社会主义政治制度自我完善和发展。党的十八届三中全会进一步指出，完善和发展中国特色社会主义制度，推进国家治理体系和治理能力现代化是改革的总目标，其方向是坚持中国特色社会主义道路。党的十八届三中全会提出的国家治理体系和治理能力现代化任务明确了国家基本制度建设的主要内容，也为民族地区治理的制度体系建设指明了基本方向。习近平同志在《切实把思想统

---

① 江必新，王红霞. 国家治理现代化与制度建构 [M]. 北京：中国法制出版社，2016：6.

一到党的十八届三中全会精神上来》中指出："国家治理体系是在党的领导下管理国家的制度体系，包括经济、政治、文化、社会、生态文明和党的建设等各领域的体制机制、法律法规，也就是一整套紧密相联、相互协调的国家制度；国家治理能力就是运用国家制度管理社会各方面事务的能力。"就国家整体而言，国家治理体系的治理机制就是一整套的国家治理制度，包括根本政治制度的人民代表大会制度，基本政治制度的中国共产党领导的多党合作和政治协商制度，处理民族关系和问题的基本政治制度的民族区域自治制度，基层群众自治制度，基本经济制度以及中国特色的社会主义法律体系①。这六个方面的基本制度既是治理国家的主要制度也是治理民族地区的核心制度，能否落实和实现这些基本制度是实现民族地区有效治理的关键和基础。

就西南民族地区政府治理的制度体系建设而言，除了国家的基本治理制度以外，还包括基于民族地区的治理环境而制定的针对民族地区的民族法律法规、民族政策以及具体的民族事务治理制度，这些民族法律、制度和政策从不同的领域和角度发挥着治理的功能和作用，它们在国家制度的基础上根据民族地区的特点进一步具体化、实践化和明晰化，与国家治理制度构成一个原则性与灵活性相互统一的民族地区政府治理的制度体系。国家制度是民族地区治理的轴心制度，是政府治理的主要依据，针对民族地区的具体制度和政策是现实化和具体化的制度，具有补充、完善和执行的功能。因此在认识民族地区政府治理的制度体系中，必须要有全局意识，不能脱离国家法律制度的统一性来理解民族地区法律制度的多样性，更不能以民族地方政府治理制度的特殊性来取代和破坏国家制度的统一性。

---

① 杜飞进. 中国的治理——国家治理现代化研究［M］. 北京：商务印书馆，2016：38.

虽然西南民族地区的治理必须以国家的基本制度为基础来实现，但是基于民族地区政府治理的特定区域和领域的治理而言，其围绕着民族事务的治理而建构的制度体系仍然有其相对的独立性和特殊性，其产生和运行过程都有其制度逻辑和固有的机理。在单一制的国家结构中，民族地区的治理实际上是中央与地方关系的特殊表现，是地方政府治理的特殊类型，与普通的地方政府治理比较，其政府治理的制度结构侧重对国家与民族关系的规范、围绕着民族问题的解决而展开。就总体框架来说，我国民族地区政府治理的制度体系是以民族区域自治制度为基本政治制度、以民族政策体系和民族法律法规体系为主体内容、以民族地区习惯法体系为补充而建构起来的制度体系，它与国家的基本制度在民族地区的政府治理中共同发挥作用。在这个民族化的政府治理制度体系中，民族区域自治制度无疑是核心性和基础性的制度，它是我国解决民族与国家、民族关系的基本制度设计，是民族政策和民族法律法规制定和执行必须遵循的原则和基本规范，也是政府治理民族问题的原则性规定和基本精神之所在，在政府治理制度体系中起统帅作用。坚持民族区域自治制度是我国解决民族问题的成功经验，是不能动摇的政治原则，但是这一良好的制度在民族地区的实施中仍有改进的空间，如何完善该制度的实施机制、最大限度地发挥其制度功效仍有待从实践中需求答案。民族政策体系是制度体系中的主要治理制度，通过民族政策来解决民族问题、处理民族关系是我国民族事务治理的主要经验，现在仍然是政府治理民族事务的主要手段和机制。我国在70年民族地区实践中，建构了系统的民族政策体系，涉及政治、经济、文化、社会以及生态环境等领域的治理，经历了一个初步建立和逐步完善的发展过程。在改革开放40多年后的今天，由于西南民族地区政策环境所发生的变化、国际环境对民族政策提出的新挑战以及民族政策本身的适应性要求等，特别是制度现代化的要求和倒逼，都突出了完善民族政策的必要性和重要性。但是，如何完善，对哪些民族政策进行完善，完善的路径、原则以及方向等这些理论和实践问题，都需要进一步探究。特别是民族政策在实践中的落实和实施中的问题更是困扰着民族地方政府治理能力的发挥以及高效治理的实现。民族法律法规体系是关于民族事务治理的法律法规的总和，是对民族事务治理的措施、方式以及民族关系调整的法律规范，是以法律的形式表现出来的制度，比民族政策具有更加明确的规范性和强制性。其包括自治权力和权利的规定，散居少数民族权利的规定，少数民族政治权利、经济权利、文化权利以及教育、社会保障以及生态保护等方面的法律规定。其结构上至中央的民族立法下至民族地区的民族地方立法，层级多样、调整的社会关系复杂。由于民族法律法规体系的复杂性和多样性，特别是所调整对象的不断变动，使得民族法律法规的社会适应性受到一定的影响，规范内容的时滞性比较明显，制约了民族地区政府治理的效果①。

在特定的时空中对西南民族地区在改革开放 40 多年的民族法律制度体系的研究，必须从静态的描述转向动态的实践考察，从关注制度的创制和建构转向制度的实施过程。制度过程一般分为制度的制定和建构、实施、调整、评估以及终止等多个阶段，制度的创制是解决制度的产生和来源问题，实施则是贯彻和落实问题，就是依靠制度执行者建立组织机构和组织过程和手段将制度转化为实际效果②，在制度过程中居于中心的地位。但是，必须指出的是，西南民族地区政府治理所依据的治理制度体系是一个庞杂的系统，各种不同的制度在实施过程中虽然具有众多的共性，但是其差异性是存在的，如民族政策的实施就与民族法律法规的实施存在差别，民族习惯法与民族法律法规在实施机制上也

---

① 李鸣. 中国民族法制体系的构建 [M]. 北京：中国政法大学出版社，2012.
② 青觉，严庆，沈桂萍. 现阶段中国民族政策及其实践环境研究 [M]. 北京：社会科学文献出版社，2010：15.

存在着比较大的差异，民族区域自治制度的实施也与具体的民族政策实施方式上有不同，这些都需要我们从西南民族地区的制度实施实践中，发现问题、总结经验、归纳规律，并进而提出优化和改进的对策。

　　制度、实践环境与治理存在着密切的关联性。① 政府治理实质上也就是制度的执行过程。西南民族地区政府治理的制度研究，实质上也是以对民族地区政府治理制度体系的执行过程为重点所进行研究，但是做这样的研究并不应该停留在以作出静态制度内容的描述为重点，而应该是对其实践环境的变化与制度的变革为重点。从制度逻辑上分析，制度是受制度目标、制度环境以及行动者的特质所决定的，当这些因素发生变化时，制度就必须作出变革以适应环境的变化和要求。② 就西南民族地区政府治理的制度来说，也蕴含着相同的规律。例如，作为制度的民族政策，由于西南民族地区实践环境的变化，其中的一些政策自行消失，一些政策制度由于对象的变化而部分失效，一些新的经验和举措需要进一步凝聚成为新的制度③，这些都需要通过制度的发展和完善来提高制度的可治理性和适应性。对西南民族地区政府治理的制度变革研究，需要一个基本的制度环境分析为事实基础，也就是需要对其制度环境及其变化进行分析才能对治理制度的合法性和适应性作出准确的判断，才能明确完善和发展的方向。就民族地区政府治理而言，以西南地区为标本的民族社会，实际上存在着两个根本性和基础性的变化，一是经济体制从计划经济体制向市场经济体制的转轨，它对社会生产、生活方式的改造以及对传统制度的冲击；二是社会结构由城乡两

---

　　① 杰克·奈特. 制度与社会冲突［M］. 周伟林，译. 上海：上海人民出版社，2017：导言.

　　② 江必新，王红霞. 国家治理现代化与制度建构［M］. 北京：中国法制出版社，2014：114.

　　③ 赵新国. 民族政策的实践与发展——以改革开放以来的云南为例［M］. 北京：人民出版社，2016：1.

元结构向现代复杂社会结构的塑造，改变了西南民族地区民族社会的社会关系，形成了新型的民族社会关系格局，制造了新型的人际关系网络，也提出了新型的民族问题和民族矛盾。这两个基础性变化可以归结为西南民族地区基本矛盾的转型，也就是民族地区各族人民对美好生活的追求与发展的不充分、不平衡之间的矛盾，这个基本矛盾从根本上对民族地区的政府治理制度体系提出创新的内在要求，而这也是我们据以分析和阐释政府治理制度改革和创新的事实根据。

把西南民族地区政府治理的诸多制度作为一个体系来加以整体性把握，将之置放于西南民族地区政府治理40年的实践中进行考察和检视，可以从共时性和历时性两个向度来判断这个制度体系的功能作用以及不完善性，可以从比较开阔的视野来研究民族地区的政府治理制度现代化所需要进一步解决的问题，寻找制度完善的路径。党的十八届三中全会所提出的改革总目标为民族地区政府治理制度的改革提供了方向性原则的指引，但是针对西南民族地区的政府治理制度如何改革以及改革的路径仍然有许多的理论和实践问题需要探究，需要结合民族地区的环境进行具体分析，才能把党的十八大以来的新时代全面改革、全面推进依法治国的基本精神落在实处。

民族地区的治理是从异质性走向同质性的过程。从制度层面上看，民族地区的治理制度与一般的地方政府治理存在着巨大的差异，所实施的民族治理制度在特定的时代条件下仍然有其必然性和时代性，但是作为一个统一的多民族国家，其现代化建设的目标是实现国家制度的一统性。换言之，民族地区政府治理制度的现代化也是其未来发展的基本走向，虽然这个过程不能急于求成，但是制度变革的目标是明确的、不能动摇的。只有全面深化民族治理制度的改革创新才能实现和达到全面建成小康社会的宏伟目标。

> ## 第一节　国家的基本法律制度体系与
> ## 西南民族的地区政府治理

一、国家结构形式与民族地区政府治理

国家结构制度也就是国家结构形式，它是指特定国家的统治阶级所采取的、按照一定原则划分国家内部区域，调整国家整体与组成部分、中央与地方相互关系的总体形式。① 国家结构形式所要解决的是统治阶级对国家领土的划分以及如何规范中央与地方之间权限的问题。② 近现代国家主要采取单一制与联邦制两种国家结构形式。所谓单一制，就是由若干普通的行政区域或者自治区域构成统一主权国家的国家结构形式，一般认为单一制具有四个特征：其一，国家只有一部宪法，由统一的中央立法机关根据宪法制定法律；其二，国家只有一个最高立法机关、中央政府和一套完整的司法体系；其三，从中央与地方的权力划分来看，地方接受中央的统一领导，地方政府的权力由中央通过宪法授予，地方行政区域和自治单位没有脱离中央的权力；其四，从对外关系看，国家是一个独立的主体，公民具有统一的国籍。单一制的这四个特征是从绝大多数国家总结出来的特点，在现实中有些国家由于特殊的情况，也可能存在例外的情况。

我国选择单一制的国家结构形式来建构统一的多民族国家。我国确定单一制的国家结构制度，一是因为我国具有统一的历史传统和单一制的历史渊源，实行大一统的国家治理体制有利于国

---

①② 《宪法学》编写组. 宪法学 ［M］. 北京：高等教育出版社，人民出版社，2011：121.

家的统一，防止国家的分裂；二是由我国民族关系的传统以及现状所决定。我国是多民族国家，经过民族之间的交往交流，已经形成了和睦、友好的民族关系，特别是形成了以汉族与少数民族共同组成的中华民族，这为建立统一的单一制国家奠定了民族基础。历史和现实都证明，实行单一制有助于维护国家的统一和民族团结，有助于实现各民族的繁荣。

我国实行单一制的国家结构形式，明确了中央与地方的政治法律关系，为地方政府治理划定了基本的权限范围，同时也为中央对地方的治理确定了基本的原则。但是由于国家治理疆域的广大，特别是地方的区域差异，使得中国的单一制并不能够在制度上完全的、彻底的一体化，因此也就存在着单一制的例外。特别行政区与民族自治区域就是我国的单一制的两种例外①，也是中央地方关系的一体多元的表现。一体多元的一体，是指中央与地方政府间政治关系的一元化，地方并不是一个独立的主权单元，仅仅是作为国家的部分而存在；所谓多元是指中国的中央与地方的政治经济关系存在着多样化的类型②，其中中央授予民族自治地方自治权和授予特别行政区高度自治权是这两种类型的典范。中央与民族地方关系的宪法定位，为民族地方政府与中央政府的关系确定了基本原则，也为中国解决国内民族问题确定了基本的国家制度基础，为民族区域自治制度的建构提供了根本法依据。

国家结构形式制度下的中央与民族地方政府的关系是镶嵌在国家的一般国家结构形式中的特殊的中央地方关系，是在遵循中央地方一般关系原则的基础上，为解决民族地方的特殊利益要求而建立的地方治理单位，是区域自治与民族自治的统一。国家结构制度在民族地区的政府治理的作用主要体现在以下几个方面。

---

① 张颖. 构建单一制国家："单一制例外的历史整合"［M］. 武汉：武汉大学出版社，2013：115.

② 熊文钊. 大国地方——中央地方关系法治化研究［M］. 北京：中国政法大学出版社，2012：116.

第一，确定了民族地方政府在国家体系中的法律地位。在我国的单一制国家结构形式下，中央政府具有国家的绝对控制权力，授予民族地方自治权是中央权力的体现。第二，民族地方政府的自治权是国家宪法和民族区域自治法所授予，这表明这些权力并不是本源性的，是在维护国家统一前提条件下的地方权力，不具有脱离中央的性质。第三，民族地方是中华人民共和国的有机组成部分，是民族地方政权，必须接受中央政府和上级政府的领导。第四，民族地方虽然具有自治权，享受与一般地方不同的政治经济方面的自治权，但是其本质上仍然是中央与地方的关系。① 第五，国家结构形式解决了我国这样的大国的中央与地方的权力划分问题，为这个基础上建立民族自治地方政府、落实民族区域自治制度奠定了组织基础。第六，民族地方政府与中央的关系存在一个特点，就是民族地方的自治机关既是一级地方政权机关又是民族自治机关，这双重性要求民族地方政府不能将自治权凌驾于地方政府的一般职权之上，也不能把自治权置放在地方国家机关的一般性职权中，使自治权名存实亡，必须两者兼顾，不能偏废。第七，作为单一制的国家，国家结构形式将中央集权与民族地方分权要求，科学合理地进行了平衡，在民族区域自治与国家统一治理之间找到了适宜的平衡点。

二、人民代表大会制度与民族地区政府治理

人民代表大会制度是我国的政权组织形式，是我国的基本政治制度，也是我国实行人民民主的基本的制度形式。人民代表大会制度与民族地区政府治理的关联性在于：第一，为民族地区政权建设提供基本的制度。按照人民代表大会制度，地方各级人民政府由人大代表组成的权力机关人民代表大会所产生，受人大监

---

① 熊文钊. 大国地方——中央地方关系法治化研究 [M]. 北京：中国政法大学出版社，2012：140.

督、对人大负责。民族地方的各级自治地方政府作为地方政府同样是由民族地区的人大所产生并对其负责。而就中央政府的组成而言，全国人大代表中都有一定比例的少数民族代表，通过这些代表来参与国家的治理，行使管理国家重大事务的权力。在中央政府系统，不仅仅有相当比例的少数民族干部通过选任和聘任入职政府管理系统，而且设置专门从事民族事务管理的中央政府机关。通过这个机构直接行使民族事务的政府治理权力。第二，在民族地区政府组建的构成中，宪法和法律直接规定了实行区域自治的公民担任人大和政府的主要负责人，确保实行自治的民族能够真正行使自治权。根据我国法律的规定，自治区、自治州、自治县以及民族乡的主席、自治州长、自治县长、民族乡长都由实行自治地方的民族公民担任，以体现出民族地方的民族自治。第三，民族地方的各族群众，通过本级人大会议充分参与政治活动，对本地区和本民族的事务行使政治权力，包括选举权、监督权和参与权。第四，民族地区的各级人大，通过对本级政府的各项制度和举措的审议和表决，行使重大民族事务的决定权，通过对本级政府的财政预算、规范性行政措施以及政府的重大决策的审查来保障政府的依法行政。

总之，人大制度以及根据该制度建立起来的民族地方人民代表大会，在民族地方政府的治理过程中所起到的作用是多方面的，在国家的诸多制度中起到制度轴心的功能。①

三、中国共产党领导的多党合作和政治协商制度与民族地区政府治理

中国共产党领导的多党合作和政治协商制度是我国的一项基本政治制度，是中国特色的政党制度。人民政协是中国共产党领

---

① 方盛举. 当代中国陆地边疆治理 [M]. 北京：中央编译出版社，2017：146.

导的多党合作和政治协商的主要机构，是爱国统一战线组织。这个制度在民族地区的治理中的主要职能和功能体现如下。

首先，是中国共产党的领导职能。党对民族地区治理的领导职能是通过诸多方面发挥出来的：第一，通过制定正确的民族路线方针政策来引导各族人民和各级政府正确认识把握民族地区的工作、任务，明确民族地区经济和社会建设的目标以及方向；通过党委统筹全局、协调各方的核心作用。第二，通过政治协商会议制度的运行，将民族地区的各个方面的爱国人士团结在党的周围，共同致力于民族事务治理事业。第三，通过党的推荐和政治培养，为民族地区政府治理输送和培养民族干部，保障民族地方治理所需要的大量民族干部的政治和专业素质。第四，通过民族地区的各级党组织在政府系统中的领导作用，保障政府正确执行国家的法律政策以及民族法律法规。第五，通过党员干部的先锋模范带头示范，引导广大的各族群众积极参与各项事业的建设活动，遵守国家法律和民族政策，维护国家的法制统一。

其次，政治协商功能。在民族地区的工作中，少数民族以及宗教人士的影响力和号召力都比较大，最大程度上发挥他们的作用，将其团结在党和政府的周围，为民族地区的治理事业出谋划策，是影响民族地区治理的重要力量。而要发挥这些人士的作用，必须建立相互之间的信任和尊重的关系，充分发挥他们参政议政的积极性，树立起主人公的意识，才能将其团结起来，为民族团结和宗教和谐关系自愿地贡献智慧。

再次，是各民主党派以及各民族上层人士的民主监督功能。加强对民族地方政府的监督是建设民族地区法治政府重要举措，也是民族地区民主党派的职责所在。按照长期与共、互相监督的党派关系原则，民主党派对执政党以及政府的监督是正常的政治生活的准则，是防止和纠正违法行政的必要手段，既有助于民主党派的参政议政的积极性，也有利于克服执政党的消极腐败行为。

最后，通过人民政协这个制度平台，可以将全体社会主义劳动者、建设者以及爱国者团结起来，建设广泛的爱国统一战线，将这些力量整合到民族地区的现代化建设事业上来。将各种分裂国家民族关系的外国反动势力以及国内反动势力孤立起来，建构牢固的民族团结防御体系。

在民族地区的政府治理中，巩固和发展民族团结关系始终是治理的主题，是各项任务的重中之重，围绕这个主旨，多党合作和政治协商这个国家制度在民族地区的作用空间更加宽阔，可利用资源更加丰富。

四、民族区域自治制度与民族地区政府治理

民族区域自治制度是我国解决民族问题的主要政治制度，是中国共产党经过长期的实践探索总结和发展起来的中国解决民族问题的中国经验。民族区域自治制度实施和落实的过程就是民族地区政府治理的过程，因而该制度对于民族地区的治理的功能是基础性和基本性的。具体表现在：

第一，确立了国家与民族的基本关系，明确了国家治理民族关系的基本政治准则。国家与民族的关系是多民族国家必须处理好的基本政治权力关系，其核心问题是各个民族在国家权力体系的地位和权利问题。首先，民族区域自治制度将各个民族置于平等的地位，各个民族不分大小、形成时间长短以及生活生产水平高低，在中国这个大家庭中享受平等的法律地位，反对民族优劣论也反对大汉族主义和小民族主义。其次，在少数民族聚居地建立民族地方赋予少数民族以自治权，这一自治权是少数民族所特有的权利，赋予少数民族自治权，一方面是一种国家政治赋权，表明了少数民族的特殊政治地位，另一方面则是少数民族与国家的权力界限。换言之，自治权是以国家为主权主体下的自治权，而不是主权意义上的权力。少数民族的自治权并不是以单一民族

为权利主体而是以地域为基础，各族群众共同享有的，是地方自治与民族自治的叠加。第四，国家与民族的关系是建立在中央与地方的关系基础上的，各个少数民族必须通过参与地方政权来表达少数民族的利益诉求和政治要求，而不能以单一民族的身份获得国家的主体性地位。

第二，民族区域自治制度为民族法律法规和民族政策的制定和实行确定了基本制度依据和基本原则。民族地区的政府治理需要借助民族政策和民族法律法规两种基本的制度形式，无论是制定政策还是民族地方立法都必须依据民族区域自治制度，不得与其确定的原则相冲突。

五、基层群众自治制度与民族地区政府治理

基层群众自治制度是按照宪法和法律，由居民和农村村民选举的成员组成居民委员会、村民委员会，进行自我管理、自我教育、自我服务、自我监督的制度。这个制度是我国解决基层社会治理所设计的主要制度，也是改革开放以来我国根据基层社会所建构起来的非常重要的政治治理制度，在民族地区治理中具有基础性、适应性、以及灵活性等特点，是适合民族地区基层社会文化、生活方式多样性治理的制度模式。

基层群众自治制度在民族地区的正当性来自少数民族地区民族社会的多样性。我国的少数民族地区不仅存在着民族文化的差异，而且存在着不同民族地方的生活生产方式的差别，即使同一地区也会存在着先进与落后的差异。因此各基层社会的公共事务以及利益问题由该地方的各族群众自我治理，更具有针对性和有效性，更容易激发治理的创造性和能动性。40多年的市场化改革经验证明，民族地区的治理固然需要外部力量的支援和帮助，但是更为重要的是少数民族的自我发展能力的建设。

基层群众自治制度对于民族地区政府治理的意义如下。

第一，夯实政府治理的社会基础，落实各族群众在治理中的主体性地位。在民族地区的治理体系中，发挥主导作用的政府系统不可能事无巨细、事必躬亲，而必须要通过各族群众的自我管理，才能实现基层社会治理的最大利益化。民族社会的社会治理能力是政府治理的基础，提升民族社会的自我治理，才能更好地发挥协同治理的功能。

第二，民族地区乡镇治理在城镇化过程中所面对的各种利益关系和权力配置，与广大的各族群众关系最为密切，因此通过自治方式来治理更容易获得社会的支持和合作，更容易理顺关系、化解矛盾。

第三，锻炼各族群众的民族事务民主参与能力，增强参政议政的政治能力。

第四，民族地区乡镇治理的格局更加凸显出民族地区群众自治的重要性。受到民族化、市场化和城镇化的双重挤压，民族地区乡镇治理体系面临着治理危机，传统的治理机制逐步失效，使得民族乡村社会的治理面临着制度短缺和制度无效的困局，因此强化群众自治制度的建设对于转型时期的民族地区乡村治理建设无疑是非常必要的。

六、中国特色的社会主义经济制度与民族地区政府经济治理

改革开放 40 多年来，民族地区的经济发展获得了长足的进步，体现出民族地区政府在经济治理上的辉煌业绩。如何评价民族地区在经济发展上取得的成就，虽然仁者见仁，智者见智，但是其对高效政府与繁荣市场的双轮驱动的作用却是基本的共识[1]。

---

① 燕继荣. 中国治理：东方大国的复兴之道［M］. 北京：中国人民大学出版社，2017：79.

以经济建设为中心是改革开放以来的总方针，从农村改革到城市改革、从经济体制改革到社会体制改革，民族地区实现了经济体制的转型和社会结构的变迁，传统社会转变为现代社会。民族地区取得的这些成就，与国家实行的基本经济制度存在着必然性的联系。公有制为主体、多种所有制经济共同发展的基本经济制度以及社会主义市场经济体制日益完善，使得我国民族地区的生产力获得了极大的解放。第一，公有制下通过土地的国家控制，维护了农村社会的稳定，维持了人民对生产资料占有的相对公平。第二，通过国家对大型国有企业以及事业单位的控制，使得国家能够对宏观经济实行有效的调控，集中力量办大事。① 第三，多种所有制，使得广大的劳动者获得相对公平的就业和发展机会，唤起了社会个体的创业积极性和创造性。② 第四，社会主义经济制度保障了民族地区政府能够集中全社会、全国的力量来完成民族地区治理的各项任务，如对民族地区对口支援政策就反映了这个特点，国家对民族地区的财政转移支付以及专项建设基金制度也充分体现出政府对民族地区经济治理的有效性。第五，市场化改革，使得民族地区的各族群众改变了农业经济形态下的生产方式，以各种不同的方式介入市场竞争和市场活动中，从中获得了巨大的市场利益。

　　政府治理与市场治理是民族地区经济治理的两种基本治理机制，而如何理清政府与市场的边界，共同发挥作用却又是民族地区政府治理的关键问题。③

七、中国特色的社会主义制度与民族地区政府社会治理

　　法学意义上的社会制度，是指宪法和法律在调整社会关系中

---

　　①② 潘维，玛雅. 人民共和国六十年与中国模式［M］. 北京：生活·读书·新知三联书店，2010：7.

　　③ 沈荣华. 政府治理现代化［M］. 杭州：浙江大学出版社，2014：23.

形成的规范人们社会行为的规则和原则的总和。① 宪法规定的社会制度主要包括教育、就业、医疗卫生、社会保障以及社会管理等内容，它是社会治理的制度基础，为政府的社会治理提供规范化的依据。社会制度与民族地区政府的社会治理的关联性在于：第一，实现民族地区社会治理从政策治理向制度治理转型。改革开放以前，民族地区的社会治理主要是按照政策的治理，这个治理模式具有高效率和不稳定性，对于简单社会的治理是适合的、有效的，但改革开放以及市场化改变民族地区的社会关系结构，人际关系多样化和社会矛盾增多，增加了在地区政府管理的困难，政策治理模式已经难以适应新时代的管理需要，因此必须创新政府治理的方式，实现社会问题的制度化治理。第二，由于民族地区社会管理内容的广泛性以及治理对象的分散性，使得单向度的政府治理捉襟见肘，必须动员社会力量，共同参与对民族公共事务的治理，才能形成共同治理的格局和合力。第三，当前民族地区社会领域的矛盾是老问题和新动向相互交织，主要集中在民生问题上，它直接关涉各族群众的生存和发展，是各族群众最现实的利益问题，回应各族群众的期待是治理好社会、化解矛盾的治本之策。而治理方式和治理体制的创新，就要健全社会治理的制度，完善民生领域的社会立法，以社会治理法治化为目标，加强社会治理制度建设。

八、中国特色的社会主义法律制度体系与民族地区政府的法治治理

中国特色的社会主义法律体系的建成，对于法治中国的建设意义重大，对于民族地区的政府治理也具有特别重大的意义。具体表现在：第一，国家基本法律制度的建成，为国家治理和民族

---

① 宪法学［M］．北京：高等教育出版社，2009：183．

地方治理提供了法律依据和制度基础，为法治提供了前提条件，解决了有法可依的问题。第二，为民族地区法律法规体系的建立提供了立法的依据。民族地区法律法规体系，是根据宪法、法律和民族区域自治法等所进行的民族地方立法，是民族地方根据国家法律结合民族地区的情况制定的法律法规，解决了立法的依据问题，就为民族地区的地方立法奠定了合法性的基础。第三，通过行政法律制度，规范和约束民族地方政府的治理行为，保证政府依法行政。国家法律对政府治理过程的约束是全方位的，对民族地方政府的立法行为、执法行为以及行政决策和其他的柔性行为进行全方面的规范，将政府权力关进制度的笼子里。

民族地区政府治理的法治化，需要国家法律制度提供基本的法律制度条件，更为重要的是政府执行好这些法律制度，使各领域的治理活动能够纳入法治的轨道。西南民族地区作为地方，按照国家法制统一性原则，也必须要将国家的法律制度付诸实施的过程中，落实好国家法在民族地区的实施效果。

第二节　民族区域自治制度的发展和完善

民族区域自治制度是中国共产党解决民族事务所独创的一项国家政治制度，是国家治理民族地区基本性和根本性的制度，在民族地区政府的制度体系中处于核心的地位，是其他民族制度、民族政策以及民族法律制定和实施必须遵循的原则。民族区域自治制度经历了数十年的发展历程，在这个艰难的探索过程中，经过不断的实践、探索和变革，在今天的国家民族事务治理制度中获得合法性的地位，获得了国内外的高度认同，成为国际社会解读民族事务中国模式的关键内容。在当下，民族区域自治制度以它的历史正当性和实践正当性，继续发挥着制度治理的主要功能，规范着国家与民族的基本关系，指引着地方政府治理民族的各项工作，维系着国家对民族地区的治理格局。但是，也必须指出，由于民族区域自治制度的实施是一个复杂的工程，其实施机制主要通过党的领导机制、法律机制、民族政策机制、民族工作机制、意识形态机制、国家民族建设机制以及国民教育机制等诸多机制共同完成，因此各种机制在运行的过程中是否充分发挥作用对该制度的治理效果有着密切的联系。特别是在民族地区的政府治理中，如何充分运用好这些机制使其实现自治制度的目标和任务，仍然有许多值得研究的问题，如何在新时代的背景下，发展和完善民族区域自治制度是一个迫切需要关注的研究课题。

一、民族区域自治制度的内涵以及主要实施机制

1. 民族区域自治制度的内涵

民族区域自治制度是我国解决民族问题的主要政治制度，是中国共产党经过长期的实践探索总结和发展起来的解决民族问题的中国经验。其基本制度内涵是指在中国这样一个统一的多民族国家中，在少数民族聚居地建立自治地方，设立自治机关，行使自治权，自主管理本民族、本地区的内部事务，行使当家作主的权利。

根据宪法的规定，作为我国制度之一的民族区域自治制度的构成因素可以分解为五个要素，即国家、地域、民族群体、自治机关和自治权。[①] 国家要素是表明，民族区域与国家之间是中央

---

① 敖俊德提出民族区域制度的五要素构成论，他将自治立法列为其中的要素，但笔者认为自治立法是自治权的行使方式而已。周勇认为民族区域自治制度由地域、群体、自治机关以及自治权四个要素构成，忽视了国家要素在其中的地位，不符合宪法的立法本义；稽雷认为民族区域自治制度由国家、地域、自治机关和自治权构成，但是忽视了民族群体这个要素。稽雷. 中国民族区域自治制度发展研究［M］. 北京：民族出版社，2013：31。周勇，马丽雅. 民族、自治与发展：中国民族区域自治制度研究［M］. 北京：法律出版社，2008：13。

与地方的关系，民族区域自治制度是从国家的立场进行的制度安排，是处理民族区域与国家基本关系的制度设计，正是这个要素规定着民族区域与国家的统一与自治的关系、中央与地方的关系。地域因素是实行民族区域自治制度的空间范围因素，解决的是自治权实施的地域范围问题，只有民族区域才能实行自治权。民族群体是自治制度所要解决的法律地位的主体，正是为了保障民族群体的自治权，国家才设立自治制度，因此民族区域的民族群体构成该制度规范的对象，民族群体与国家、民族群体之间的关系构成该制度的两个主要的调控关系。自治机关是国家权力机关和行政机关的组成部分，是民族自治地方的人大和政府。自治机关一方面管理着地方性事务，另一方面又为了特定少数民族行使自治权，具有权力的双重性。自治权是民族区域自治制度的核心，根据民族区域自治法的规定，民族自治地方的自治机关行使的自治权涉及立法权、变通权、语言文字使用权、人事权、军事权、经济发展权、资源管理和开发、外贸、财政税收、金融教育、文化、卫生体育、对外交流、人口和计划生育、生态环境保护等。

我国的民族区域自治制度是解决多民族国家的国家建构与民族群体发展的关系所建构的特别民族区域自治制度和地方制度，具有民族自治和区域自治相互结合、经济因素与政治因素有机结合、历史因素与现实因素有机结合、自治机关的双重性以及自治权的广泛性等诸多特点和优点。① 围绕着多民族国家的政治整合与少数民族的自治权利的落实，民族区域自治制度将维护国家统一、民族平等团结和谐和少数民族发展作为制度的基本价值功能定位，把民族地区现代化目标的实现作为制度所要实现的最终目标。

民族区域自治制度实施 70 年来，发挥了重要的制度功能，

---

① 戴小明. 中国民族区域自治的宪政分析［M］. 北京：北京大学出版社，2008：58－63.

巩固了国家的统一和各民族的团结，增强了中华民族的国家凝聚力，有效地保障了少数民族的平等的民主权利和管理本民族内部事务的权利，实现了民族地区经济建设和社会各项事业的巨大发展。这些巨大的制度成就充分说明了民族区域自治制度在中国的正确性和正当性。总结民族区域自治制度在中国 70 年的成功经验，必须把握好以下几个方面的关系①：第一，充分发挥民族区域自治制度的优越性，必须把国家统一与民族区域自治的关系作为制度处理的核心关系。国家统一是区域自治的前提条件，脱离国家统一的自治不是该项制度的本义，也不符合国家的要求；保障少数民族通过自治机关充分行使自治权，是该制度的基本价值所在，国家负有尊重和帮助民族地区行使自治权的职责。片面理解统一和自治的关系都不能贯彻实施好这个制度。第二，落实民族平等和民族团结，建构和谐的民族关系是党的基本民族政策，也是民族区域自治制度的主要追求目标，只有克服和禁止各种破坏民族团结和民族歧视行为，才能创造出真正和谐的民族关系。第三，实现各民族的共同发展、共同繁荣是民族区域自治制度的主要任务。我国民族地区相对于发达地区，在经济发展水平上确实存在着相对落后的现象，民族地方发展的不充分和不平衡现象是民族问题的主要表现，也是民族地区的基本矛盾，要解决好这个基本矛盾，就必须要走适合民族地区的发展之路，以此为基本任务做好各项民族事业的建设工作。第四，要实现民族地区的跨越式发展，必须坚持全面改革的国家政策，推进民族地区的各方面的改革工程，通过改革来激发民族地区发展的活力。第五，民族地区的发展，必须将国家的帮助、兄弟民族的支援以及民族地区的自我发展能力相互结合，通过民族地区的自我奋斗和努力，才能实现各民族的共同发展。第六，民族区域自治制度是一个综合性的政治制度，其制度目标具有综合性和多样性，制度内容涉

---

① 王戈柳. 民族区域自治制度的发展 [M]. 北京：民族出版社，2001：27 - 35.

及面比较广泛，这决定着该制度的实施方式和手段是多样化的，包括法律方式、政策方式、经济方式、文化方式以及道德方式等，在这些方式中法治方式无疑是基本的制度实施方式，通过民族区域自治法以及其他自治立法，将制度的内容法律化，并通过各族群众的遵循和政府的执行得以发挥效率。法治方式以外的实施方式也是民族区域自治制度实行中不可或缺的，它们各自都有落实制度的功能。在民族地区的治理中必须将法治方式与其他方式相互取长补短，共同发挥功能。第七，在民族地区实施民族区域自治制度，必须坚持从少数民族地区的实际出发，因地制宜，将原则性与灵活性结合起来，实现民族地区的多样化治理。第八，民族地区落实好民族区域自治制度，必须建立一支具有民族地区工作经验丰富、政治素质高、管理能力强的少数民族干部队伍，为民族地区实施该制度提供人才保障。第九，必须正确分析和判断各阶段的民族地区的主要矛盾，明确民族工作重点，科学处理影响民族团结的事件。第十，坚持党的领导，将党的领导贯穿在民族工作过程的各个环节。

2. 民族区域自治制度的实施方式分析

制度的生命在于实施，而好的实施机制或者说实施方式又是制度落地的必要条件。民族区域自治制度作为我国的基本政治制度，其实施的重要性自不待言，其实施的方式也直接关系着该制度的实际成效。所谓的实施方式，也就是实施机制[①]，制度动态运行的规则安排通常称为机制[②]，更多强调的是制度运行模式和作用的实现方式。我们认为，民族区域自治制度的实施方式就是指落实该制度内容、实现其制度目标的所有机制和手段的总称，包括法律方式、民族政策方式、经济方式、道德方式、民族社会工作机制、民族意识形态机制和国家民族建设机制等。各种实施方式以及制度要求、功能方式是不同的，这也是考察民族地区实

---

①②　江必新，王红霞. 国家治理现代化与制度建构［M］. 北京：中国法制出版社，2016：93.

施该制度效果时必须要明确的前提条件。

（1）法律方式。

通过法律方式来实施民族区域自治制度就是指将该制度内容通过立法和执法方式来落实的一种方式。我国将民族区域自治制度法律化的起点以1982年《宪法》的确定和1984年制定《民族区域自治法》为标志。2001年2月28日，九届全国人大常委会第二十次会议根据市场经济发展以及新世纪发展的要求进行了重大修改使之完善，指明了民族区域自治制度发展的方向。2005年国务院审议通过了《国务院实施〈中华人民共和国民族区域自治法〉若干规定》，该规定共35条，主要就加强民族团结、维护社会稳定、宣传民族法律民族政策、上级机关对民族地区的帮助职责和义务进行了规范。与此同时，各级民族地方立法机关和民族自治地方立法机关也积极推进实施民族区域自治制度法规规章的工作，通过制定自治条例和单行条例来落实民族区域则制度。

通过制定具体法律以及制定自治条例和单行条例来实施民族区域自治制度，是该制度成功的经验①，实践证明法律方式具有的稳定性、规范性以及强制性，可以保障自治制度的权威性和运行的有效性。

（2）民族政策方式。

通过民族政策来实施民族区域自治制度是我国的制度特色。我国在长期的民族地区治理中形成了比较系统完备的民族政策体系，通过民族政策来解决民族自治权的落实问题，具有高效、便捷以及适应性等特点。民族政策有总政策、基本政策和具体政策，总政策指引着制度实施的实施方向和基本目标，基本政策规范着民族区域自治制度的主要关系，具体政策指导着民族问题的处理。具体政策涉及经济、文化、社会、环境、人口、教育等广泛领域，通过这些不同领域的民族政策来落实民族区域制度所规

---

① 张文山. 通往自治的桥梁——自治条例与单行条例研究 [M]. 北京：中央民族大学出版社，2009.

定的自治权内容。

（3）民族工作机制和工作方式。

我国在民族地区治理过程中，建立了党的民族工作部门、人大中的民族委员会、政府中的民族事务委员会以及为解决特殊民族问题而建立的民族工作部门，这些民族工作专门队伍在民族工作基本原则的指引下，对民族事务的治理发挥着重要的作用。作为专门从事民族工作的机构，其具有丰富的民族工作经验、熟悉民族关系，对党和国家的民族政策以及民族制度掌握比较全面的优势，在指导民族地区的民族事务治理中形成了比较成熟的工作方法，因此在实施民族区域自治制度方面具有十分凸显的地位。

（4）民族意识形态方式。

意识形态是指在一定的社会范围内得到广泛传播、并对人们的行为形成重要影响的信仰和观念的集合。[①] 民族意识形态，是关于民族方面的思想观念，主要是处理和解决民族的认同以及民族意识的问题。每个少数民族对本民族都有一定的民族情感、民族信仰以及民族文化个性，这些民族意识的存在是长期形成的，积淀于民族成员的心理结构中，支配着民族社会行为的选择和偏好。当这些偏好与国家的意识形态相一致时，民族意识对于国家的制度实施就会起到积极的作用，当两者不一致时，特别是民族意识过度膨胀时，就可能造成对国家意识的冲击。通过意识形态方式所要解决的是如何通过国家的意识形态建设，通过社会主义核心价值观的传播和教育来维系对国家民族的认同，使民族认同与国家认同趋于一致。民族区域自治制度是政府治理民族地区、民族关系的主要制度，其有效运行依赖各族群众的认同和支持，需要建构起制度的合法性来获得社会广泛支持的力量。民族意识形态方式主要是通过两个方面来推进民族区域制度的运行：一是通过马克思主义民族理论的中国化，形成中国特色的民族理论体

---

① 张会龙. 当代中国族际政治整合：结构、过程与发展［M］. 北京：北京大学出版社，2016：131.

系来阐明中国的民族治理道路，使得制度的建设获得充分的理论支持。二是对各族群众的民族理论宣传和教育，建构—维系国家统一的心理基础。中国共产党的民族理论和民族政策主张通过强化民族意识形态的方式，引导广大党员和各族群众认同和支持、利用、维护民族区域自治制度。①

（5）各族群众的自我实施方式。

民族区域自治制度规范着国家与各族群众的关系，其中的许多制度内容都是赋权性的，而这些权利能否充分享受，与民族地区各族群众能否具有制度运用能力有关，如扶贫、对口支援、资源开发、金融扶持等制度内容的实施都需要民族地区的各族群众的充分运用才能发挥制度效能。从法理上说，民族权利和民族义务的落实都需要各族群众的配合和合作，否则权利就成为虚设的文字，而民族义务也难以变成现实，自我实施方式的关键是各族群众的自我发展能力。

（6）文化和道德实施方式。

民族区域自治制度是解决民族问题、协调民族关系、实现民族团结并最终实现中华民族大团结的政治制度。消除历史上形成的民族隔阂、解决现实中形成的民族纠纷和民族矛盾，始终是该项制度所需要致力完成的治理工作，而通过文化治理和情感治理则是实践证明有效的工作方式。②

二、我国民族区域自治制度在民族地区的实践及其存在问题

民族区域自治制度在实施过程中也存在一些不容回避的问题。

①　张会龙．当代中国族际政治整合研究：结构、过程与发展［M］．北京：北京大学出版社，2016：131.

②　方盛举．当代中国陆地边疆治理［M］．北京：中央编译出版社，2017：236.

1. 对民族区域自治制度的认识存在误区

对民族区域自治制度认识上的误区主要表现为：第一，没有从多民族国家的全局高度来认识民族区域自治制度的价值和意义，没有从基本政治制度的高度来认识民族区域自治制度的功能，没有从国家与民族的关系来认识该制度所调整的关系，没有从国家与地方的关系来认识该制度所解决的问题领域，低估了该制度对当代中国的制度意义，把民族工作、民族问题、民族区域自治制度的制度价值都做了简单化、狭窄化以及僵化的理解。因此，出现一些似是而非的认识，例如，认为民族区域自治是民族地方的事，民族区域自治工作是民族工作部门，民族区域自治就是中央和上级"给政策、给资金、给项目"等，这些认识必然导致在执行和落实民族区域自治制度的实践中出现偏差和错位的问题。第二，对民族政策体系和民族法律法规与民族区域自治制度的关系认识不全面、不准确。实际上，民族区域自治制度是我国解决民族问题的基本政治制度，民族政策和民族法律法规体系是实现该制度的主要机制，是为了落实该基本制度服务的，这是它们之间的基本关系。第三，没有从民族区域自治制度的高度来认识和处理国家与民族地方、民族区域与民族、国家统一与地方自治以及政治与经济之间的复杂关系，因此形成了民族区域自治制度在执行上出现偏差或不到位情况。

2. 民族法规建设进程缓慢，立法范围较窄，对贯彻执行《民族区域自治法》的相关行为规范覆盖不全面

民族法律法规体系建设是实施民族区域制度以及自治法的主要实践方式，但是从西南民族地区的实际来看，民族立法的覆盖面并不全面。在资源开发、干部培养、教育文化、宗教事务等方面，立法缓慢和滞后，特别是针对性更强的保护少数民族合法权益具体化、有效推进区域经济的地方性单行法规建设方面，普遍与发展和保障要求不相适应。同时，重立法，轻废改的情况较为突出。一些规范的内容和对象早已消失或变化，已经失去效用，

也没有得到及时废除或修订的问题严重制约了民族工作法制化的进程。

3. 配套政策法规分布领域不平衡

民族区域自治制度以及自治法需要中央与民族地区共同制定配套法律法规来落实。但是《民族区域自治法》颁布以来，国务院 2005 年颁布实施了《实施〈中华人民共和国民族区域自治法〉若干规定》，民族地区政府也先后制定了一些自治条例、单行条例、变通规定和地方性法规。相关配套法规数量并不少，但是这些配套法规并不是一个比较完善的体系，存在着较为突出的不平衡问题。从中央层面来说：一是虽然《民族区域自治法》第 73 条规定了国务院及有关部门在职权范围内分别制定配套的行政法规、规章、具体措施和办法，《国务院实施〈中华人民共和国民族区域自治法〉若干规定》明确了进一步完善西部开发相关政策、基础设施建设的资金支持、矿产资源补偿费使用与生态补偿机制、财政支持的"三个确保"，及民族贸易、少数民族特需商品和传统手工业品生产发展等方面的优惠政策，但大多数部门没有按规定落实执行。二是法规本身缺乏行为尺度规范和程序性规范。例如，《民族区域自治法》及配套法规中，对上级国家机关依法履行职责进行了责任性规范，但没有进一步规定相应的行为尺度或量化标准，使得上级机关在执行法律时有较大自由裁量权，执行结果难以有效评估和监督。从地方层面来说：一是不平衡现象突出，民族地方现有的自治法配套法规绝大部分是关于使用民族语言文字、照顾民族风俗习惯、培养少数民族干部、发展民族人口以及婚姻家庭等方面的规定，但在资源开发、土地利用、贸易投资、金融财政、税务税收等方面尤其缺乏；二是变通、补充规定制定的力度不够，尤其缺乏创造性内容，体现不了地方特点，满足不了实际需求。我国授予民族自治地区变通和补充权的法律有 13 部，但目前民族地区只对婚姻法、选举法、森林法、继承法进行了变通，其他法律的变通或补充还是空白；三是延续了上位法的缺陷。

4. 自治权界限不明晰，行使不充分

依照自治法的规定，民族自治地方的自治机关享有广泛的自治权，各自治地方也制定了保障自治权行使的自治条例，但存在一系列问题：一是对自治权的规定很原则，缺乏清晰的权限划分，难以界定各级行政主体的权利界限、彼此关系和相关行为。例如，民族自治地区的自治权与中央和上级各级权力之间的关系，一直没有明确界定，特别表现在自治地区最关注的事权、财权划分上，因权利界限不清晰，经常出现上级替代的情况，自治地方的自治权得不到充分体现。二是自治地方人民政府既是民族自治地方的自治机关，又是一级地方机关，这同一行政主体的双重角色之间的职责权限界定模糊，导致服从上级与充分行使自治权两种法律职责和行为规范在不同要求之间产生矛盾，难以进行有效处理。三是由于自治权界限的不清晰，地方在制定作为行使自治权充分化、具体化的自治条例，试图对自治权进行规范时，往往无所适从，很难从结合实际和因地制宜的理念出发进行研究与设计，过多地照抄照搬上位法，导致地方特色和特点得不到体现，实际效用不高。

5. 民族优惠政策体系的功能异化

民族优惠政策体系的功能异化主要表现在：一是经济体制转换过程中，政策的改革或调整导致原优惠政策失去效力。二是优惠政策多为原则性规定，缺乏相应的具体法规和配套政策措施。2001年《民族区域自治法》的修改，以及2005年颁布实施的《国务院实施〈中华人民共和国民族区域自治法〉若干规定》作出了对民族地区资金支持、矿产资源补偿费使用与生态补偿、财政支持的"三个确保"，民族贸易、少数民族特需商品和传统手工业品生产发展等方面的优惠政策。但是，这些优惠政策属于原则性规定，需要制定相应的具体行政法规和配套政策措施。三是优惠政策落后于形势的变化，适应不了现实要求。表现比较突出

的是在条块管理体制下，所有政策都进行"一刀切"，导致优惠政策难以落实。例如，在基础设施建设项目上，一般以专项转移支付方式拨付的都需要地方配套，而《民族区域自治法》及配套法规关于减免的规定往往落实不到位。

6. 民族法规督查追究制度不健全

严格落实民族区域自治制度需要有效的监督制度，以确保制度的落实和执行。但是，从调查情况看，目前民族政策法规执行情况不理想，主要因素有：一是民族法规本身缺乏针对性较强的罚则和刚性规定。二是督查制度不健全，对民族政策法规执行中出现的问题问责、追责，没有形成常态化、全面化。三是民族法规的司法实践还是空白，违反民族法律的行为没有得到应有的司法追究，也是民族法规执行力不强的重要因素。

7. 自治条例立法活动受多种因素制约

尽管我国155个自治地方出台了139个自治条例，但自治条例立法活动仍然受到多种因素制约，致使自治条例未能发挥其应有的作用。当下的难点是我国五大自治区没有一个出台自治条例，自治条例出台比例仅占自治地方86.45%。不仅如此，有的地方不但自治区自治条例未出台，甚至所辖州县一级自治地方也未出台自治条例。导致这种状况的原因是多方面的，但下列因素不容忽视。第一，个别地方出台的自治条例过分强调自治民族权益保障，忽视民族自治地方"多民族构成"的基本事实。第二，不少已出台的自治条例地方特色和民族特点不鲜明。第三，国际国内民族关系等客观环境出现新情况，中央与地方利益调整发生变化。这也是自治条例立法活动正常开展受限的原因。

8. 单行条例发展很不平衡

第一，自治区单行条例出台少，且存在以地方性法规"代替"单行条例倾向。因自治区单行条例制定程序法律有特别要求，须报全国人大常委会批准后生效，这就"限制"了自治区制定单行条例的积极性。虽然五个自治区近年来出台的地方立法较多，但其中主要是地方性法规。第二，单行条例地区分布差异大，多民族省下辖的自治地方出台单行条例反而为多。然而，作为自治区下辖的有关自治地方，受多种因素制约，单行条例出台少。第三，各自治地方单行条例发展不平衡。一是自治州、自治县单行条例出台数量较自治区单行条例多；二是不同自治地方单行条例出台数量不平衡。早在 1992 年 12 月，广西壮族自治区下辖的 12 个自治县就全部出台自治条例，成为全国第一个完成自治县自治条例制定工作的省区。同时，截至 2011 年年底，12 个自治县出台多件单行条例和变通补充规定。第四，单行条例所调整社会关系涉及领域小。已出台的单行条例调整的社会关系多为经济领域，特别是经济发展、资源开发等，而有关社会发展、文化传承保护等则有待拓展。

9. 变通（或补充）规定涉及领域相当局限

狭义而言，"对国家法律的变通"特指在特定法律授权的情况下，民族自治地方人民代表大会或其常委会依法根据当地民族的政治、经济和文化特点，制定变通规定和（或）补充规定，对国家有关法律进行变通（补充）。从这个意义上说，民族自治地方可以（也应该）根据本地的实际，对婚姻法、继承法、选举法、土地法、草原法等法律制定变通规定和（或）补充规定。然而，民族自治地方现有的变通规定和（或）补充规定的出台数量偏少，与各地经济社会发展需要相差甚远。

三、完善民族区域自治制度的思考

在新形势下，要在坚持和发展中国特色社会主义的前提下坚持、完善并创新民族区域自治制度的实施。

1. 立足国情，正确认识民族问题与民族工作

完善民族区域自治制度，必须立足统一多民族国家的基本国

情，正确认识中国的民族问题的性质和影响。中国存在民族问题，这不是什么讳莫如深的话题，而是由基本国情所决定的。我们观察和处理民族问题，既不能脱离中国历史和现实的基本国情，也不能将它作为中国"道路""理论"和"制度"的例外。改革开放特别是进入新世纪以来，我国的民族工作的大环境发生了重要变化，工作重点从边疆和农村牧区延伸到城市和东部；民族工作环境从计划经济变为市场经济；民族工作"入世"了，国际因素与国内因素密切交织在一起；民族工作"上网"了，网络世界对现实生活的影响日益增大。

2. 树立自信，毫不动摇地坚持民族区域自治制度

要牢固树立搞好自治地方建设的关键在民族区域自治制度的道路自信不能动摇，在任何时候、任何情况下，都要把坚持中国特色的民族问题解决之道摆在首位，努力开创自治地区各项事业建设的新局面。实行民族区域自治制度，是对我国国情和民族问题实际的正确认识和深刻把握，我们没有任何理由不予坚持，我们要坚持制度自信。这种制度自信，来自其适合中国国情和性质，来自其符合马克思列宁主义民族理论的基本原则，来自我国长期实行民族区域自治的实践。

3. 完善民族区域自治制度

第一，正视《民族区域自治法》的不足，并在此基础上改进。一是国务院必须制定民族区域自治的行政法规，使民族区域自治法有关国务院职责的原则规定具体化；二是国务院有关部门必须制定实施民族区域自治法的规章，使民族区域自治法有关部门职责的规定进一步具体化，而且各自治区和多民族省也要制定实施民族区域自治法的地方性法规。二是修改后的《民族区域自治法》没有对国务院各部委与民族自治地方自治机关之间的相互关系予以明确。三是修改后的《民族区域自治法》尽管变化很大，可责任追究制度仍未建立，使得《民族区域自治法》实施缺乏制度保障。

第二，完善立法，保障民族区域自治制度的贯彻落实。一是修改现行规定，调整自治条例制定程序过于严苛，存在"事实上的事前审查制度"的机制，将自治地方自治立法程序中的"批准程序"改为"备案程序"，突破自治区自治条例出台难的"困境"，积极推动五大自治区自治条例出台。二是修改完善现行行政法规，改变多为原则性规定、细化的相关措施和与之相配套的状况。三是强化部门规章制定工作，保障和帮助民族自治地方真正行使自治权。各部委应根据宪法、民族区域自治法及若干规定所确定的上级国家机关的职责，履行制定完善"配套立法"职责，应结合有关法律规定，制定相应的专门管理办法。四是修改完善现行自治条例和单行条例，使自治条例和单行条例真正是根据当地民族的政治、经济和文化特点来制定，真正体现出各民族自治地方正常的特点，且便于操作，并在程序上允许民族自治地方的人大常委会在人大闭会期间行使单行条例的制定权，以弥补人大因会期限制不能及时制定单行条例的缺陷。五是自治地方应积极行使变通规定、补充规定制定权和执行权，尤其是自治地方自治机关所享有的变通执行和停止执行权。六是形成科学规范的民族立法和监督检查机制。

4. 强化保障，加大民族自治地区干部配备使用力度

第一，进一步提高少数民族干部配备的数量和质量。一是积极采取有效措施吸引大学毕业生服务家乡，改善少数民族干部在民族地区干部中所占比例仍然较低且大多数文化水平不高的现状，改变自治地方人才流失严重导致发展滞后的状况。二是适当考虑各自治地方尤其是下辖自治地方省的人大代表名额中，来自自治地方的代表应适当增加，确保各自治地方人大依据国家法律并结合传统习俗及民主原则，决定其各项制度，真正实现少数民族自我管理。

第二，改变干部配备方式，突破少数民族干部使用的限制。一是确立"大力培养、大胆选拔、充分信任、放手使用"少数民

族干部的理念。二是大力选拔培养优秀基层少数民族公务员到民族自治地方乡镇任职，积极培养后备干部并畅通基层优秀少数民族干部晋升渠道。三是完善干部异地任职制度和干部任期制度，大力推进优秀少数民族干部异地使用培养，对自治地方干部的任期可视实际需要适当区别于一般地区。四是加强自治地方非自治少数民族干部的配备。

5. 创新民族自治地区社会治理理念

第一，重视并采取有效措施，消解民族自治地方与一般行政区域的差异。民族自治地方与一般行政区域差异的存在是不争的事实。我们要承认差异，正视差异。一是针对民族自治地方与一般行政区域的差异，通过强化自治立法权，增强自治地方行使自治权的意识和能力。二是引导自治地方加大单行条例、变通补充规定的立法力度，大量出台单行条例和变通补充规定，实行切合实际的差异化管理。三是适应市场经济发展和城镇化趋势要求，加强和创新社会治理模式，特别是要加快改革和完善户籍管理制度、完善社会保障制度、完善就业援助制度、完善教育招生制度等，化解民族自治地方相关矛盾，使民族自治地方及当地少数民族在市场经济发展过程中、在城镇化进程中、在人员有序合理的流动中，相关权利得以有效实现和保障。四是加大对口支援、财政转移支付力度，大力培育民族自治地方市场经济发展所需的机制体制，增强民族自治地方自身"造血"功能，提升当地经济社会发展能力。

第二，创新民族自治地方治理模式，有序推进民族事务法治化。按照党的十八届三中全会提出的创新社会治理体制、改进社会治理方式要求，针对民族事务的复杂性及民族地区的特殊性，创新民族自治地方社会治理体制，改进社会治理方式，使民族事务法治化，即民族事务管理者按照法律化的方法、手段、步骤与程序依法管理民族事务。具体而言，一是强化民族事务管理的法治理念和法治思维。二是切实实施民族法律法规，确保民族地区依法行政。三是依法规范开发行为，保护民族地区和少数民族的合法权益。四是强化自治意识，保障自治权的有效行使。五是加强公民意识教育，强化国家认同。六是依法处置突发事件，构建和谐民族关系。七是合理利用本土资源，有效化解社会矛盾。八是充分发挥基层群众自治的作用，弘扬少数民族所拥有的自我管理优良传统，体现少数民族在"乡土社会"治理方面的主体地位，实现基层群众自治。

6. 抓紧制定散居少数民族权利保障法

《民族区域自治法》主要保障了在民族自治地方的基本权益，但随着社会转型，许多少数民族成员离开民族自治地方，散居在全国各地，解决散居少数民族权利法律保障问题尤为重要。制定散居少数民族权利保障法，使之与民族区域自治法彼此配合，分别对散居和聚居两大类少数民族的权利问题给予有针对性的保障，并由此促成我国民族法制由"一翼"向"双翼"的历史性转变。应当看到，散居少数民族权利保障法的出台能为《民族区域自治法》的实施提供有力的制度协同，为民族区域自治制度的深化注入新的活力。

7. 确保自治机关的自治权得到真正实现和有效行使

确保自治机关自治权得以真正实现和有效行使，关键是处理好上级国家机关、自治地方的党委、自治机关三者之间的关系。第一，上级国家机关和自治地方党委应充分尊重和保障自治机关的自治权。第二，以制度的形式进一步明确和规范民族自治地方党的领导机关与自治机关的关系，促进各自职能的充分发挥。第三，民族自治机关应不断增强自治意识，提升自治能力，为自治权的有效行使奠定良好的心理和能力基础。第四，改进党委领导下的行政首长负责制的政绩考核制度，转移对民族自治地方各级党委的考核重点。

8. 完善民族自治地方政府的政策过程

在民族自治地方的利益表达和政治参与渐趋旺盛的情况下，

完善政府的政策制定过程，使不同利益主体的利益在政策制定和执行过程中都得到代表和体现，无疑将提高政策方案的合法性和政策执行的有效性。为此，第一，民族自治地方党委和政府要把协调利益关系、促进各民族的平等发展和人的全面发展作为制定政策的主要价值取向。第二，民族自治地方党委政府要尊重不同利益群体合理的利益诉求，并将其整合于政策之中。第三，要处理好政策制定过程中的向上与向下的关系，将上级指示、政策制定者的调查研究与利益群体的利益诉求有机结合起来。第四，拓宽利益表达和政治参与渠道，维护有序的利益表达和政治参与。第五，建立和完善多元化的矛盾纠纷解决机制，弱化民族矛盾和冲突对政策有效执行的影响。

9. 创新民族自治地区政府的政策理念

要进一步深化以经济建设为中心这一政策主题，这种深化是以人本理念作为引领的，在政策过程中要更加重视人文关怀。为此，首先，应深化对经济发展的工具性价值的认识，明确经济发展只是促进社会全面发展进而实现人的全面发展的手段，避免用经济发展来挤压甚至否定其他方面的发展。其次，打破经济主导的政绩考核指标体系，淡化经济指标在绩效考核中的权重，构建以人本理念为指导的激励和约束机制。最后，展开具体的以人本理念为指导的政策过程，用实践强化人本理念，使人本政策理念逐步成为政策主体的政策思维惯性和行动惯性，最终形成政策行为的传统和习惯。

10. 改进民族自治地区政府的职能模式

民族自治地方政府职能模式的改进，还需要构建引导型的政府职能模式。可选择的措施应包括：第一，在政府的职能激励机制中赋予统筹规划、掌握政策、信息引导、组织协调、提供服务和检查监督等指标以更大的权重，为职能主体构建适度平衡和引导型的政府职能模式提供动力。第二，转变经济本位主义和国家本位主义的传统思想，塑造以人本主义和社会本位主义为主要价值取向的职能文化氛围。第三，转变政府的职能方式，通过经济杠杆、信息、政策、法律来平衡民族自治地方内各民族的权利义务关系。平衡民族自治地方内部各民族的权利义务关系，应对现行民族政策的价值取向进行调整，用区域主义代替族际主义。当然，用区域主义代替族际主义，并不是不要照顾少数民族的利益，也不是不要促进少数民族地区的发展，而是要促进少数民族地区内部的各民族平衡发展。族际主义取向的民族政策的基本逻辑，就是要按照社会发展水平的差异，将全国范围内的民族地区划分为不同的区域，对生活于同一区域内的不同民族，均按相同的民族优惠政策给予照顾。

第三节　加强民族地区的民族法治体系建设

民族法治体系是从法治的向度贯彻实施基本制度，实现民族地区政府治理的法治化。民族法治体系是对民族法制体系的升级，也是按照党的十八届四中全会所确定的依法治国总目标要求在民族地区的具体落实。依法治国的总目标是建设中国特色的社会主义法治体系，建设社会主义国家。具体来说，就是贯彻中国特色社会主义法治理论、形成完备的法律规范体系、高效的法治实施体系、严密的法治监督体系、有力的法治保障体系，形成完善的党内法规体系，实现科学立法、严格执法、公正司法和全民守法，促进国家治理体系与治理能力现代化。民族法治体系是国家法治体系的组成部分，是国家管理、规范和调整民族关系、解决民族矛盾、保障少数民族权利的法律制度的总称。根据全面法治的要求以及民族地区的法治实践，民族法治体系的建设包括民族法律规范的制定、实施、监督、宣传以及保障，涉及民族法律的科学创制、严格执行、公正司法以及全民守法四个基本环节。

民族法治体系在西南民族地区政府治理中具有非常重要的作用。第一，民族法制体系建设，是国家法治体系建设的难点，有诸多的特殊性，建设不好就会延缓国家整体法治的发展水平。第二，民族法治建设，能够为民族地区的政府治理提供法治保障，促使政府依法行政、依法对民族事务治理，推动少数民族事业的建设和发展。第三，实现民族地区治理从政策模式向法治与政策相互配合的综合模式转变。改革开放40多年来，我国民族地区的政府治理逐步实现了治理模式的转型，由政策治理朝着法治治理不断推进。这个过程就是逐步完善民族法治体系的过程，如何坚持、发展和完善我国的民族法治体系，不仅在国家的层面而且在民族地区的层面都是需要重点解决的法治短板。第四，新时代的要求。经过改革开放40多年的建设，我国已经进入中国特色的社会主义建设的新时代，社会的基本矛盾已经发生巨大的变化，民族权利的诉求以及民族矛盾的形态都发生了新的变化，以保护民族权利和解决民族纠纷为主要法律目标的民族法制体系也受到了时代的挑战。因此作为动态的、发展的、开放的民族法治体系也必须与时俱进，适应民族地区的发展变化而不断的发展和完善。第五，发展和完善我国的民族法治体系具有国际意义。一方面，我国已经加入了许多重要的国际人权公约，承担着履行公约义务的国际法责任。另一方面，我国在解决民族问题上所建构的中国特色的民族问题解决之路，具有世界的典范性，而法治治理与政策治理的结合构成其中的一大特色。第六，从民族地区实施民族法律体系的角度来观察，无论在民族地方立法、自治立法、民族法律法规的执行以及司法运用和遵守方面，都暴露出一定的问题，这些民族法实践中的问题需要进一步研究，提出改进的对策和举措。

一、民族法律法规体系及其完善

1. 民族法律法规体系构建任务基本完成

民族法律法规体系是从静态来描述和概括我国民族法治体系的制度层面而使用的概念，是调整民族关系、解决民族问题的法律、法规、规章的总和。其包括以下层次的民族立法内容，分别是宪法层面的关于民族问题的规定，我国签署并批准的涉及民族问题和保护少数民族权利的国际公约，民族区域自治法以及国家含有调整民族关系条款的法律，国务院制定和批准的适用全国的调整民族关系的行政法规，国务院所属部门的规范性命令和规章、民族自治区自治法规、自治州自治县的自治法规。其中宪法是制定民族法律法规的最高立法依据，如 1982 年《宪法》的序言、第一章第 4 条、第三章第 6 节等均涉及调整民族关系、管理民族事务的内容。现行的民族法律法规体系是一个庞大的体系，以宪法关于民族问题的条款为根本、以民族区域自治法为主干，包括其他法律关于民族问题规定、国务院关于民族问题的行政法规、国务院有关部门的民族问题部门规章、省级人大政府以及较大的市、设区的市人大和政府所制定的关于民族问题的地方性法规、地方政府规章、民族自治地方的自治条例和单行条例。从法律内容上涉及政治、经济、文化、教育、科技、卫生、体育等社会生活的各个方面，从法律形式上看，有法律、法规、规章以及自治条例和单行条例等，包括中央层面的民族立法和民族自治地方层次的自治立法。

2. 现行民族法律法规体系存在的问题

我国的现行民族法律法规体系是随着我国改革开放的现代化进程逐步建立起来的，经过不断的发展和完善，到今天已经形成了符合中国民族地区特点、具有中国特色的民族法律法规体系，具有明显的民族性、时代性和地域性，在民族地区的法治治理中发挥了巨大的治理功能，对于民族区域自治制度的落实发挥了法律应有的功能。但是，随着时代的巨大变迁和民族地区环境的变化，该民族法律法规体系的局限性和不完善性也逐步突显，特别是在民族地区的法律实施过程中，暴露出了民族法律法规与市场经济要求、与政府治理法治化要求的不适应性。实践中存在和产生的问题主要表现在：

第一，某些民族关系和问题需要制定法律加以调整、完善。这方面的突出问题是缺少对散杂居少数民族权益保障法的制定。由于城镇化进程的快速推进，我国少数民族的流动加快，原来的城市民族工作条例、民族乡工作条例均不能适应新时代下的民族发展的需要，在新的民族社会关系格局中出现的问题，需要通过完善法律加以调整。由于时代的变迁，民族法律法规的修改工作迫在眉睫，由于许多的地方性民族法规、自治条例已经明显地落后于社会发展，因此民族法律法规的修订工作必须提上日程。

第二，民族地方立法的质量需要进一步提升。一方面，从立法形式和内容方面来看，民族地方的地方性法规和规章的民族特色和地域特色不够突出，针对性差。另一方面，由于我国的一元多层级的立法体制，形成了民族立法的多主体现象，也形成了诸多的法律冲突现象，体系中的逻辑关系存在着缺陷。从立法主体上看，民族立法干部的结构也不尽合理，一线干部有丰富的民族工作经验，但是缺乏立法的技能，而有一定的立法理论知识的学者对民族工作又比较陌生，立法针对性不强。立法质量不高还体现在立法语言的规范性、严谨性、可操作性等方面。

第三，民族地方立法不能反映新时代的要求，具有滞后性。我国的民族法律法规大部分是在计划经济体制下所制定的，随着西部大开发战略以及民族地区跨越方式发展战略的推进，许多优惠措施在今天难以兑现，民族法律无法保证经济资源向民族地区流动。民族立法不仅仅要反映民族地区的需要而且也要反映市场经济的需求，只有通过民族立法来促进民族地区经济社会发展。

第四，民族法律法规的政策化比较突出，缺乏制裁性和程序性条款，因而操作性相对比较差，落实起来困难重重。政策性是民族法律法规的一个特点，其典型的表现就是普遍缺乏法律责任条款，致使违反民族法律法规的行为得不到追究，也弱化了民族法律法规的权威性。另外，民族法律法规普遍存在着对所设定的权利缺乏程序上的保障的问题，而实施程序的空缺必然导致实施的落空。

第五，民族立法在地方立法层面上，一方面，以落实性的实施细则方式呈现的地方立法比较多，对一般性的社会立法比较重视，但是对于经济领域、财经领域、金融领域、生态环境等方面的立法相对忽视。另一方面，民族法律法规的创新性不够，重复性立法现象严重，严重影响了所立之法的严肃性和权威性。民族地区的地方立法自主性和创造性不够，民族立法的变通权运用也不充分，立法的社会参与也明显不足。

3. 完善民族法律法规体系的建议

以科学立法为导向，加强中央民族立法与地方民族立法的上下协调关系，推进民族法律法规体系的科学化进程。民族法律法规作为我国社会主义法律体系的子系统，必须保持系统协调、上下一体的关系，在维护国家民族法制统一性的前提下，充分发挥民族地方立法的积极性和创造性。要维护国家民族法制的统一性，必须加强民族立法的国家顶层设计，制定民族立法的国家规划，有重点、有步骤地完善民族法律法规体系。

在民族立法的中央层面，主要的重点立法工作是：第一，完善国务院及其部门实施民族区域自治法的配套立法工作。第二，加快散居少数民族权益保障法的立法进程，尽快制定全国性的散居少数民族权益保护法。第三，进一步完善国务院民族行政法规的制定工作，对涉及民族地区的民生、环境以及社会管理等重点领域的立法工作要进一步加强。特别是对城市民族工作条例以及民族乡工作条例要进行及时的修订，以适应新时代的民族地区城镇化的要求。第四，加强对规章以下的民族规范性文件的清理工作，完善规范性文件的备案制度。

在民族立法的地方层面，重点立法工作是：第一，加快民族自治区的自治条例的立法，完善自治州和自治县自治条例，提升单行条例的立法质量。第二，加强地方性民族法规和规章的整理工作。

加强民族地方党委对民族立法工作的领导，强化民族地方人大对民族地方立法的主导权，加快民族立法人才的培养，完善民族立法的决策、审议以及监督程序，扩大各族群众对民族立法的有效参与。

二、强化民族法律法规在西南民族地区的实施

从民族法治体系建设的制度内容上分析，它包含两个有机组成部分，一是民族法律法规体系的创制，这是一个制度创制的问题；二是民族法律法规体系的实施问题，这是一个制度实施的问题。民族法律法规的实施是指民族法律法规被实行的过程，是民族法律权利和民族法律义务的落实和实现。从一般法律理论上理解，法律的实施方式主要通过守法机制、执法机制、司法机制和法律监察机制等共同作用来完成。守法机制是指通过民族法律的宣传和传播，使各族群众和政府共同遵循民族法律法规的规定，使民族权利和民族义务落到实处。执法机制是对民族法律法规的执行和实施过程，是行政机关以及其他机关、组织对民族法规定的落实和具体化。司法机制是司法机关运用民族法律法规解决民族纠纷、惩处民族领域的严重违法、犯罪行为，从而达到维护民族社会秩序和修补民族关系的法律手段。法律监察机制是监察机关对各族群众以及政府和公职人员是否遵守民族法律法规进行监察、监督的活动，通过纠正民族违法行为以及违纪行为，维护民族法律法规的权威性和有效性。在这个实施系统中，各族群众以

及政府的守法行为是民族法律体系实施的基础方式，行政执法是主要的方式，是民族法律法规实施好坏的关键。民族法律法规的执行包括两个方面①：一是民族地方上级机关依职权贯彻执行民族法律法规的活动，其执行相对方是民族自治地方，包括中央政府的执行和民族地方的上级机关的执行。二是国家行政机关和法律授权的组织在行政过程中执行民族法律法规，其对象是行政相对人。民族法律法规的司法适用是司法机关运用民族法律法规解决民族纠纷、制裁民族违法行为、惩处民族犯罪行为的司法过程，它是民族法律法规实施的坚强后盾。

由于民族法律法规体系并非是一个部门法，其法律规范的多层次性、内容的广泛性以及民族地区的差异性，使得民族法律法规的实施过程和实施方式具有特别的复杂性。首先是民族法律法规实施主体的广泛性，不仅仅包括各族群众、行政机关，还包括执政党、权力机关、司法机关、社会组织等，他们根据法律的要求，在不同的民族法律关系中，行使权利履行义务。其次，由于民族法律法规体系中包含着禁止性、义务性、奖励性、指导性、倡导性规范，因此相对来说，民族法律法规赋予实施主体比较大的自由度②，大量的法规不能按照刑事法规范的三段论逻辑来实施，而是需要通过实施主体的创造性和主体性的发挥，才能使相关的制度起到作用。再次，民族法律法规的实施涉及刑事、民事、行政、经济等方面的关系，因此其实施的法律程序涉及刑事程序、民事程序、行政程序、政治程序等。最后，民族法律法规实施方式是综合性的、多样化的，必须将法律方式和其他方式综合起来共同发挥作用。但是，就民族地区在实施民族法律法规的实践来看，往往又以某个法律、法规的实施来展开，以对单个性

---

① 熊文钊.民族法制体系的建构［M］.北京：中央民族大学出版社，2012：383.

② 熊文钊.民族法制体系的建构［M］.北京：中央民族大学出版社，2012：376.

法律法规的落实为检查和监督为对象，通过具体的民族法律法规展开实施活动，更容易获得准确的认识和理解。

第四节　推进民族政策体系的现代化

　　民族政策是指多民族国家及其执政党为调节民族关系、处理民族问题而采取的相关措施、规定等总和。[①] 民族政策体系是当代中国政府治理民族问题解决民族关系的主要制度工具，制定和执行民族政策体系构成民族事务治理的主要手段。民族政策作为政府治理民族问题的主要制度工具，与民族法律法规体系共同发挥着执行和落实民族区域自治制度的功能。在西南民族地区的政府治理制度体系中，民族政策的治理功能以及作用也是巨大的。因此，我们对民族法律法规的功能分析之后，必须对民族政策在西南民族地区的政策作用过程进行考察和研究。特别是进入新时代后，我国的民族政策实践环境发生了巨大的变化，民族政策的实施条件和政策对象也发生变化，理论界对民族政策的功能、未来发展方向等民族政策的基本问题存在着诸多的模糊看法，这些看法对民族地区的政府治理实践产生一定的不良影响，因此需要根据新时代的政策要求从理论上进一步明确民族政策的发展方向，在实践中才能执行和落实好民族政策，充分发挥民族政策的治理功能。

---

　　① 青觉. 现阶段中国民族政策及其实践环境研究［M］. 北京：社会科学文献出版社，2009：3.

一、民族政策在西南民族地区的实践过程以及基本经验

1. 政策形成过程

民族政策在西南民族地区的实践过程可以分为改革开放前 30 年和改革开放后 40 年。前 30 年可以分为中华人民共和国成立初期 (1949—1957 年)，全面社会主义建设时期 (1958—1966 年) 和文化大革命时期 (1966—1976 年) 三个阶段。后 40 年包括社会主义建设新时期 (1978—1999 年) 和新世纪新阶段 (2000 年—现在)。[①] 西南民族地区的民族政策过程与全国民族地区的政策过程大体上是一致的，但也有自己的一些地域上和民族关系上处理的一些特点。

(1) 中华人民共和国成立初期。

在中华人民共和国成立初期，党和政府做了大量工作，在民族地区建立了民族民主联合政权，创建了民族事务工作结构，组建民族工作队解决民族内部纠纷。在这个阶段，还派出文化工作队，对西南民族地区的社会历史、语言以及民族成分进行大规模的调查研究，为制定民族政策提供可靠依据。在这个阶段，民族工作主要是疏通民族关系，开展民族识别，实行民族区域自治。另一方面，普遍和大量使用少数民族干部，并组建民族学院培养政治和技术干部。为了促进民族的发展，中央人民政府从西南民族地区的复杂情况出发，采取区别于汉族地区的民族改革方案，有的地区与汉族同步，有的民主协商，有的直接过渡到社会主义，从而使得西南少数民族有序地走上了社会主义道路。

(2) 全面社会主义建设时期。

西南民族地区的主要民族政策工作内容是：第一，争取和团结民族宗教上层人士，顺利实现西藏和藏区的社会主义民主改革

[①] 金炳镐. 新中国民族政策 60 年 [M]. 北京：中央民族大学出版社，2009：1.

运动。第二，实现民族平等，加强民族团结，保证国家的统一。第三，继续推行民族区域自治，建立民族自治地方，实现民族机关的民族化。第四，大力发展少数民族经济，坚持国家帮助和民族地区自力更生相结合，改善和提高少数民族的生活水平。第五，正确处理大民族主义和狭隘民族主义。第六，加快发展少数民族教育文化事业。第六，大力培养、选拔和任用少数民族干部。第七，继续坚持尊重民族风俗习惯的政策和宗教信仰自由政策。

（3）改革开放初期。

1978 年到 1991 年一般称为改革开放初期。这个阶段的民族政策主要有：第一，党的第二代领导集体彻底否定民族问题实质上是阶级斗争的观点，全面恢复文革前的民族政策并根据改革的需要进行民族政策内容上的调整。第二，确立新时期民族工作的方针政策，重建民族区域自治制度，恢复民族识别工作，进行民族成分的认定和更改工作。

（4）新旧体制转换时期。

1984 年到 1992 年是我国经济体制改革的转型时期，这个时期民族政策发展的主要内容表现在：第一，将民族区域自治制度纳入法制化轨道。1984 年颁布的《中华人民共和国民族区域自治法》，使我国的民族事务治理纳入法治治理的轨道。第二，开创促进民族团结的新形式，对进入少数民族地区的人员和少数民族进入内地经商旅游人员的工作进行了专门的部署，形成了处理民族关系的办法和经验。第三，旗帜鲜明地反对民族分裂主义，维护民族团结和国家统一成为工作的重点内容。

（5）新时代的民族政策走向。

党的十八大以来，党中央站在坚持和发展中国特色社会主义、实现中华民族伟大复兴的战略高度，提出了一系列民族工作的新理念、新思想和新观点，推进了我国民族政策的新发展。表现在：第一，正确评价党的民族理论和民族政策，进一步重申了中国特色的解决民族问题的道路的正确性。第二，科学阐明了中国特色的民族问题解决之路的基本原则，即坚持党的领导，走中国特色社会主义道路，各民族一律平等，坚持和完善民族区域自治制度，坚持各民族共同团结奋斗、共同繁荣发展，坚持中华民族共同体的思想基础，坚持依法治国。第三，完善新形势下的民族工作顶层设计。第四，提出多民族是我国的国情，在处理民族问题上实现共同发展，共同繁荣。第五，提出"中华民族一家亲同心共铸中国梦"的目标任务，凝聚全国各族人民的团结奋斗共识。第六，强调坚持和完善民族区域自治制度，打牢民族团结进步的制度基石。第七，提出民族政策的创新和完善，激发党的民族政策的生机和活力。第八，提出加强各民族交往交融，推动中华民族成为包容性、凝聚力更强的命运共同体。第九，打开民族地区与全国一道迈向全面小康的新局面。第十，提出用法律保障民族团结，开启依法治理民族事务的新阶段。第十一，提出构筑共有精神家园的重要战略任务。第十二，强调坚持党的统一领导是做好民族工作的根本保证，完善民委委员制度，建设党委领导、政府负责有关部门协同、全社会通力合作的格局。

2. 民族政策在西南民族地区实践的基本经验

中华人民共和国成立 70 年来，西南民族地区全面贯彻落实党和国家的民族政策，成功地解决了不同时期的民族问题，增强了民族团结，促进了西南民族地区经济社会的发展。同时在贯彻民族政策方面也积累了丰富的经验。这些经验概括起来有如下几个方面。

（1）民族政策有效实施离不开党和国家领导人的重视和关心。

从中国共产党成立之日起，中国共产党对国内多民族关系的处理就成为党的工作重要考量因素，并与各个时期的重点工作结合在一起。中华人民共和国成立之前，党的民族工作是领导全国人民进行抗日战争、解放战争的组成部分，是为了国家的统一和民族的解放。中华人民共和国成立以后，党根据国内民族的关系状况和各个时段的中心工作，有效地展开了民族政策的制定工作，逐步形成了各个领域的民族政策。以毛泽东同志为首的第一代中国共产党人，建立和构造了我国的民族政策体系，成功地解决了中国历史上遗留下来的大量民族问题，缔造了和谐、团结互助的民族关系，真正地实现国内民族大团结。改革开放后，以邓小平同志为核心的第二代共产党人，根据改革开放的新形势，对民族政策进行了与时俱进的调整，使得民族地区的发展获得了新的成就。党的十八大以来，以习近平同志为核心的党中央，根据建设有中国特色社会主义的新要求，进一步发展了民族理论和民族工作的政策体系，使我国的民族工作迈上了新的发展水平。70年的经验证明，没有中国共产党的民族政策的指引，没有党对民族政策的不断创新，我国的民族事务治理就不会取得如此辉煌的成就。

（2）深入调查研究，不断深化对西南民族地区特殊性及其情势变化的认识，是制定和实践民族政策的前提条件。

从中国的实际出发、从民族地区的实际出发，实事求是地判断民族地区的民族关系、社会发展状况，在此基础上制定民族政策，才能保障政策的有效性。纵观我国民族政策的发展历程，每个阶段的民族政策都是与该时代条件相吻合的，都以我国长期处于社会主义初期阶段为基本国情来进行政策设计的，不脱离实际，不超越国情。

（3）及时推进社会改革，促进社会进步，是实践民族政策的基础。

我国的民族政策是在推进民族地区的社会改革和社会建设中逐步形成的。社会改革一方面是清除旧的生产关系，逐步建立社会主义的生产关系，这个社会变革的过程为民族政策的制定提供了新的社会基础。无论是中华人民共和国成立初期的民主改革、全面建设社会主义时期，还是改革开放后民族地区的经济体制和社会体制改革，都推动着民族地区社会关系的转型和变革，其一方面推动着民族政策的更新，另一方面则使民族政策更具有针对性和实效性，更符合民族地区民族关系的新情况。实践证明，正确处理好民族政策与社会变革之间的相互关系，使之相互适应，是民族政策发挥效力的成功经验。

（4）实行民族区域自治，是实践民族政策的关键。

民族区域自治从一般民族政策发展为我国的基本国策和基本法律制度，并成为我国解决民族问题处理民族关系的基本政治制度，是中国特色社会主义道路的组成部分，也是我国解决民族问题的道路的核心内容。它解决了少数民族自治与国家统一治理的关系，明确了国家与民族的基本关系，划定了处理民族关系和解决民族问题的主要原则，是中国解决民族问题的定海神针，也是其他具体民族政策的来源和依据，离开民族区域自治这个基本政策，就会偏离民族治理的中国特色之路。

（5）必须从中国特色的社会主义道路的高度来看待和处理民族问题。

民族问题是社会问题的组成部分，走中国特色的解决民族问题之路已经被证明是成功之路，而这条道路是马克思主义中国化的产物，也是坚持走社会主义道路来解决中国的民族问题的必然要求。按照中国特色的社会主义道路来制定和执行民族政策，就必须坚持马克思主义的民族观，坚持社会主义道路的基本原则来实现民族平等、民族团结以及民族繁荣，始终把民族平等、团结、繁荣发展作为根本的目标和民族工作的主线。

二、新时代背景下民族政策在民族地区实施中出现的新问题

改革开放后，特别是 20 世纪 90 年代以来，由于民族政策的

实施环境发生了巨大变化①，我国民族政策体系在西南民族地区的实施取得巨大的成就的同时，也面临着诸多的挑战，因此如何根据新时代的要求，进一步完善和创新民族政策体系，成为时代的迫切要求。民族政策不能轻易变动，只能根据时代的变化注入新的政策内容。而具体民族政策是将基本政策所规定的目标和任务付诸实施的根据和手段，是针对某一个民族问题所作出的具体规定，范围广内容多，调整的对象具有易变性、历史性以及过渡性，因此需要根据民族政策环境的变化进行调整补充和完善。

完善民族政策是以民族政策的环境变化为前提，以民族政策实践中面临和出现的新问题为根据，并以党的基本政策为指导进行创新和发展，从西南民族地区的现实出发，发现民族政策实施中的新情况和新问题就成为政策完善的前提性工作。

1. 民族干部政策实践中的问题

少数民族干部政策是党和国家关于培养、选拔、任用少数民族干部的各项政策，是党和政府联系少数民族群众的桥梁和纽带，也是解决民族问题的重要保证。民族干部政策在西南民族地区实施中的主要问题是：第一，少数民族干部比例偏低，少数民族干部的素质结构有待改进，民族意识和自治意识有待提高，政策执行能力有待进一步提高。第二，专业干部与一般干部的比例不均衡，专业干部比例偏低。第三，少数民族干部的来源问题。第四，少数民族干部在培养任用选拔的机制方面需要进一步创新。第六，各个少数民族干部比例的均衡问题。

2. 民族财政优惠政策实践中出现的问题

中华人民共和国成立以来，国家对民族地区财政一直实行特殊的优惠政策，增加对民族地区的资金投入，促进民族地区的经济社会发展。但是，随着国内财政体制的改革和民族地区财政能力的相对下降，民族地区财政优惠政策也面临着新的困境。表现

---

① 青觉. 现阶段中国民族政策及其实践环境研究［M］. 北京：社会科学文献出版社，2009：3.

在：第一，政策实施在民族地区不均衡，不仅不同的民族地区获得的转移支付不均衡，而且西南民族地区省区之间的差距也比较大。第二，民族地区财政转移支付的结构也存在不尽合理，均衡绩效较低。第三，民族地区的财政能力普遍困难，自给财力严重不足。第四，对民族地区自然生态环境保护的财政支出力度不够。第五，民族地区的财政支出成本太高，大量的特殊财政支出，导致财政支出的赤字。因此，如何科学地制定和实施民族财政政策，提升民族地区的财政能力，是目前需要进一步解决的问题。

3. 扶贫开发政策实施中存在的问题

我国西南民族地区农村贫困面广、规模大、程度深，脱贫致富难，是中国扶贫攻坚的主战场之一。改革开放40多年来，党和政府通过制定扶贫开发政策，有效改变了西南民族地区的发展落后面貌，使扶贫工作取得了巨大的成效，贫困人数大量减少，致富人口比例上升，国家的精准扶贫达到了预期的效果。但是，政策在实施中也面临着诸多的问题，由于贫困面大，扶贫基金缺口大，基础设施落后，民族地区自我发展能力比较弱，因此扶贫致富的目标与预期仍然差距甚大，政策的效果仍然不理想，因此如何优化扶贫政策仍然任重道远。

4. 民族文化政策与民族文化产业政策中存在的问题

民族文化政策是党和国家未来保护扶持和发展少数民族文化所制定的针对少数民族文化保护和发展的政策、法规和条例的综合体，是我国文化政策体系的组成部分。我国的民族文化政策从结构上可以分为宪法与党的文件中规定的关于少数民族文化问题的基本原则、基本法律以及政策，党和国家在各领域有关全国性法律政策中涉及民族文化的规范，自治条例和单行条例中涉及民族文化的民族立法和地方立法等。从内容上看，可以分为文化产业、新闻出版、广播电视、文化遗产、文学艺术以及民族体育等。

我国的民族文化政策在实施中存在的主要问题是：第一，民族文化遗产流失现象十分严重，这在民族民俗、民族语言文字、民族服饰、民族民居以及非物质文化遗产方面都有明显的表现。第二，民族文化传承人断层。第三，民族传统文化保护与开发的矛盾日益突出。第四，民族传统文化的人文环境受到破坏。第五，已经制定的传统文化保护法规落实起来不严格。

在民族文化产业政策方面存在的问题是：第一，民族文化消费基础薄弱，民族文化的地位和功能变异。第二，民族特色文化产品开发层次不高，民族文化产业发展不均衡。第三，民族文化产业人才匮乏，复合型人才更加缺少。第四，融资体制不健全，民族文化产业投资风险太大。第五，对民族文化产业的管理体制相对落后，理念陈旧、导致许多民族文化产业泡沫。第六，民族传统文化产业的管理涉及多部门、管理职能容易交叉。民族文化、产业政策稳定性、整体性以及执行性都相对弱，因此民族文化产业政策的制定和执行都存在一定的问题和改革的空间。

5. 民族教育政策在西南民族地区实施中存在的问题

大力发展民族教育是解决民族问题的有效途径，通过教育提高民族地区人口素质是民族地区发展的根本，而发展民族教育离不开民族教育政策的推动。因此党和政府通过制定民族教育政策来促进民族地区的发展和进步成为有效的经验。中华人民共和国成立 70 年来，我国的民族教育政策经历了开创、发展、遭遇破坏、恢复以及形成特色以及创新的不同发展阶段，经过艰辛的努力，我国民族教育获得了良好的业绩，极大地改善了民族地区人口的文化素质以及教育水平。但是，进入新时代后，民族地区的教育发展仍然面临着一系列问题，表现在：第一，基础教育总体水平比较低，与全国平均水平相比差距较大。第二，民族地区之间、各个民族之间以及民族地区与发达地区在各个层次的教育上的差距比较大，发展水平很不平衡。第三，民族地区师资短缺、素质结构不合理，双语师资欠缺。第四，民族职业技术教育基础疲弱，高等教育发展较缓慢。第五，民族教育政策实践环境的地理、经济以及文化因素对民族教育的落实仍然存在着深刻的制约，影响着民族教育政策效果的运行。

6. 散居少数民族政策中存在的问题

散居少数民族是指以分散居住形式分布的少数民族，一般是指居住在民族自治地方以外或者居住在民族自治地区内但不实行区域自治地区的少数民族。[①] 其类型包括城市散居少数民族（包括世居少数民族、新进少数民族和流动少数民族）、民族乡少数民族和农村散居少数民族三种。由于少数民族的社会流动的加快，散居少数民族的流动性、复杂性以及治理的困难性都大为增加，如何保障散居少数民族的权利，加强对散居少数民族的管理，完善散居少数民族的政策支持，是我国民族工作的重要组成部分。由于散居少数民族分布广、多、散，而且所处环境发展不平衡，各个少数民族的适应性、包容性不同，因此对少数民族的政策治理是比较棘手的问题。进入新世纪后，我国散居少数民族的治理面临的新情况和新问题，主要表现在：第一，散居少数民族权利保护日趋重要，但是我国有关的法律法规并没有系统化。除了城市民族工作条例、民族乡工作条例以及地方制定的实施细则外，其他散居少数民族权利保护问题都是将其纳入到一般少数民族权利保护立法中加以规定[②]，这不利于对散居少数民族的权利保障。第二，民族区域自治法对少数民族的权利作出了总体性的规定，但是对散居少数民族的保护并没有作出专门性的规定，对散居少数民族遇到的权利保障问题并不具有操作性。第三，目前，我国的城乡散居少数民族处于被边缘化的位置上，享受不到自治地区民族所享有的民族权利，在融入所在地区的主流社会生

---

① 陆平辉. 散居少数民族权利保障：理论、制度与对策 [M]. 北京：法律出版社，2016：1.

② 陆平辉. 散居少数民族权利保障：理论、制度与对策 [M]. 北京：法律出版社，2016：245.

活上也遇到难以克服的困难。第四，由于散居少数民族法律与政策上的制度短缺，难以按照民族自治区域的民族政策和民族法律进行有效的管理，因此制定专门的散居少数民族保护法迫在眉睫。第五，国务院制定的规范性文件成为调整散居少数民族关系的主要政策依据和来源，但是这些民族政策法规没有照顾到不同类型的散居少数民族的实际情况，体系也不完整，对不同领域的权利保障不平衡，监督机制也不完整，因此其实施效果也良莠不齐。①

7. 民族地区资源开发与补偿政策在实施中存在的问题

我国民族地区存在着丰富的矿产资源、森林资源以及其他自然资源。在西部大开发的背景下，民族地区资源开发过程中也滋生了一系列的问题，其中的主要问题是资源开发补偿问题以及环境保护问题。前者是开发者与民族地区的利益关系问题，如何从政策的角度处理好其中的利益关系，影响到民族地区的稳定和发展，对此国家制定了一系列的开发补偿政策，包括国务院关于实施民族区域自治法的若干规定，矿产资源、水电资源以及森林资源开发中的产业政策规定，税费政策以及环境保护政策等。我国民族地区矿产资源以及补偿政策的目标是协调好各方面的关系，保障资源的合理利用以及少数民族在其中的合理利益。

8. 民族地区环境保护与补偿政策实施中存在的问题

西南民族地区地处边疆和西部，在国家实施主体功能区划分的背景下，国家的生态环境保护政策与民族地区发展之间的矛盾日益突出，因此缓解这个矛盾，制定有效的民族地区环境保护与补偿政策意义重大。针对民族地区环境和生态的特殊性，我国在环境立法、环境政策、生态补偿机制等方面都作出了特别的制度安排和政策倾斜，特别是西藏、云南、广西、四川以及贵州等民族地区所实施的环境保护方面的法规，更凸显出环境保护的意

---

① 陆平辉. 散居少数民族权利保障：理论、制度与对策 [M]. 北京：法律出版社，2016：247.

义，其中环境经济政策以及补偿机制的建设尤其重要。

我国民族地区环境保护和生态补偿政策实施中存在的主要问题是①：第一，已有的环境保护法律在责任设定方面不明确，对违法环境行为的制裁力度不够。第二，环境保护投入不足，效益不高。第三，生态补偿政策的科学性和合理性有待提升。第四，对民族地区生态保护的特殊性认识不足，政策的针对性有待提高。第五，政策的具体化和可操作性需要进一步提高，环境和生态保护政策的系统性需要进一步完善。第六，环境保护政策执行效果与预期治理目标的差距太大，环境执法效果和效力都需要进一步增强。

三、民族政策体系的现代化走向

我国解决民族问题的基本民族政策实践证明是正确的，而具体的民族政策则由于实践环境的变化而呈现出不同的样态，也即是说，有的具体民族政策是在特殊的时代背景下制定的，随着时代条件的变迁，这些民族政策也就失去了价值和意义，而有的民族政策则是在实施的环节着面临着主客观条件的限制而达不到预期的政策效果，因而需要改善实施环境和条件。总之，我国民族政策体系需要朝着"四化"的目标迈进，即民主化、科学化、法治化和实效化方面来完善。

1. 民族政策制定过程的民主化

所谓民族政策制定过程的民主化主要是指在民族政策的形成过程中，各族群众、社会团体以及民族政策研究组织能够充分参与民族政策的决策和形成过程，在民族政策中反映各族群众的利益和要求，在民族政策的决策和运行中能够反映民意的决策机制，有良好的政策参与机制、程序以及环境，以保证民族政策反

①　雷振扬，等．坚持和完善中国民族政策研究［M］．北京：中国社会科学出版社，2014：601.

映广大少数民族群众的利益，使得民族政策具有广泛的社会基础，使得民族政策具有公共性、透明性和合法性。① 民族政策的民主化也指民族政策的制定过程必须公开、符合各族群众的根本利益，在政策的实体内容上具有人民性，体现出各族群众当家做主的本质要求。民族政策的民主化是民族政策内容科学化的前提条件，没有民主参与或者参与不充分，所制定的民族政策就会偏离客观实际，不符合民族地区治理的规律，并有可能背离各族群众的利益而发生政策失灵。

2. 民族政策内容的科学化

所谓民族政策的科学化主要是指民族政策的决策者采取科学合理的决策程序、运用科学的理论和方法进行民族政策上的决策，按照民族发展的规律，确定科学和合理的民族决策目标并通过科学有效的方法和路径来实现。民族政策的科学性一般表现为：第一，目的性与合规律性的统一。第二，工具理性与价值理性的统一。第三，决策的程序科学与决策责任的严格的统一。民族政策在内容上的科学化，主要是指民族政策的内容符合民族关系的政策调整规律，符合民族地区民族关系的实际状况，通过政策调整所预期达到的目标符合民族问题的治理现代化要求。要实现民族政策内容的科学化，主要是在政策制定环节以及政策调整过程中需要把握好原则，具体来说，第一，政府要主导民族关系的调适，应该充分认识到民族问题的长期性、特殊性和复杂性，主动调控并牢牢掌握民族关系的主动权。在社会转型过程中及时对所实施的民族政策进行调适，坚持与完善并举，对不适应需要的民族政策及时修订和匡正。第二，要充分发挥现代市场经济对民族关系的整合作用，市场经济具有分化与整合的双重功能。一方面不断促使社会和社会成员间的分化；另一方面又让一切民族都不可避免地卷入现代化的规则中，纳入统一的价值观和制度体

---

① 黄维民. 论公共政策的科学化与民主化 [J]. 西北大学学报（哲学社会科学版），2001（2）：145 – 150.

系中，不断整合为一个政治、经济和文化越来越趋同的共同体，使之相互之间谁也离不开谁。第三，要遵循民族融合的自然历史规律。民族融合是历史发展的趋势，也是一个长期的过程，不可能用行政手段来阻止，也不可能用行政手段来实现。历史和现实的经验表明，民族融合的历史过程，一定是在平等基础上的自愿，一定是在相互理解下的自觉，一定是在共同理想、共同利益和共同发展过程中的自融。

3. 民族政策的法治化

处理民族问题、协调民族关系需要制定相应的政策和法律。民族政策，是指国家机关或政党为解决民族问题而制定并要求有关组织和个人遵循的行为规范；民族法制，则是指国家制定的、依靠国家强制力保证执行的关于民族问题的法律法规和规章的总和。二者的一致性方面表现在：第一，都是为解决民族问题、调整民族关系而制定的行为规范，民族法规都表达了一定的民族政策要求，民族政策也以民族法规的形式表现出来。第二，民族政策与民族法制在其制定机关、具体内容、表现形式、实施手段等各方面都有所不同。第三，在时间效力方面，一些民族政策是短期性、暂时性的，而民族法律法规则普遍具有长期性和稳定性。因此，政策实现的方式在于政党或国家机构的贯彻实施以及民众的响应。基于上述差异，在调整民族关系、处理民族问题时，应注重民族法制与民族政策的特点，合理发挥两者的作用。同时，政策性调整的手段比法律更为丰富，可以包括指令、号召、引导、鼓励等多种方式，尤其适宜于一些法律手段不宜调控的领域或事件。在立法仍属空白的领域，先行的民族政策还可能引导民族法治发展和变革的方向。中国的民族政策在多年的实践中经受了检验，证明了其科学性和有效性，它包含着民族立法的基本原则，同时又为民族立法的内容提供了基本依据。但同时，在建设法治国家的大背景下，我们更需重视和发挥民族法制的作用和功效。民族政策原则性强，灵活易变，适合应对短期或突发的关系和事件，但由于缺乏强制性，又不具备法律的稳定、恒久、公开的特点，因此不适宜用于调整具有长期性、根本性的民族关系和民族问题。

中华人民共和国成立以来，民族政策和民族法治建设是同时开展的，国家既根据需要制定和发布民族政策，同时又制定民族法律法规。1949 年 9 月 29 日中国人民政治协商会议第一届全体会议通过的《中国人民政治协商会议共同纲领》第六章专章规定"民族政策"，其第 50 条规定："中华人民共和国境内各民族一律平等，实行团结互助，反对帝国主义和各民族内部的人民公敌，使中华人民共和国成为各民族友爱合作的大家庭。反对大民族主义和狭隘民族主义，禁止民族间的歧视、压迫和分裂各民族团结的行为。"第 51 条规定："各少数民族聚居的地区，应实行民族的区域自治。"第 53 条规定："各少数民族均有发展其语言文字、保持或改革其风俗习惯及宗教信仰的自由。人民政府应帮助各少数民族的人民大众发展其政治、经济、文化、教育的建设事业。"可见，该共同纲领为中华人民共和国的民族政策奠定了坚实的基础，其本身也可视为宪法性文件，作为新中国民族法制的奠基。之后，从 1954 年《宪法》到 1984 年《民族区域自治法》颁布实施，党和国家的基本民族政策伴随国家法制建设的进程而基本实现法治化。由于基本民族政策的全局性、重要性、长期性，实现法治化十分必要，相关政策通常由宪法或者民族区域自治法等高位阶的法律加以界定和保障。

在基本民族政策实现法治化的同时，一些具体民族政策也逐渐由政策上升为法律。以少数民族教育问题为例，从中华人民共和国成立至 20 世纪 70 年代末，国家主要依靠一系列民族政策调整民族教育关系。改革开放以后，国家教育法制出现大规模的建设高潮。

从我国民族政策法治化的现状来看，当前存在的问题主要有以下几个方面：其一，民族政策法治化的程度不足。一些重要政策仍未实现法治化，相关民族工作仍主要以政策为指导，任意性太强，稳定性不足。其二，在民族政策法治化程度不足的同时，已经由民族政策转化而成的民族立法，仍存在政策烙印明显，规范性、逻辑性不足等弊端。其三，民族法律法规在用语上的政策化倾向，也是民族政策法治化不彻底、未割断政策脐带的表现。因此民族法治化，首先，需要相关民族政策达到稳定、成熟的状态，这是实现法治化的前提条件。其次，在当前的民族工作中，应更多地依赖法治，民族区域自治等基本民族政策具有根本性、长期性，其基本内涵已经实现法治化；需要进一步完善的是促使相关民族立法更具有可操作性，更能发挥实际效力。再次，民族政策的法治化不仅指从政策向法律的转化，同时也包括以法律手段保障政策的正当性和有效性。法治并不排斥法律之外的其他社会规范，为政策立法并非以法律代替政策，而是试图为政策的制定与实施提供法律的原则、程序和界限，防止政策偏离法治的轨道。当然，民族政策法治化的更高目标，在于实现调整民族关系、处理民族问题的法治化。法治化不仅指民族政策向立法的转化，同时要求从执政党到各级国家机关充分树立依法决策、依法行政的法治观念。在建设社会主义法治国家的大背景下，党和国家机关在处理民族问题、调整民族关系时首先应以法律为依据，并在不违反法律的情况下制定各类灵活的政策措施。

4. 民族政策的实效化

所谓的民族政策的实效化，是指通过对所制定的民族政策的执行、落实和监督，达到预期的政策目标，实现对政策对象的有效治理。实效化的本质在于落实，达到政策效果，这是对民族政策实施过程的基本要求，也是对民族政策科学性的检验。判断民族政策是否实效化，一是看民族政策是否有效，是否能够对政策目标进行有效的调整，是否实现了政策的效果；二是看民族政策实施后的绩效如何，是否符合预设的目标；三是看民族政策实施过程是否获得合法性，也即是说，是否获得广大群众的支持。

第七章 建设民族自治地区的法治政府

引言

　　民族地区的政府治理包含两个面向，一是国家和社会对政府的治理，以社会对政府的有效约束为基础，以建构法治化的政府为目标；一是以政府治理行为的正当性、合法性为目标，追求政府对社会治理的有效性和高效率，体现为政府的社会治理能力。[①]就前者而言，国家和社会对政府的治理是通过法治的方式和制度建设的路径来推进的，是政府的自我革命和自我制度约束，也是建构好政府、善治型政府的过程。与此相对应，政府的社会治理能力则表现为作为治理主体的政府执行制度、运用治理工具所实现的治理效率，是展现政府治理能力的过程。建设好政府是为了全面履行政府的职能，提升政府治理能力；而为达到对社会的良好治理又需要改造政府，使之符合现代社会对服务型政府的标准，达到法治型政府的要求。两者之间的这种内在逻辑联系，是我们理解和诠释民族地区法治政府建设的基本制度逻辑。因此民族地区为什么要建设法治政府、如何建设法治政府这个基础性的问题，必须回到民族地区政府治理法治建设的现实中寻找答案。

　　加强民族地区法治政府建设，具有以下依据和理由。

　　其一，从国家基本政策和法律制度方面来看，党的十五大首次提出依法治国，建设社会主义法治国家，并提出依法治国是党领导人民治理国家的基本方略，是发展社会主义市场经济的客观

---

　　① 何增科，陈雪莲. 政府治理 [M]. 北京：中央编译出版社，2015：3.

需要，是社会文明进步的标志，是国家长治久安的重要保障。1999 年，《宪法修正案》规定，中华人民共和国实行依法治国，建设社会主义法治国家，从而使依法治国基本方略获得宪法的确认。依法行政、建设法治政府是依法治国、建设社会主义法治国家的重要组成部分，决定着依法治国方略的贯彻实施。因此，建设法治政府的目标设定是直接依据党的方针路线和国家基本法的。

其二，1989 年起，国家相继制定和颁布了《行政诉讼法》《国家赔偿法》《行政处罚法》《行政监察法》《行政复议法》《行政许可法》《公务员法》《行政强制法》等，这些行政法律推进了依法行政工作，奠定了法治政府的基本制度架构，并为法治政府建设作出了基础性立法工作。但是，这些行政法律的执行中，有法不依、执法不严问题突出，使行政法的控制功能发挥受到限制。

其三，从 1999 年开始，国务院颁布了一系列的推进依法行政、加强法治政府建设的文件，规定了法治政府建设的指导思想、原则和具体措施，为全面推进法治政府建设提供了政策依据。特别是在 2004 年，国务院发布《全面推进依法行政实施纲要》，首次提出用 10 年左右的时间基本建成法治政府。2015 年党中央、国务院发布《法治政府建设实施纲要（2015—2020）》，明确了法治政府的各项基本要求，将法治政府基本建成的时间定位在 2020 年。

其四，党的十八届四中全会作出全面推进依法治国的决定，对法治政府提出了基本要求，即加快建设职能科学、权责法定、执法严明、公开公正、廉洁高效、守法诚信的法治政府。《法治政府建设纲要 2015—2020》是依法治国新时代关于法治政府建设的最高、最权威的纲领性文件，对法治政府建设的指导思想、主要任务、具体措施、组织机制和保障机制进行了全面设计和规划，这一法治政府建设的规定，无疑对民族地区法治政府建设提出了新的要求。

民族地区政府治理的法治状况倒逼着法治政府建设的提速。当前，民族地区在改革、发展、转型的社会变革进程中，政府治理能力与法治政府的建成目标存在着一定的距离。在履行政府职能方面，全面依法履行职能面临诸多挑战。例如，如何进行产业结构调整，如何对市场依法、有效监管，如何实现与社会共治，如何克服公共服务供给的非均等化、权力配置的非均衡化，如何协同推进环境保护中的不同政策目标等。在社会治理方面，面对大量的社会矛盾，政府化解能力有待提高，与社会的协同治理需要理顺关系。在环境治理方面，缺乏有效的治理手段，环境执法效能偏低，政府的政策之间冲突需要协调。在民族宗教等公共事务的治理方面，治理方式有待改进。

观察民族地区政府的法治治理实践，在治理公共事务的过程中，不同程度地存在着行政权力行使不当、失范等现象，行政程序不透明、信息不公开的现象也广泛存在，行政不作为在不同的行政领域也有不同程度的表现，影响了政府的形象和公信力。民族地方政府运用权力的过程中的这些表现，不仅影响了社会对政府的信任、支持和配合，而且也使得政府对社会治理的行政效率降低，减低了政府的服务水平和服务能力。

所以，与其他普通地方政府一样，民族地方政府建设法治政府的政策压力和现实压力并存，促使其必须作出理论上和制度建设上的回应，从理论上，清楚阐释法治政府建设的规律和民族地区建设法治政府的特殊性，实践上找出问题和不足，明确法治政府建设的重点和难点，进一步明确改进和建设的方向。这两者共同构成民族地区法治政府建设的核心问题。

第一节 民族地区建设法治 政府的意义和基本要求

一、民族地区法治政府建设的治理意义

1. 法治政府建设有助于推进依法治国

全面推进依法治国总工程包括多项子工程，如立法领域的科学立法、民主立法建设；司法领域的公平司法和权威司法建设；执法领域的依法执法、文明执法和严格执法建设；执政领域的保证执政党在宪法和法律范围内活动、依法执政、民主执政、科学执政；守法领域的公职人员、领导干部信法、遵法、守法等。法治政府建设对于全面推进依法治国的作用包含着两个方面：一是法治政府建设对于全面推进依法治国总工程的作用；一是法治政府建设对于全面推进依法治国整体工程其他子工程的作用。在第一个方面，没有法治政府这项子工程建设，全面推进依法治国总工程就是残缺不全的，法治政府这项子工程建设不成功，全面推进依法治国总工程就不可能成功。第二个方面，法治政府建设具有促进和保障立法、司法、执法、执政、守法等子工程的作用。在立法方面，行政立法是国家立法体系的组成部分，不解决立法的民主性和科学性问题，建立良法体系就不可能。在司法方面，法治政府有助于排除行政机关对司法的干预，创造良好的司法环境，保障政府对司法的尊重。在执法方面，行政机关不文明、不严格、不公正执法和违法执法只有提高法治建设才能逐步消除，才能克服执法过程中的种种积弊和执法问题。在依法执政方面，法治化的执法有助于执行好党的路线、方针、政策，没有各级政

府的依法行政，党的依法执政就不能实现。在守法方面，政府守法对公民守法具有榜样、示范作用。同时，政府守法，才能充分保障公民权利，才能树立社会对法律的信任和尊重，构造法治社会的社会根基。最后，政府只有通过法治的方式才能实现对经济、文化、环境的有效治理，克服行政化的治理手段实现政府职能的法治化。

2. 法治政府建设有助于提升民族地方政府的治理能力

民族地区在国家的经济、社会、文化、民生和国家安全中有着特殊和重要的地位，民族地区政府的治理能力事关国家的团结、稳定、发展以及国家战略的推进，因此民族地区的政府治理能力强弱关系着国家的整体治理能力，关系着改革目标的实现，也关系着中华民族的伟大复兴。纵观我国民族地区治理70年的发展历史，经历了管制型治理、经济型治理和服务型治理三个阶段，但是在服务型治理阶段，法制的环境、法治的功能都尚未完全发挥出来，作为主要治理主体的政府，其法治治理能力有待提高，还无法满足市场化、信息化和多元化对治理法治化的需求，因此提高政府法治水平，可以提升政府的法治治理能力。

3. 民族地区法治政府建设是摆脱政府行政法治困境的需要

法治政府作为预期的理想化类型，设定了政府在法治方面的预定目标和基本要求，是对行政化政府、政策型政府的超越和提升，是对政府治理的权力运用过程进行改革和创新的预期目标。由于主客观条件的限制，民族地区政府治理的法治实践状态与标准之间存在着差距，理想与现实之间的差距正是推进法治政府建设的动力。观察民族地区政府的实践，归纳起来，法治政府建设在民族地区存在的问题主要表现在：（1）在民族干部队伍中，还没有完全建立起法治思维习惯，政策性思维仍然主导着各项工作的开展，行政化方式仍然是解决经济、发展问题、社会问题的主要工具，对法治方式的运用能力偏低。这突出表现在民族地区政府在解决社会纠纷方面，过于倚重经验、政策和其他非法律的方式解决问题，使国家的一些法律制度被虚置、架空。（2）在依法行政的制度建设方面，创新性不够，立法质量不高。例如，民族地区的行政立法中，普遍存在着重复国家立法的复制式立法，根据本地区实际情况进行的特色化工作明显不足，一定程度上表现出政府立法能力的不足，自治立法权的虚化。（3）依法科学、民主决策机制有待进一步完善。政府制定和执行决策是民族地方政府的重要治理方式，科学化、民主化的决策约束是避免决策失误的重要制度手段。在民族地区行政决策的非法治行为普遍存在，对决策议程的官僚主义确定、对决策目标的冒进主义设定、对行政方案的经验主义确定和形式主义选择都存在不少范例。① 对决策失误的监督、责任的追究都没有能够纳入法治的轨道，重大行政决策的制度约束和法律防控装置需要加强建设。（4）在政府信息公开方面，政府政务公开的理念比较保守，公开范围相对狭窄，公开方式相对落后，对社会公众关注的民生领域的政务公开需要进一步拓展。党的十八大四中全会对政务公开工作提出了新要求，国务院制定了《关于全面推进政务公开工作的意见》，明确了政务工作的重点工作：第一，将公众参与、专家论证、风险评估、合法性审查、集体讨论决定作为重大行政决策的法定程序；对涉及群众切身利益的改革方案和重大政策措施向社会公布。第二，行政执法公开。第三，政务服务公开。第四，结果公开。第五，重点领域信息公开。（5）在履行政府职能方面，存在着不到位、不作为、慢作为、乱作为等懒政、怠政现象，特别是对于经济发展上的等、靠、要心理比较固化，自我发展的能力和动力不足。履行职能过程中的显性和隐形违法广泛存在，因此也凸显出权力清单制度建设的必要性。（6）政府违法现象存在于各个领域，但是对行政权力的制约、监督方面还是存在不少问题，责任约束机制疲软。（7）行政执法方面，权责脱节现象存在，各

---

① 卢剑峰. 行政决策法治化研究［M］. 北京：光明日报出版社，2011：49－56.

个领域执法中的不规范、不严格、不透明、不文明现象一定程度上存在，问责机制的实施需要强化，执法体制需要进一步理顺。（8）民族地区的社会矛盾纠纷化解机制有待完善，特别是民族性纠纷的解决办法有待进一步创新。（9）民族地区法治队伍建设方面有待加强，执法队伍的素质和能力有待提升。（10）法治政府考评工作的规范化不高，形式化严重，民主化、科学性有待加强。民族地区所存在的这些问题，是加强法治政府建设的因由，更是加强建设的事实理据，同时也是设定民族地区法治政府建设目标和任务的出发点。

4. 法治政府建设是推进民族地区治理体系现代化的根本路径

通过法治政府推进现代化是现代化国家的有效经验。从世界现代化的发展历程来看，发达国家的政府都是高度法治化的政府，利用法治的方式解决了公民与政府、政府与市场、政府与社会之间的关系问题，保障经济、社会在法治轨道上运行是重要的经验。法治政府保证了政权更迭的稳定化，为现代化发展提供了稳定的社会环境；法治政府具有充分的民意基础和有充分的沟通渠道，能够使政府所代表的公共利益真正成为符合法律又符合民众要求的利益；法治政府尊重公民的权利和自由，不干涉公民的自治空间，易于为民众接受和支持；法治政府依法行使权力，政府行为具有预见性和可信赖性，便于社会的合理预期。法治政府的权力受到制约与监督，公民权利得到法律保障。国家的现代化建设与法治政府建设步伐一致，并且伴随着现代化的发展，政府管理体制和模式的日趋成熟，成为现代化建设的助推器。

改革开放以来，经过 40 多年的高速发展，我国经济实力迅速增强，现已成为世界第二大经济体。但是，随着近年来我国经济社会转型发展，公民意识迅速崛起，社会问题也随之而来。要全面解决经济社会转型发展中的各种问题，实现经济、政治、文化、社会和生态文明的协调发展必须依靠法治来引领、推动和规范。政府具有管理经济、社会、文化、科技、卫生等重要职能，在社会治理体系中居于核心地位。中国要实现现代化，迫切需要政府法治化，全面打造职能科学、权责法定、执法严明、公开公正、廉洁高效、守法诚信的法治政府，为现代化发展提供有力法治保障。第一，实现现代化，法治是基础，政府是关键。政府作为现代化建设的组织者和推动者，只有严格做到依法行政，在法律的规范下开展工作，才能保证决策科学、行为规范、运转协调，统筹好经济、政治、文化、社会和生态文明建设。第二，加快推进法治政府建设是维护社会和谐稳定的迫切需要。面对社会利益多元化和矛盾复杂化的挑战，只有依法调节各种利益关系，使政府和社会成员依法行使权力、享受权利、承担责任、履行义务，才能使各种社会矛盾纠纷及时得到依法有效化解。第三，加快推进法治政府建设是防止腐败的迫切需要。只有依法规范和约束行政权力，用法律管权、管事、管人，才能从根本上有效遏制消极腐败现象，防止以权谋私，真正做到把权力关进"笼子里"。

实现公平正义是现代化建设的价值目标追求，也是法治政府建设的内在要求。加快建设法治政府，完善依法行政的制度体系，实现严格规范公正文明执法，强化对行政权力的制约监督，保证依法全面履行政府职能，有利于促进社会成员依法享有权利、行使权利、履行义务、承担责任，从而推动在全社会实现公平正义，加快推进现代化建设，全面实现现代化公平正义的价值目标追求。

现代化的一个重要标志是国家和社会治理体系和治理能力的现代化。一方面要求政府在法治化轨道上行使权力，防止权力任意扩张，行政行为的主体、权限、依据和程序都要严格遵守法律法规，做到不越权、不滥权。另一方面要求政府全面履行法定职能，经济调节、市场监管、社会管理和公共服务等方面职能都要履行到位，做到不缺位、不失职，为实现现代化提供有力的法治保障。

二、法治政府的衡量标准

1. 价值标准

法治政府属于政治现代化的范畴，政治现代化建构是包括政府变迁在内的政治发展的一般模型。因此，从根本意义上讲，法治政府是指传统政府向现代政府的历史性变迁，其实质是从人治型的价值规范体系向法治型的价值规范体系的转变。这一历史转型的基本目标，就是坚持和实行依法行政，建设社会主义法治政府。我国是中国共产党领导下的社会主义国家，我们所走的法治道路是具有中国特色的社会主义法治道路；我们所要建立的法治政府，是在共产党的领导下，实行社会主义制度和人民当家做主条件下的法治政府，有其特定内涵与要求。按照中国特色社会主义对法治政府的要求和规定，社会主义的法治政府与资本主义的法治政府在价值目标上是不同的，是否体现这些价值目标，是两者的本质性区别。对社会主义法治政府的判断，不同的学者提出的价值标准或者理论标准有所差别，但是大同小异。

江必新认为①，不同国别法治政府的内涵是不同的，不能把所有的积极价值都纳入法治政府的范围，当今中国法治政府的内涵包括 12 个方面，即（1）民意政府，按照人民的意志进行公共行政管理。（2）维权政府，即是维护公民、法人和其他合法组织合法权益的政府。（3）有限政府，政府的权力是有限的，核心是限制政府的权力。（4）履责政府，强调政府必须履行自己的职责，承担起政府的义务。（5）规则政府，也即是按照规则来进行行政管理，保持政府治理的可预测性和安定性。（6）透明政府，这主要是指政府行为公开，确保社会对政府的知情和了解。（7）公平政府，包括公平分配利益和幸福，平等对待公民和社

---

① 江必新. 法治政府的制度逻辑与理性构建 [M]. 北京：中国法制出版社，2014：8.

会。（8）诚信政府，也即是政府要诚实守信，对政府行为负责。（9）廉洁政府。（10）瘦身政府。（11）高效政府。（12）责任政府。杜飞进认为，法治政府的衡量标准可以界定为四个方面，即权从法出是法治政府的根本，依法行政是法治政府的核心，服务、参与、诚信是法治政府的生命线，行政救济是法治政府的要义，不符合其中的任何一条，都不是真正的法治政府。① 马怀德教授对法治政府的标准提出的观点是：法治政府的标准就是对法治政府的基本要求，达到这些要求就是法治政府。② 他们所建立起来的复杂的评价体系是对这些要求的进一步细化。他们提出的法治政府的基本要求有八个方面：（1）实现政府机构和职能法定。（2）建设服务型政府。（3）行政立法法治化。（4）行政决策法治化。（5）行政决策规范化。（6）政府信息公开。（7）实现监督与问责法治化。（8）畅通解决行政争议的渠道。③

综合学者对法治政府所提出的理论标准，大体上是趋同的，对法治政府的核心要义的把握基本一致，特别是 2004 年的国务院文件的发布和 2015 年中共中央、国务院联合颁发并要求各地执行落实《法治政府建设实施纲要（2015—2020）》以后，对法治政府的评价标准和衡量已经具有高度的一致性。因此，从法治政府建设过程来看，法治政府标准的理论讨论已经转向为对政策标准的理解和实施上来了。

2. 政策标准

关于法治政府的政策标准，姜明安教授进行了政策解读，他认为，党的十八届四中全会的决定，实际上就是从国家层面上确定了当代中国法治政府建设的新标准。根据决定，法治政府的新标准应该包括：

---

① 杜飞进. 论法治政府的标准［J］. 学习与探索，2013（6）：1 – 13.

② 马怀德. 行政法前沿问题研究：中国特色社会主义法治政府论要［M］. 北京：中国政法大学出版社，2018：前言.

③ 马怀德. 行政法前沿问题研究：中国特色社会主义法治政府论要［M］. 北京：中国政法大学出版社，2018：7.

（1）职能科学。基本要求是政府职权配置科学、结构合理、运转协调。政府与市场、政府与社会的关系基本理顺，政府职能基本到位。职能科学，要求政府职能的设定应正确处理三大关系：正确处理政府和市场的关系，要保证市场在资源配置中起决定性作用；正确处理政府和社会的关系，政府应尽量不予干预，以调动社会公众的积极性和激发社会的活力；正确处理政府内部的关系，包括上下级政府的纵向关系和政府部门间的横向关系。在纵向关系上要科学配置上下级政府的职能，使之既保证上级政府对下级政府的有效领导，又有利于推进政府管理重心下移，充分发挥基层政府的治理作用；在横向关系上，要协调好各部门的相互关系，稳步推进"大部制"改革，以减少相互扯皮、相互掣肘的现象，发挥政府的整体效用。

（2）权责法定。基本要求是政府及其部门依法取得行政权力，履行行政决策和经济、文化、社会、生态管理等职责于法有据。行政机关违法或者不当行使职权，应当承担法律责任。权责法定要求用法律明确规定政府的职权和职责。权责法定的宗旨在于保障政府不越位、不错位、不缺位。

（3）执法严明。基本要求是行政执法部门严格规范公正文明执法，法律、法规、规章得到严格实施，违法行为得到及时查处和制裁，公民、法人和其他组织的合法权益得到切实保护。执法严明要求政府严格执法。当然，执法严明并不等于执法只能有刚性而不能有柔性，而是刚柔并举。

（4）公开公正。基本要求是行政行为公开透明，人民群众的知情权、参与权、监督权得到切实保障。政府及其部门公正对待公民、法人和其他组织，行政管理措施和手段必要适当。公开公正包括公开和公正两项要求。公开是法律对政府行政行为程序的要求，公正主要是法律对政府行政行为实体的要求，公正要求政府实施行政行为不得偏私，不得歧视。公正也有程序性要素，要求政府实施行政行为时应告知相对人行为的根据、理由，听取相对人申辩，政府官员与所实施的相应行为有利害关系应当回避等。公开与公正二者有着密切的联系：公开是公正的保障，公正是公开追求的最主要价值。

（5）廉洁高效。基本要求是行政权力得到有效制约和监督，行政机关及其工作人员廉洁行政。政府行政管理方式更加科学，服务效率显著提高。廉洁高效包括廉洁和高效两项要求。廉洁要求政府机关和政府官员行使职权不谋私利，不贪腐。高效要求政府机关和政府官员行使职权应遵守法定时限，积极履行法定职责，提高办事效率，提供优质服务。

（6）守法诚信。基本要求是政府自觉在宪法法律范围内活动，在法治轨道上推进各项工作。守法诚信包括守法和诚信两项要求。守法要求政府机关和政府官员不仅应依法行使职权，依法对相对人执法，而且应自己守法。凡是法律对政府机关和政府官员设定的义务、规则，均应自觉严格履行遵守。诚信首先要求政府机关和政府官员行使职权应遵循法律的目的、宗旨，善意对待相对人，对相对人讲信用。诚信还要求政府机关和政府官员行使职权遵守信赖保护原则，如果因为法律法规修改、客观情况变化、公共利益需要，政府必须改变其行为或承诺，则应当给因此受到损失的相对人予以公正的补偿。

2015 年，中共中央、国务院印发了《法治政府建设实施纲要（2015—2020 年）》，重申了法治政府的六项标准，并对如何达到、实现法治政府建设的标准提出了主要任务和具体措施，通过这些机制来达到目标的实现。

（1）依法全面履行政府职能。其实施机制是深化行政审批制度改革，大力推行权力清单、责任清单、负面清单制度并动态管理、优化政府组织结构，完善宏观调控，加强市场监管，优化公共服务，强化生态环境保护。通过这些措施的落实，理顺政府与市场、政府与社会的关系，转变政府职能，全面达到宏观调控、市场监管、社会管理、公共服务、环境保护五项职责的履行。

（2）完善依法行政的制度体系。其措施包括完善政府立法体制机制、加强重点领域立法，提高政府立法公众参与度、加强规范性文件监督管理，建立行政法规、规章和规范性文件清理长效机制，通过这些机制建设构建系统完备、科学规范、运行有效的依法行政制度体系。

（3）推进行政决策科学化、民主化和法治化。具体措施是健全依法决策机制，增强公众参与实效，提高专家论证和风险评估质量，加强合法性审查，坚持集体讨论决定，严格责任追究。通过这些措施保障行政决策制度科学、程序正当、过程公开、质量提高，违法、不当、拖延决策明显减少并即时纠正，提高行政决策的公信力和执行力。

（4）坚持严格规范公正文明执法。《法治政府建设实施纲要（2015—2020）》规定的措施是改革行政执法体制，完善行政执法程序，创新行政执法方式，全面落实行政执法责任制，健全行政执法人员管理制度，加强行政执法保障。通过这些举措健全行政执法体制达到权责统一、权威高效，法律法规规章得到严格实施，违法行为得到查处和制裁，对行政执法的满意度显著提高。

（5）强化行政权力的监督和制约。实施措施包括健全行政权力运行制约和监督体系，自觉接受党内监督、人大监督、民主监督、司法监督，加强行政监督和审计监督，完善社会监督和舆论监督，全面推行政务公开，完善纠错问责制。

（6）依法有效化解社会矛盾纠纷。主要举措是健全依法化解纠纷机制，加强行政复议工作，完善行政调解、裁决、仲裁制度，加强人民调解工作，改善信访工作制度。提高这些措施构造多元化矛盾纠纷解决机制，使行政机关在预防解决行政纠纷、民事纠纷中的作用充分发挥。

（7）全面提高政府工作人员法治思维和依法行政能力。具体措施是树立重视法治素养和法治的用人导向，加强对政府工作人员的法治教育培训，完善政府工作人员法治能力考查测试制度，注重通过法治实践提高政府工作人员法治思维和依法行政能力。这些措施的目的是使政府工作人员树立基本法治理念，恪守依法行政基本要求，做法治模范，实现法治思维能力和依法行政能力明显提高。

三、民族地区实施法治政府建设标准的特殊性

法治政府的建设标准是国家根据一般情况设定的基本要求，目的是统一法治政府建设的尺度和要求，便于各级政府、各个部门统一实行。但是，统一性的弊端在于忽视了民族地区在历史、政府人员组成、治理对象以及政府环境等存在的差异性，如果按照统一标准对民族的政府进行比照和衡量，有可能得出不太科学的评价结论，对民族地方政府的绩效评估也可能不太客观公平合理，进而挫伤民族地区建设法治政府的积极性。因此，在展开法治政府的评估过程中，加入民族地区考评需要考虑的合理元素是必要的。

结合民族地区政府治理的实际情况和国家对法治政府设定的政策标准，我们认为民族地区法治政府的评价体系中，应该考虑如下特殊性：（1）在依法全面履行政府职能方面，增加经济发展职能、创新社会治理职能、优化公共服务职能等方面的权重，边疆民族地区政府在维护公共安全和边疆安全方面的职能、发展经济解决区域发展不平衡和治理贫困等方面的职能、培育市场的职能等方面都比一般地方政府承担更多、更重的职责。（2）在完善依法行政的制度体系方面，民族地区的政府立法、自治立法是实现自治权的主要形式，因此其重要性需要特别强调。特别是自治立法，一方面是自治权的实现方式，另一方面是特殊性的地方立法，技术要求和法律要求都高于一般的地方立法，因此应当提高自治立法的权重。（3）在推进决策科学化、民主化和法治化方面，应该对政府决策的社会风险、政治风险评估质量的考量，避免行政

决策引发民族地区的社会风险事件。（4）在坚持严格规范公正文明执法方面，需要增加对民族法律、法规、规章的执行质量的考核，加强对民族法执行质量的考评。（5）在强化对行政权力的制约和监督方面，突出政府对民族权利保护实效的考核权重。在权力监督方面，应使地方人大对政府落实民族区域自治法的监督活动常规化。（6）在依法有效化解社会矛盾纠纷方面，强调和提升政府解决民族纠纷机制建设和能力的考核比重，特别是对民族地区的群体性突发性事件的预警处置能力的考查评估。（7）在全面提高政府工作人员法治思维和依法行政能力方面，加强对民族干部的法律能力培训的考核、民族法治干部的任用情况的评估。（8）在法治政府建设的组织保障方面，重点考核民族地区基层党组织的建设情况，考核民族地区的执法检查和法律监督工作的开展情况。总之，对民族地区法治政府建设的考评，既要按照一般的标准又要考量民族地区的实际情况，将民族地区政府的特殊性予以充分考量。

第二节　民族地方法治政府建设的实践与检视

按照《法治政府建设实施纲要（2015—2020）》的设计，我国法治政府建设是从7个方面来实施、推进的：（1）依法全面履行政府职能；（2）完善依法行政的制度体系；（3）推进行政决策科学化、民主化和法治化；（4）坚持严格规范公正文明执法；（5）强化对行政权力的制约和监督；（6）依法有效化解社会矛盾纠纷；（7）全面提高政府工作人员法治思维和依法行政能力。围绕这7个方面，该实施纲要规定了44项具体措施。为了保障这些实施机制的全面实现，该纲要特别规定了组织保障措施，从加强党的领导和强化工作责任等方面为法治政府建设提供组织保障。

民族地方建设法治政府的过程就是落实这些实施机制的过程，也是这些实施机制在实践中实现的过程。能否全面落实这些具体措施，直接决定着民族地区法治政府建设所达到的水平，也是我们评判民族地区是否基本实现法治政府建设目标的依据。按照党的十八大所确定的 2020 年全面建成小康社会、法治政府基本建成的目标，民族地区政府需要按照这些具体措施来逐项对照，发现存在的问题，有针对性地加以解决和完善。

如何考评法治政府建设的绩效，如何判定民族地区法治政府建设的现状与标准之间的差距，法治政府评估实践中存在三种模式。第一种模式，科学研究机构自主独立进行的法治政府建设绩效评估，如中国政法大学法治政府研究院持续展开的法治政府建设评估报告、上海市社会科学创新研究基地开展的服务型政府评估、上海市推进法治政府建设评估、杭州市法治政府建设评估报告、重庆市法治政府建设评估报告等，这个模式具有中立性、客观公正性，但是评估材料来源的全面性、真实性有限，影响评估的科学性。第二种模式，是政府的法治政府建设自评报告。由各级政府法制工作部门或者政府职能工作部门提供，这种评估具有信息直接、符合本地实际情况、结合部门工作紧密等优点，但是也存在着突显成绩、掩盖问题的弊端，评估的片面性显而易见，社会公信力不高。第三种模式，是以社会观察员、法治研究者以及公共政策研究者个人立场，对法治政府建设的总体和个别领域进行的独立评估，其优点在于评价客观性、针对性比较强，但是，个人的相对主观性容易对评价形成偏向性。

受研究条件和研究能力的限制，我们不能对民族地区法治政府建设的情况进行全景性的评估和描述，而只能借鉴、引用前三种评估模式所形成的成果，加上对政府某些领域的执法观察和体会，对民族地区法治政府建设做些素描式的检视。

一、民族地区法治政府建设中的特色

改革开放以来，特别是党的十八大以来，随着民族地方经济社会的发展和市场经济体制的逐步建立，民族地区在行政体制改革中提出了一系列加快政府职能转变和构建法治政府的举措，在实践中根据民族地区的情况进行大胆探索，取得了较大成效，构筑了具有民族区域特点的法治政府。总结民族地区法治政府建设40多年的过程，笔者认为有几个明显的民族区域特色：（1）对民族地区政府职能的定位准确，依法行使职能从实际出发，突出经济发展、培育市场重点职能，创新社会治理，把民生领域的公共服务建设摆在关键位置。围绕着政府职能的定位，法治建设的重点转移到了维护社会稳定、改善民生领域上来，生态环境保护受到高度重视，生态环境领域的民族地方立法成为立法的增长点，在环境治理方面的职能履行成绩显著。（2）民族地方的自治立法与地方立法，为了构建民族和谐关系，实现了从政策调整向依法调整转型。自治立法主要通过制定自治条例、单行条例和变通规定来推进，民族地区政府能够根据本地区的实际情况制定自治条例和单行条例，这些自治立法，契合民族地区的生产方式、生活方式、宗教信仰，也结合经济社会发展情况，具有明显的自治地区特色，为落实民族区域自治权提供了法律保障。在结合民族地区特色的地方立法方面，所制定的促进民族团结进步条例、清真食品管理条例、宗教事务条例实施办法、民族教育条例、民族地方特色产业发展与保护条例、慈善事业发展促进条例等，这些地方立法紧贴民族地区实际情况①，有效地推进了民族事务的法治治理绩效。（3）民族地区政府在推行文化教育、医疗卫生、传统资源保护、环境保护、公用事业等重大民生决策事项上，广

---

① 张静，李率，刘阳. 民族地方立法实证研究 [M]. 北京：中国政法大学出版社，2015：49 – 59.

泛采取民意调查制度，运用群众性的工作方法调动公众的决策参与积极性，同时辅之以现代媒体传播方式传播政府决策信息，建设与公众沟通平台，推进决策过程的公众参与度，提高实效性。（4）在民族地区，民族法律法规、民族政策的执行既是行政执法的重点也是难点，根据民族地区的实际情况创新执法方式，是各民族地方政府探索的重点，其中形成了不少有效的实践经验，创新了执法方式。（5）在强化对行政权力的监督方面，民族地区形成了以《民族区域自治法》实施检查监督、民族政策专项任务检查的富有特色的监督形式，有效推进民族地方政府落实少数民族自治权的政策执行水平。（6）创造性地解决了民族地区的社会矛盾、社会纠纷，将民族地区有效的传统治理资源与现代纠纷解决机制进行整合，化解民族矛盾和社会纠纷。（7）重视民族地区干部的法治素质和能力培养，将民族团结教育与法治教育相结合，以培养民族干部的民族政策运用能力、民族事务法律解决能力为重点进行民族干部的培养教育，建立起有效的民族干部培养、提拔、任用和考评的机制体系，从组织上保障了民族地方政府的高效运行。

二、民族地区法治政府建设中存在的主要问题

民族地方的法治政府建设经过 40 多年的努力和奋斗，取得的成效有目共睹、有口皆碑，所取得的成就表明了民族地方政府的现代化进程得到进一步推进，政府治理能力进一步提升，依法治理民族地区的道路是正确成功的。但是，由于民族地方政府建设的传统制约因素比较多，民族地区法治基础相对比较脆弱，影响法治政府建设的因素复杂、多样，因此法治政府政府建设的成效与政策预期比较，仍然有不短的距离。法治政府建设的总体水平有待提高，区域差异比较明显，各个领域的发展不均衡，公众

对法治政府建设的满意度偏低。① 因此加快民族地区法治政府建设，仍然需要从存在的问题入手，有的放矢，重点突破，增强建设的力度。民族地区在法治政府建设方面存在的主要问题分述如下。

1. 关于依法全面履行政府职能

（1）行政审批制度方面。政务服务中心未能发挥优化环境、促进发展的作用；审批效率低，放权不到位，事后缺乏监督。（2）权力清单、责任清单制度建设方面，存在着权力清单意识不足，权力清单清理不彻底，权限划分不统一，权力清单公示平台不规范，清单责任主体与权责边界不清晰，动态调整约束机制不完善等问题。（3）环境保护职责履行方面存在以下问题：第一，执法不严。受经济发展落后的客观影响，"重经济发展，轻环境保护"的观念在人们的思想中依然存在，有些行政部门为了发展经济，往往以提高办事效率为由不执行环境法律规定，干扰了环保行政执法部门的正常执法工作，致使环保部门难以严格执法。第二，环境行政执法的专业人员缺乏，环境行政执法力量薄弱。（4）政府基本服务建设的标准化方面，标准化、均等化和法治化不足。

2. 完善依法行政的制度体系方面

（1）民族地方政府在制定地方政策、规章和规范性文件时，多采取各类听证会的参与方式，但政府让公民参与听证会的目的只是为了了解公民的不同意见，及支持与否的理由，供政府作为参考的依据，没有或基本没有公布政府的最后决策依据和决策理由，没有公布公民的意见是否被采纳以及采纳或不采纳的事实理由和法律理由，影响了公民参与听证的积极性。（2）民族地方政府立法在程序约束方面，存在着轻视现象，不重视立法后评估制度，对不适应地方经济社会发展的法规规章的废、改工作不及

---

① 马怀德. 我国法治政府建设现状观察：成就与挑战［J］. 中国行政管理，2014（6）：18－22.

时。(3) 自治立法、环境、教育、卫生、文化等在民族地区应该作为重点立法的领域，并且需要加强立法的强度。

3. 推进行政决策科学化、民主化和法治化方面

(1) 与重大行政决策相关的立法位阶普遍不高，多为地方政府规范性文件，自由裁量的空间较大，拘束力有限。(2) 公众参与的程度有限，实践中普遍存在着公众参与决策的渠道不畅、政府对多元利益诉求回应迟缓、与公众之间存在结构性张力、参与意见对决策影响不大，消弥了公众参与的热情与动力等问题。(3) 重大行政决策公开性不足。(4) 重大行政决策的责任追究制度运行不畅。

4. 坚持严格规范公正文明执法方面

民族地区政府在执法领域，执法水平有较大提高。(1) 依法行政意识不强，一些领导干部对依法行政存在着讲起来重要、干起来不要的问题，习惯运用人治思维来解决问题。一些干部执法理念陈旧，重罚轻教、以罚代管，缺乏以人为本和执法为民的意识，曲解法律、滥用自由裁量权。(2) 执法质量有待改善。(3) 执法体制不顺畅。(4) 执法队伍数量不足。(4) 执法保障不力。

5. 强化对行政权力的制约和监督方面

(1) 违法行政责任的追究制度没有落到实处。民族地方政府的各行政执法部门虽在行政执法方式变革中全面推行了行政执法责任制，但尚未真正实行保障严格执法的违法行政责任追究制。行政执法责任追究基本上是依靠本部门或本系统的自查自纠，各系统和行政执法部门多将重点及精力放在政务公开和行政执法的过程之中，对自查自纠方面的监督工作不力，加之部门利益和人情关系因素，客观上使对一些违法行政责任的追究流于形式。(2) 对违法行政责任人的处罚力度不够、处罚的方式多集中在批评教育，停职检查、调离岗位等方面。对引起国家行政赔偿的案件，因行政执法部门的赔偿款均来源于地方财政预算款项，行政

执法部门在赔偿后没有依法行使对有故意或重大过失工作人员的行政追偿权，减轻了行政执法人员的执法压力和责任心。

6. 依法有效化解社会矛盾纠纷方面

（1）行政复议和行政应诉工作中存在的问题主要表现为政府法制办公室挂在政府办公室名下，职责不清；法制办公室人员少，未达到复议办案人数，复议质量不高。（2）在行政调解方面，联调联动机制有待健全完善。各种调解资源之间的信息联通、纠纷联排、力量联动、矛盾联调的机制还有待进一步完善，村级调解工作薄弱。（3）基层信访工作存在的问题。基层信访机构权轻责重，信访处理效率与能力都不高。县级以上信访工作受理的案件中，部分为越级信访，通常这部分信访会再次转交到县区级信访机构，这也加大了基层信访机构的工作量，且超出了其承受能力。基层信访机构还存在效率低的问题，基层信访机构解决问题的能力有限。

7. 全面提高政府工作人员法治思维和依法行政能力方面

（1）民族地方一些干部，法治观念淡薄，又缺乏运用法治思维处理和化解矛盾、维护稳定的能力，对于一些涉宗教涉民族的问题，不能坚持依法依规处理，有的为了化解一时的矛盾，息事宁人，打着维护民族团结和维护宗教和谐的旗号，在实际的工作中不讲原则，不计后果，过度放纵。（2）民族宗教工作复杂敏感，政策性强，在法律界限与尺度的把握上比较困难，使得一些民族宗教领域的矛盾纠纷处理起来较为棘手，这些客观因素造成一些基层干部对民族宗教事务过度敏感，出现了"不敢管""不会管""不想管"等情况，遇事要么"躲着走"，要么"推着看"。但是对于那些只是发生在少数民族和信教群众身上的一般民事矛盾纠纷，应当积极地从法治的角度依法处理。"脱敏"的最好途径就是依法办事，在宪法和法律的规范下，使人人享有平等、公正和自由的权利，只有这样才能真正维护民族团结。（3）民族地方政府在政务公开、改革行政执法方式以来，政府权力本位的观念和传统开始有所转变，公民权利本位的意识已逐步得到了政府及其工作人员的认同。但是，毕竟少数民族地区长期受封建思想的影响较深，强制命令式的行政方式习惯仍在存续，要使人们特别是政府行政工作人员仅通过几年的政府公开等行政执法方式的变革实践，就在思想上真正树立起公民"权利本位"和政府"权力有限"的观念，是极不现实的。

第三节　民族地区法治政府建设的几个重点与难点问题

民族地区的法治政府建设与一般地方存在共性问题，也存在个性化问题。但是由于全面推进法治政府建设是一个系统性工程和长期性的任务，牵涉方方面面，因此民族地区要深入推进法治政府建设工作，需要按照全面推进依法行政的基本要求，对照法治政府的建设标准，根据民族地区的实际，确定法治政府建设的重点和难点。"重点"是指民族地区法治政府建设中比较薄弱需要进一步加强建设的环节，例如，依法行政的制度体系建设、行政执法领域的体制和执法质量问题、民族地区社会矛盾和纠纷化解的能力建设问题、对行政权力的约束和监督问题等。这些问题之所以成为重点，一方面是建设难度比较大、阻力多、见效慢，另一方面是这些领域的建设直接影响着法治政府的建设指标的实现，直接反映法治政府的建设质量和水平。"难点"是指受各种主客观条件影响，法治建设难以深入和突破的领域，例如，依法全面履行职能与相关的法治建设、行政执法中的各种顽疾的治理就属于法治政府建设中的难点。强化民族地区法治政府重点领域的建设，实现战略上的突破，就有可能推动重点问题的解决，进而达到建成民族地方法治政府的目标。基于这个思路，本节对民族地区法治政府建设的重点、难点问题进行初步的分析思考，并提出基本的对策性建议。

一、依法全面履行政府职能与民族地方政府的法治建设任务

2015 年的《法治政府建设实施纲要（2015—2020 年）》指出："依法全面履行政府职能的目标在于，牢固树立创新、协调、绿色、开放、共享的发展理念，坚持政企分开、政资分开、政事分开、政社分开，简政放权、放管结合，优化服务，政府与市场、政府与社会的关系基本理顺，政府职能确实转变，宏观调控、市场监管、社会管理、公共服务、环境保护等权责依法全面履行。"在此之前的党的十八届四中全会在《中共中央关于全面推进依法治国若干重大问题的决定》中也对全面履行职责作出规定："各级政府必须在党的领导下，在法治轨道上开展工作，创新执法体制，完善执法程序，推进综合执法，严格执法责任，建立权责统一、权威高效的依法行政体制，加快建设职能科学、权责法定、执法严明、公开公正、廉洁高效、守法诚信的法治政府。"中国依法全面履行职能的核心在于依法重塑政府职能，实现政府机构、职能、权限、程序、责任的法定化，妥善应对全面深化改革过程中的各种问题。

民族地方政府要建成法治政府，首要的衡量标准就是是否全面、依法履行政府职能。全面依法履行政府职能中的全面是对全能政府的扬弃，是对全能政府的自我限缩，是建立在权责明确、权责清单规约下的全面，也是在政府、社会和市场明确分工基础上的全面。① 依法就是指将政府履行职能的全过程纳入法治的轨

---

① 马怀德. 行政法前沿问题研究：中国特色社会主义法治政府论要［M］. 北京：中国政法大学出版社，2018：67.

道上，通过行政组织法、程序法、责任法的建设和完善，抑制和堵却权力的滥用、误用、不用等权力运用无序状态，优化政府权力运用的方式和理念，实现对市场的有效监管，并通过法治达到对社会的有效治理、公共服务的均衡化和环境保护职能的落实。依法是全面履行职能的依据、范围和保障，全面履行职能是依法履职的内容和要求。① 转变政府职能就是确保政府在法治的轨道上履行职责，完成公共事务，又提升治理绩效、公共管理和服务水平。强调转变政府职能，主要是解决政府、市场和社会的关系，明确政府应该做什么、不应该做什么、怎么做的问题，核心问题是解决放、管、服的问题。按照该决定的部署，依法全面履行政府职能，就要完善行政组织和行政程序方面的法律制度，推进机构、职能、权限、程序、责任法定化。行政机关要坚持法定职责必须为法无授权不可为，勇于负责，敢于担当，坚决纠正不作为、乱作为，坚决克服懒政、怠政，坚决惩处失职、渎职。推行权力清单制度，坚决消除权力寻租设租空间。《法治政府建设实施纲要（2015—2020年）》对如何推进依法全面履行职能作出规定，要求从八个方面加强建设，即第一，深化行政审批制度改革；第二，大力推行权力清单、责任清单、负面清单制度并实现动态管理；第三，优化政府组织结构；第四，完善宏观调控；第五，加强市场监管；第六，创新社会治理；第七，优化公共服务；第八，强化生态环境保护。通过这八个方面的具体工作布置和落实，实现依法履行政府职能的建设目标。

民族地方政府在依法全面履行政府职能方面，与普通地方政府一样面临着上述八个领域方面的共性问题，同时也有基于民族地区的特殊性而凸显的问题，例如，在权限法定方面，中央政府与民族地方政府的职权关系虽然有宪法的原则规定，但是具体的事权划分仍不明晰；中央和上级国家机关的帮助职责虽然有原则

---

① 马怀德. 行政法前沿问题研究：中国特色社会主义法治政府论要［M］. 北京：中国政法大学出版社，2018：67.

性规定，但是具体的履行权责方式确定性并不高，财政转移支付的制度性约束比较弱，政策性的调整弱化了履行职责的规范性约束。在市场监管方面，有的政府部门不注重政府监管的规律，放权与管制之间存在脱节，放给市场、社会的职权缺乏有效的承接，导致不规范的市场行为缺乏有效的监管。政府在监管过程中，也程度不同的存在着执法边界不清、执法协调不够等情况，制约着市场的监管效率。在社会治理方面，政府与社会的合作规制遭遇社会自我规制能力不足的问题，导致共同规制的效果并不理想。在政府的公共服务方面，权力配置的非均衡性和服务供给的非均等性问题突出①；在履行生态环境保护职能方面，存在着发展经济和保护环境在政策目标上的冲突，存在着资源开发利用与法律保护的不协调，在生态修复、环境污染责任追究和环境损害的赔偿、补偿方面存在的问题不少，迫切需要加强建设。总之，虽然民族地方政府在全面依法履行职能方面作出了巨大的努力，也取得了不菲的成绩，但是实践中反映出来的问题仍然不容忽视，需要高度重视，加强法治建设。

（一）中央政府与民族地方政府关系的法治化

中央政府与民族地方政府的关系是我国宪法制度的重要内容，是解决民族地方政府全面履行政府职能的基本问题，其关系涉及两者的政治关系、经济关系、财政关系、行政管理关系等方面②，内容上涉及中央与地方的职权划分、中央与地方政府组织结构、中央对地方监控和中央与地方合作等几个问题。但是，从依法全面履行政府职能的角度看，应重点解决：（1）中央与民族地方政府事权关系的合理界分：（2）上级国家机关履行法定职责

① 马怀德. 行政法前沿问题研究：中国特色社会主义法治政府论要［M］. 北京：中国政法大学出版社，2018：67.
② 张千帆. 国家主权与地方自治：中央与地方关系的法治化［M］. 北京：中国民主法制出版社，2012：1.

问题；（3）中央政府对民族地方政府的监督控制问题。

1. 中央与民族地方政府事权关系的合理界分

我国的国家结构形式的特点使中国的地方分权有自己的特点。[①] 中国的地方分权既包括中央与一般地方行政区域的分权，又包括中央与民族自治地方和特别行政区的分权。根据宪法和有关法律的规定，一般地方的各级国家权力机关有权讨论、决定本行政区域内重大事项（省级和较大的市还可立法）；宪法和法律规定特别行政区在立法、行政、司法等方面享有高度自治。我国中央与地方职权的划分，从范围上看，主要涉及以下两个领域：（1）立法领域的分权。根据宪法的规定，全国人大有权修改宪法，制定和修改基本法律；全国人大常委会有权解释宪法，监督宪法的实施，有权制定和修改除应由全国人大制定的法律以外的其他法律，并在全国人大闭会期间对全国人大制定的法律进行部分补充和修改（但是不得同该法律的基本原则相抵触）。依照地方组织法和立法法的规定，省级（和较大的市）的人大及其常委会根据本行政区域的具体情况和实际需要，在不同宪法、法律、行政法规相抵触的前提下，可以制定地方性法规。民族自治地方的自治机关有权依照当地民族的政治、经济和文化和特点，制定自治条例和单行条例，报请批准后施行。（2）行政领域的分权。我国宪法规定，国务院是最高国家行政机关，并由国务院"统一领导全国各级国家行政机关的工作，规定中央和省、自治区、直辖市的国家行政机关的职权的具体划分"。地方组织法规定，县级以上的地方政府管理本行政区域内的行政工作。按照宪法与地方组织法的规定，中央政府与地方政府的权力关系是明确的，但是中央政府与地方政府之间的事权的分配关系法治化程度是不高的，这导致政府间的支出责任随意性地下放，而下级政府财政负担不断加重，形成地方债务的膨胀。因此通过法治明确中央事权

---

① 吴帅. 分权、制约与协调：我国纵向府际权力关系研究［D］. 杭州：浙江大学，2011：73.

与地方事权的范围以及支出责任是中央和地方政府关系的关键点。

合理地界分中央和民族地方职责权限，应当依据以下原则。

首先，应遵循在中央统一领导下，充分发挥民族地方积极性和主动性的宪法原则，本着既要加强中央的宏观调控、确保中央政令统一，又要增强地方活力，同时有利于建立统一的全国市场、有利于中央宏观经济调控与省级政府宏观经济调节的建立和完善的精神，科学、合理地划分中央与地方的事权。行政、司法、经贸、教科文卫体等，则由中央政府与地方政府共同负责、分级管理；税收等宏观调控权，可采取中央政府与地方政府划分权限和重叠行使相结合的办法；审计、监察、统计、国家安全等部门则实行中央与地方双重领导，业务上以中央有关部门领导为主的体制。① 其次，要按照中央与地方政府的事权划分，合理确定中央与地方的财权和对国有资产的管理权。一是进一步规范中央地方的分配关系，逐步建立和完善规范的中央财政对地方财政的转移支付制度；二是要在坚持国家所有的前提下，通过制定法律法规，建立中央政府和地方政府分别代表国家履行出资人职责，享有所有者权益。最后，进一步明确中央政府事权的范围。具体来说：（1）领导或管理事务涉及的地域范围。凡事务的领导或管理、实施涉及全国或数省、自治区、直辖市者，应由中央负责。（2）行政机关领导或管理事务的能力。凡事务的举办或管理需要大量人、财、物者，应归属中央负责。（3）行政机关的职能。根据职能和权限相一致的原则，地方政府在法律规定的职能范围内，应有相应的职权。（4）事务本身的重要性。凡事务在国家生活中有重大影响者，归属中央管理，其余划归地方管理，如国务院批准省、自治区、直辖市的区域划分，批准自治州、县、自治县、市的建置和区域划分，而省、直辖市政府决定乡、民族乡、镇的建置和区域划分。

---

① 胡书东. 经济发展中的中央与地方关系：中国财政制度变迁研究［M］. 上海：上海人民出版社，2001：4.

2. 上级国家机关对民族地方履行法定职责的问题

我国《民族区域自治法》第六章专章规定，上级国家机关应当帮助、指导民族自治地方经济发展战略的研究、制定和实施，从财政、金融、物质、技术和人才等方面帮助各民族自治地方加速发展经济、教育、科学、技术、文化、卫生、体育等事业。国家制定优惠政策，引导和鼓励国内外资金投向民族自治地方。上级国家机关在制定国民经济和社会发展结合的时候，应当照顾民族自治地方的特点和需要。这些规定，确定了上级国家机关对民族自治地方的领导、支持和帮助的法律制度，是国家作为主体对民族自治地方经济与社会发展拥有的权能和承担的法定职责，也是指导和协调上级国家机关与民族自治地方政府相互关系的法律规范。

按照《民族区域自治法》的规定，上级国家机关在依法履行法定职能过程中，应当坚持从民族自治地方的实际情况和特点出发的原则、国家帮助与民族地方的自我发展相结合原则和国家利益与少数民族利益相结合原则。通过贯彻实施这些原则，我国民族地区的少数民族事业获得了举世公认的成就，民族地方的经济社会快速发展，人民生活水平显著提高。中央政府和上级国家机关对民族地方履行领导职责、保障职责和帮助职责过程中，根据民族地方的不同情况，创设了许多富有成效的民族政策形式，包括财政支持、税收优惠、基础设施建设、对口支援、发展民族贸易、扶贫开发、兴边富民、扶持人口较少民族等，通过落实这些政策，推进了民族地方的经济文化和社会事业的发展。但是，上级国家机关在履行帮助职责方面，也存在着一些方面的不足，主要表现在如下几个方面①。

（1）对民族自治地方在自治权的方面尊重不够，履行职责中没有或者相对忽视民族自治地方的特殊性。表现在：第一，在行政区划的调整中，为了有效配置区域资源和拓展城市发展空间，

---

① 戴小明，潘弘祥. 统一·自治·发展——单一制国家结构与民族区域自治研究［M］. 北京：中国社会科学出版社，2014：239.

不少民族自治地方被撤销而改为城市市区，由于这些民族地方被改为城区后，不再是民族地方，不再行使自治权和民族优惠政策，其自治民族管理本民族事务的权利得不到有效保障。第二，在推进直管县改革的过程中，将自治州下辖的县市作为扩权对象，这样自治州的财政自治权就受到影响。第三，表现在一刀切的分税制改革，影响了民族地区的税收管理自治权。

（2）配套立法或政策不到位，一些民族政策难以落实。表现在：第一，国家安排的基础设施建设配套资金规定落实不到位。由于民族地区财政困难，国家在安排基础设施建设时要求民族地方配套资金，往往因为地方财政资金而难以落实，导致一些建设项目难以安排或者拖延项目的实施进度，影响建设的质量。第二，资源开发收益分配机制和生态机制不完善。《民族区域自治法》第 65 条规定："国家在民族地区开发资源，应当照顾当地少数民族的生产和生活。国家采取措施，对输出自然资源的民族自治地方给予利益补偿。"第 66 条规定，国家对在生态环境保护方面作出贡献的民族地方给与利益补偿。但是这些优惠措施并没有完全实施到位。第三，财政转移支付结构的合理性有待进一步提高。第四，实施民族干部政策落实需要进一步完善。

（3）民族地方政府的自我发展能力不足。国家和上级机关的帮助职能根本目的就是促进民族地方的发展，实现民族地区与全国的共同富裕和共同发展。但是，这些职能的有效实现，依赖于民族地方的自我发展能力的跟进，能够充分利用好国家的扶持、帮助政策，推进区域经济社会的发展。从实践来看，民族地方造血功能不足，整体发展仍然落后，与发达地区的差异仍然较大，反映出民族地方政府政策利用能力、自我发展的水平仍然有待进一步提高。① 制约民族地方发展能力的因素很多，但是民族地方

---

① 李鸿.贫困落后地区增强自我发展能力研究：以贵州省为例［M］.北京：中国社会科学出版社，2015：1.汪海霞，王蕾，王力.西部民族地区自我发展能力研究［M］.北京：经济管理出版社，2016：60.

政府的履行职责能力和方式是一个主要的变量，政府相关部门的财政吸取能力、经济发展创新能力不足、产业规划和发展能力、政策规划能力偏弱①，在发展的地方经济过程中，不注意保护投资者、市场主体的信赖利益，经常出现朝令夕改、地方保护的政策，损害政府的公信力和执行力。②

因此，上级机关履行帮助职责所存在的问题，迫切要求提高民族地方政府履职的合法化程度，通过加强相关的制度建设，保障和提升履行保护、帮助职能的实现。

3. 中央政府对民族地方政府的监控与争议的解决

中央政府对地方政府行使最后的控制力，是统一国家必须坚持的原则，如果没有这种控制，国家就失去统一的基础。另一方面，地方政府具有自己相对独立的利益和自主性，一味地完全地服从中央，就失去了地方政府的意义。③ 民族地方政府也存在着同样的关系，虽然民族地方政府享有高度的自治权，但是也必须对中央政府负责，接受中央政府的领导和监督。与此同时，由于民族地方政府的相对独立性，中央与民族地方争议的出现不可避免，如何解决争议也是需要对待的问题。④ 根据长期的实践，中央政府对民族地方政府的监督方式主要有如下几种：（1）立法控制。（2）行政监督和控制。⑤（3）财政控制。（4）人事控制。（5）司法控制。（6）政策控制。

---

① 汪海霞，王蕾，王力 . 西部民族地区自我发展能力研究［M］. 北京：经济管理出版社，2016：77.

② 马怀德 . 行政法前沿问题：中国特色社会主义法治政府论要［M］. 北京：中国政法大学出版社，2018.

③ 熊文钊 . 大国地方——中国中央与地方关系宪政研究［M］. 北京：北京大学出版社，2005：27.

④ 薛刚凌 . 中央与地方争议的法律解决机制研究［M］. 北京：中国法制出版社，2013：1.

⑤ 熊文钊 . 大国地方——中国中央与地方关系宪政研究［M］. 北京：北京大学出版社，2005：392.

（二）民族地方政府的市场监管如何依法进行

对市场进行有效的监管是民族地方政府的重要经济职能，也是保障市场功能发挥的重要条件和内在要求。党的十八届三中全会要求加强政府对市场监管，创新市场管理方式，目标直指法治政府，以发挥市场在资源配置中的决定性作用。政府监管的目的是适应市场经济的要求，将政府与市场的界限确定在合理的位置上，为此必须实现政府市场监管的转型，由全能政府向规制政府①、有限政府转变，实现政府市场管制的法治化改造。对于如何进行市场的有效监管，《法治政府建设实施纲要（2015—2020年)》提出从行政审批体制改革入手，在提高政府服务效率，营造公平市场环境和加强社会信用体系建设等方面推进，实现政府职能与权力、权力与运行的匹配，进而达到依法监管的目标。

从法治的角度来审视当下政府的市场监管过程，政府的市场监管行为在不同领域、不同环节都存在着与法治相悖的表现。（1）在行政审批方面，将简政放权做简单化的处理，把减少审批事项作为衡量履职的方向和标准，忽视了优化产业结构和提高服务质量两个目标在审批中的考量；忽视放管衔接环节，没有解决好政府放权后的社会、市场承接问题，导致市场中出现监管真空状态；在事后监管方面重视不够，全程监管不够，一些不规范的市场行为频频发生。政府职能部门在进行服务过程中，权力滥用现象时有发生。（2）在监管权力运用中，也存在着监管权力边界模糊的问题，执法协调机制不健全导致监管过程中推卸责任或者争权夺利现象的出现。（3）政府行为中还存在着各种妨碍全国市场统一、市场公平竞争的规定和做法，地方封锁和行业垄断现象还有存在，反映出政府市场监管的不到位。（4）由于社会信用体系还未成熟，企业和个人的市场行为，政府监控还没有完全到

---

① 马怀德. 行政法前沿问题研究：中国特色社会主义法治政府论要 [M]. 北京：中国政法大学出版社，2018：77.

位，因此市场仍然充斥着欺诈、假冒伪劣产品和产生各种产品质量问题。

因此，加强政府的市场监管，规范政府的监管、执法行为，解决好联合执法、综合执法中的问题，仍然是政府监管中的难题。

（三）社会治理如何共治与法治

《法治政府建设实施纲要（2015—2020）》要求在建构法治政府中，创新社会治理，重点从社会治理法律、体制、机制、人才队伍、信息化等方面推进，在社会治理中实现政府与社会的合作治理，在社会治安综合治理中落实领导责任制，在公共突发事件和防灾、减灾、救灾中提升政府能力，在社会自治中健全市民公约、乡规民约行业规章等社会规范的作用。民族地方的社会治理中，如何实现政府与社会的共同治理是关键性问题。总体上看，时下的民族地区，社会自我化解纠纷的能力仍感不足，社会主体参与社会治理的动力不足，政府与社会的合力远未形成，协同共治的格局仍然面临着很大的建设空间。从法治方面看，政府利用法治工具治理社会的习惯没有完全形成，法治方式在解决社会问题中的功能没有完全释放出来，社会治理所需要的法律体制、机制仍然需要进一步理顺，加强建设。

（四）民族地区政府履行公共服务职能中的法律问题

公共服务职能是民族地方政府的重要职能。改革开放 40 多年来民族地区政府在提升政府的公共服务水平上做了大量的工作，取得了巨大的成绩。但是，与各族群众的期待比较与发达地区仍然存在着差距。在教育方面，教育法律政策供给不足，教育经费投入不足；在公共文化服务方面，城乡文化服务不平衡，管理体制落后，老百姓文化生活相对单一；在医疗卫生方面，医疗卫生设施落后，专业人才匮乏，卫生院服务质量不高；在社会保障方面，保障水平受制于财政而普遍不高，保障体制多头管理问题突出，保障监督机制有待完善。① 总体上看，民族地方政府的公共服务存在的问题仍然是均衡化、均等化和法治化的不足。在横向方面，政府公共服务存在着区域上的差别，城乡差别；在纵向方面，地方政府的公共服务压力较大，与其财政收入的增长不相匹配。

（五）民族地区政府履行生态环境保护中的法律问题

对民族地方政府来说，履行生态环境保护职责的主要问题是如何在环境保护、发展经济与社会稳定三者之间寻找政策上的平衡。民族地区政府在环境领域履行职责方面存在的问题主要是：（1）环境法律意识落后。由于缺乏正确的科学发展观和正确的政绩观，部分基层政府对环境与经济发展的关系存在模糊甚至是错误的认识，只重视经济的片面增长，追求 GDP 和招商引资，忽略环境问题，有的经济发展直接是以牺牲环境为代价换来的。地方政府为增强本地的招商吸引力，制定一些与环境保护法律法规背道而驰的土政策、土规定，还美其名曰"特色优惠政策"，对上级环保部门的检查采取敷衍应付等手段，对基本环境法规政策的执行进行臆想的"变通"，对环境执法部门的正常行为予以限制、干扰，对部门企业的污染行为进行包庇纵容，致使我国有的地方环境污染问题长期得不到有效治理，甚至是到了积重难返的地步。（2）环境执法主体素质偏低。经过多年来我国开展的环境执法能力和人员培训等工程，国内环境执法水平有了较大的提高，但是与现阶段我国的环境形势和人民群众对于环境改善的新期待相比，环境执法人员的素质仍有不小的差距。一是环境执法工作具有很强的综合性，涉及面广，领域多，要求执法人员应具备多方面的专业知识和综合性的管理能力。二是部分环境执法人员欠

① 鄂义太，吕中军著：《民族地方政府公共服务能力研究》，第 52 页，中央民族大学出版社 2015 年版。

缺责任心，本身素质不高，弱化了我国环境执法力度。（3）环境执法手段单一。地方政府热衷于使用罚款的方式执法，在绝大多数的时候，排污企业交一下罚款，有的还通过托关系找门路的方式少交或者不交。而停产停业作为最管用的处罚手段，却不是环保部门一家做主的。涉及企业经营生产的重大处罚，对排污企业来说具有十分强大的威胁力量。正因如此，我国法律对这项处罚手段进行了十分严格的限制，对行政处罚主体及其处罚程序作出了严格的规范。

二、民族地区社会矛盾的化解与完善——民族地方政府的行政信访工作

中华人民共和国成立 70 年以来，信访制度在表达群众意愿，维护群众合法权益和切身利益，化解人民内部矛盾，实施民主监督等方面发挥着不可替代的作用。胡锦涛同志指出"信访工作是为人民群众排忧解难的工作，是构建和谐社会的基础性工作"①。2005 年 1 月，国务院颁布了《信访条例》，2007 年 3 月，中共中央、国务院又颁布了《中共中央、国务院关于进一步加强新时期信访工作的意见》，着力强调信访工作的重要性。民族地区时下正处于社会矛盾的高发期，如何有效化解矛盾和纠纷，是民族地方政府的重要职责，通过行政机制解决社会纠纷也成为法治政府建设的重要任务。行政信访工作在行政解决纠纷的机制中是基础性的工作，联接行政复议、行政裁决、行政调解、人民调解等机制的运行功效，因而做好信访工作意义重大。

1. 我国目前信访制度运行中存在的不足

（1）信访制度的良性运行受诸多条件限制。从执行队伍的角度来看，基层政府信访工作者对信访工作热爱程度普遍不高，信

---

① 魏兴荣. 中国信访机制回顾与展望［J］. 炎黄子孙，2009（08）：12 - 15.

访工作者整体素质偏低，受其文化水平制约，信访工作者对法律法规和政策解释方面水平普遍不高，信访工作职业化程度较低。①

（2）信访者对信访工作人员的态度满意程度不高。调研发现，信访者对信访工作人员的态度不满意，对其处理问题的质量和问题解决的结果满意度也很低。信访者对工作人员提供的法律、法规和政策的解释感到满意，但对工作人员提供的解决问题的建议和意见，38%的信访者都感到不满意，而对信访工作效率和回复速度不满意的信访者则高达50%。与信访者较低的评价形成鲜明对比的是，信访者在解决问题时依然需要依赖信访，其继续信访的决心也很坚定。

（3）信访主体的广泛性和规模的集群性十分明显。从信访主体的身份看，不仅有工人、农民等传统意义上的信访群体，而且还有城市拆迁户、下岗分流人员等带有时代特色的信访群体。从信访规模和形式看，群体越级上访显著增多，呈现"中央多、基层少"的"倒金字塔"型分布。②

（4）信访问题的复杂性和内容的趋同性比较突出。从复杂程度看，信访问题涉及的领域不断扩大，既有社会矛盾、经济利益矛盾，也有体制矛盾、思想观念矛盾，还有相互交织的复合性矛盾。从反映的内容看，涉及群众切身利益的问题越来越多，企业改制、农民土地征用、城镇拆迁安置、农民负担、社会保障、工资福利、合同劳资纠纷等经济利益方面的问题引发的信访，占信访总量的70%以上。由于几乎所有的社会问题、社会冲突都可以诉诸信访部门，如企业改制、城镇拆迁安置、征地补偿、库区移民等，信访制度承载了整个社会稳定和社会变革转型的重任。而民族地区少数单位和部门对新形势下信访工作的重要性认识不

---

① 包世琦. 走出农村信访困境之对策 [J]. 中共山西省委党校学报，2010，33（03）：105 – 107.

② 叶礼英，李四平. 新形势下农村信访问题初探 [J]. 学习月刊，2011（18）：131 – 132.

足，开拓创新意识不够，工作乏力，工作作风和方式方法不能适应新形势、新任务的要求，由此导致上访案件过多，信访总量不断上升，并且信访案件大量积压，信访解决率低。

（5）信访问题相对集中。目前，信访案件多数涉及城市拆迁补偿安置、农地侵占、企业和机关人员分流、党政干部违法违纪等问题。在信访的时间上，上访者往往选择重大节日、重大政治经贸活动或敏感时期；在信访地点上选择首都、省会和其他重要公众场所，以期形成重大声势和影响，引起上级机关和领导的重视，从而达到自己的目的。①

（6）缠访、闹访、重复访、越级访问题严重。当前，政府在处理信访难题时，往往会遇到这种情况：化解矛盾的方案推出了一个又一个，政府行政部门在处理这类问题时，往往置于两难境地，即如果不满足一些非正常信访群众的过高要求甚至是无理要求，他们就不断越级缠访、闹访；如果满足他们的要求，又必然导致社会公平原则和政府公信力的丧失。由于一些责任单位的领导及工作人员的失职、失误或工作不深入、作风简单化，致使矛盾久拖不决，很多严重的聚集事件、重复访、越级访、进京访屡屡发生，严重影响社会稳定。

（7）信访机构责、权不平衡。多年来，信访机构承担着接待、受理群众来信来访的重任，信访部门成为复杂的社会矛盾的首位承担者。然而信访部门所承担的是他们解决不了的社会问题，因为他们没有法定的身份和解决问题的刚性手段。"由于信访机构在宪法框架内没有位置，它便只是从属性的软性机构，从来没有独立的身份，没有规范性的职权和工作程序。"《信访条例》第6条赋予信访部门的职权只是协调领导和行政机关处理信访事项，虽然它有监办权及建议和向上级机关报告的权力，但它本身并没有实际、直接权力处理信访事件，信访事件的处理权、

---

① 黄瑞祺. 社会理论与社会世界［M］. 北京：北京大学出版社，2005：132.

决定权仍在各行政机关及其主管领导手中。因此，受理的大批信访事项，脱离了信访部门的掌控范围，更多的信访案件难以凭借信访部门自身的力量和影响得到有效处理。

（8）信访反馈、终结等机制缺乏。《信访条例》第35条第3款规定："信访人对复核意见不服，仍然以同一事实和理由提出投诉请求的，各级人民政府信访工作机构和其他行政机关不再受理。"但是由于规定的终结程序并没有规定复核机关作出终结处理意见的法律效力，也就无法界定违反"终结程序"的信访人所应承担的法律责任，这些都导致了"终结机制"的可操作性不强。①

2. 产生的原因分析

（1）信访职能不清晰，机构设置不合理。

信访人提出的信访事项涉及方方面面，在信访过程中，许多群众以及政府部门都对信访工作机构存在误解，认为信访机构是有义务解决信访问题的。其实信访机构本身并不是一个解决问题的机构，不是所说的有权处理的行政机关，也没有处理信访事项的职能和职权。信访机构设立的初衷，只是个社情民意的收集窗口，对民意进行分类分析，然后将下情上达，通过转交给有权处理的行政机关来处理问题。

（2）信访工作人员素质不高，缺乏明确的责任追究制度。

就现实情况看，信访工作人员的工作作风问题，是导致民族地区信访问题最直接的原因。民族地区信访机构的工作人员存在缺乏法律素养又不擅长做群众工作的现象。当信访人员采用信访表达意愿时，工作人员不是积极主动地检讨自身不足、发现错误并尽快纠正，而是采用一些法治外方式，限制信访人诉求的表达，防止和压制信访影响扩散。有的信访工作人员工作不民主、不公开；有的信访工作人员原则性不强，标准不一；有的信访工

作人员工作方法简单等。加之缺乏有效的对涉访单位尤其是涉访单位主要领导明确的责任追究制度，导致信访责任的虚化和集体化，使责任的承担流于形式，触及不到涉访单位具体人员的根本利益。

（3）公民的权利意识淡薄，利益表达诉求不明确。

在民族地区，有相当一部分公民，权利意识和法制意识淡薄，对现行法律、政策、政府职能分配与运作缺乏必要的认知，遇到问题往往仅凭主观感觉作出盲目反应，不能准确、恰当地表达自己的诉求和理由，认为无论有理无理只要上访就能解决问题，"小闹小解决，大闹大解决，不闹不解决"。有些群众对当地干部缺乏信任，抱着"看上面怎么说"的心态信访。[①] 还有的群众认为走司法程序解决问题，自己不懂程序，还需要交费，最终只好诉诸于信访这一"实用"、廉价的利益表达渠道。

（4）政府出台政策没有连贯性，宣传力度不够。

有的地方政府在出台某些政策、措施时没有过多考虑群众利益，缺乏合理性、科学性和公正性，时变时换，没有连贯性，导致群众对政府的信用危机。而政府对于这些涉及群众切身利益的事，在政策宣传上力度不够，在政务公开上不具体、不准确、不真实、不及时，导致干群矛盾激化，群众在信访中容易发生违法行为。

（5）信访程序随意性强，终结机制不完善。

现行信访制度在程序上存在重大缺失，立案和答复具有随意性。由于信访程序不完善，信访流程该如何走、如何办，没有具体的规定，导致当信访者上访时，信访工作人员就不知道该如何处理，对于信访者反映的问题应该转接给哪个部门，是否需要立案，立案程序如何，办理过程如何，结果如何，对于这些问题信访工作者执行的随意性较大。加之信访问题终结机制不完善，导

---

① 应松年. 依法行政读本［M］. 北京：人民出版社，2001：77.

致许多信访问题积案，群众重复上访、越级上访，信访回访率低，群众满意度和政府公信力随之降低。

3. 民族地方政府的行政信访改革途径

（1）加强大信访格局建设。

信访工作要适应科学发展观的要求，从解决问题、方便群众、减轻群众负担出发，努力拓展信访渠道。一方面，要加强信访基础建设，实现延伸信访工作网络，实现覆盖到村组；延伸信访人员网络，实现人员分布覆盖到村组；延伸信访工作宣传影响面，实现覆盖到广播、电视、网站及相关媒体。① 减少重信，减少重访，减少非正常上访。矛盾联查，纠纷联排，部门联动，和谐联建。另一方面，在县域内构建信访工作立体网络，做到有访必接、有信必看、有求必应，做到"依法、就近、及时"化解矛盾，"小事不出村组，大事不出乡镇"。

（2）建立责任追究机制。

当前信访工作人员的整体素质水平还相对较低，对于许多涉诉涉法的信访案件的处理不专业，导致群众对信访结果不满。因此，建设一支政治强、纪律严、作风硬、清正廉洁、热爱信访工作、无私奉献的信访干部队伍，是时代的需要。各级信访工作人员要不断提高自身的政治素质、业务水平和办事能力。同时，我们要通过加强信访监督，建立有效的责任追究机制，规定涉访单位对相关信访问题处理所需承担的责任，明确处理期限，对于不作为的涉访单位根据不同的级别，造成后果的严重程度给予相应的责任追究处罚。

（3）畅通民意表达机制。

哈贝马斯认为，在"理想的沟通情境"中只有坚持"理性讨论"才能形成"共识的真理"。这为我们解决信访问题、构建社

---

① 王宝明，赵大光，任进，等. 抽象行政行为的司法审查 [M]. 北京：人民法院出版社，2004：3.

会主义和谐社会提供了一个很好的研究视角和理论框架。① 根据哈贝马斯的沟通行动理论，我们有必要畅通政府与群众沟通渠道，可以在县、乡、村三级设立民意大会，引导群众通过法律手段维护自己的合法权益，让群众充分享有知事权、议事权、决策权和监督权。定期召开民意大会，可以大量减少治理性上访对信访部门造成的压力，群众对上级政策不了解的地方也可以在民意大会上得到沟通，获得解释，这样可以大大减少政策性上访数量，逐步使信访成为解决群众个性问题的渠道。

（4）推动信访法治化。

在解决群众信访问题时，必须坚持依法解决。一方面，要提高政府信访工作人员的法律意识和依法行政水平。各级领导干部要牢固树立依法按政策办事的意识，引导信访的群众依法有序的上访。另一方面，要加强普法教育工作，加大法制宣传力度，教育引导群众通过合法渠道有序解决矛盾纠纷，推动信访法治化。

（5）健全信访法制程序。

建立信访回访制度，积极做好信访反馈，推行访后公开，尤其是一些影响较大、涉及面广、事关群众切身利益的重要信访的处理结果要在适当的范围内予以公开，既要公开调查组的调查结论意见、有关问题的处理情况，也要公开定性处理适用的法律法规、纪律、政策条款，对于难以调查落实的问题也要公开。同时，国家立法部门应加快信访工作的立法步伐，尽快制定出台信访法，对信访人主体资格、行为规范、案件处理原则、处理程序、违法制裁等进行规范，建立信访终结机制，完善信访程序，将信访工作纳入法制化、规范化轨道。②

---

① 沈福俊.中国行政救济程序论［M］.北京：北京大学出版社，2008：116.

② 戴小明.论行政信访［J］.中南民族大学学报（人文社会科学版），2006（6）：4.

第八章 提升西南民族地方政府的法治治理能力

第一节　依法行政、法治与政府治理能力的关联性

改革开放 40 年来，我国民族地区经济社会和文化获得了巨大的发展，呈现出政治稳定、经济发展、社会和谐和文化繁荣的整体发展格局，这充分证明了党的民族政策体系和民族法律法规体系在民族地区治理过程中的实效性和正确性，也说明了我国在民族地区建立起来的治理体系所蕴含的能量和正当性。民族地方政府是我国民族地区发展和治理的主导性力量，民族地方治理的效果和绩效充分体现和反映出民族地方政府治理能力的合理性、适应性、科学性和民族性在全方位的提高和增强。随着我国社会现代化进程在深度和广度上的不断拓展，以及国家不断融入经济全球化进程和进一步深化对外开放，民族地区遇到并面临的问题日益增多，这对承担着地方治理责任的民族地方政府提出了严峻挑战：一是社会突显并需要政府应对的问题日益复杂；二是群众的公共参与意识逐渐增强，社会力量越来越多地参与到公共事务之中；三是地方政府在改革中逐渐转变职能，把注意力更多地转向公共服务。在这样的背景下，民族地方政府在辖区内包揽解决所有公共性问题的做法已经难以为继，必须改变自身的治理方式和运行方式，并通过沟通、协商等方式动员和协调社会力量来共同应对面临的问题。这样一来，民族地方政府的能力建设问题就突显出来了。

民族地区地方政府治理能力建设的重要性、必要性在学界已

然形成共识①，对如何提升民族地方政府的治理能力也提出了诸多建言和对策性的理论主张②，但是对民族地区治理面临的问题，不同学者基于不同的诊断会开出不同的药方，提出不同的解决和应对方案③。法治化是法学家和法律界给出的方案④，特别是在依法治国、推进国家治理体系和治理能力现代化的背景下，这一对策性的建言无疑具有政策和意识形态两重的正当性，既符合现代的法治话语也契合国家治理现代化的改革目标，但需要进一步申论的是法治是如何促进民族地方政府治理能力的，两者的逻辑关系如何。对其中的法理如果没有严格的论证和阐释，那么在民族地区治理实践中就没有清晰的建设方向，也难免会导致法治功能的扭曲和治理实效的弱化。本章基于法治与治理关系的视角，梳理民族地方政府治理能力与法治的关联性，进而检讨法治在促进民族地方政府治理能力实践中的误区，诠释和论证通过法治提升民族地方政府治理能力的路径和民族法治建设的方向。

一、民族地方政府治理能力与民族地区的治理

当代中国民族问题之所以存在的原因之一是少数民族和民族地区发展相对缓慢，导致与东部地区的区域差距必然拉大。作为民族地区的组织者、管理者和治理者，民族地方政府是引领民族地区发展的主导性力量，也是民族地区治理的主要和核心主体，民族地方政府的治理能力在地方治理的规划和协调中发挥主导性的作用，它与民族地方人力资源、市场体制以及公民自我治理能

---

① 青觉. 和谐社会与民族地区政府治理能力研究 [M]. 北京：人民出版社版，2010. 任维德. 地方政府能力建设：西部民族地区发展新思路 [M]. 呼和浩特：内蒙古人民出版社，2014. 阎柏. 民族自治地方政府能力与区域经济社会发展 [M]. 昆明：云南人民出版社，2010.

② 周平. 从"政府能力"建设转向"治理能力"建设 [N]. 人民日报，2015 – 08 – 30（07）.

③ 燕继荣. 国家治理及其改革 [M]. 北京：北京大学出版社，2015：269.

④ 张文显. 法治与国家治理现代化 [M]. 北京：法律出版社，2016.

力共同构成民族地区发展的主要制约因素，而民族地方政府的素质和治理能力又是其中的关键。它不仅仅是民族地区发展的规划者、实施者、组织者、倡导者，而且是其他治理主体和治理要素发挥作用统领者；民族地区要实现跨越式发展，有效地实施民族区域自治制度，建立平等、团结、互助、和谐的民族关系，都离不开有能力的政府。

民族地方政府治理能力是民族地方政府联合社会组织、社会个体、企业组织等治理主体按照宪法和民族区域自治法赋予的权力和职责推进民族地区经济社会文化发展的能力，是民族自治地方政府在宪政体制内，以自身的素质和权威性建设为基础，以公共政策制定和推行为主要手段，以资源提取和配置为基本途径，以对本地区、本民族进行综合治理为主要方式，以履行法定职责为目的，从而确保民族自治地方持续健康发展的能力。从要素论和结构论的角度看，民族地方政府的治理能力一般包括政治统领能力。依法行使自治权的能力，地区规划发展能力，制定和执行民族政策的能力，资源提取、整合与配置能力，社会治理能力，综合协调能力，学习和创新能力，民族文化的传承和维护能力，社会服务能力和民族矛盾和纠纷解决能力等。如果按照治理领域来划分，可以把民族地方政府的治理能力划分为政治治理能力、经济治理能力、文化治理能力、环境治理能力、社会治理能力以及政府自我治理能力。这些能力构成整体的政府治理能力系统，从宏观的角度来看，民族地方政府治理能力由两个子系统构成，一是政府对自身的治理能力；二是政府对社会（广义）的治理能力，前者是后者基础和前提条件，后者是前者的体现和延伸，只有强有力的政府才能实现对民族社会的有效治理，反之无效治理则反映出政府治理能力的弱小。

民族地方政府的治理能力与一般地方政府比较，除了共性的规律外，也由于其政治生态和治理对象的特殊性而呈现出一定的特殊性①，这些特殊性，其一，表现在发展经济、解决民族地区的相对贫困、发展缓慢这个关键性问题，也就是说民族地区的发展难题构成民族地方政府的最大压力。其二，民族地区的民族宗教问题的解决能力成为考验政府的最直接的试金石，也是压倒一切的政府能力问题。其三，民族地方的自我发展能力，它一方面表现为民族地方政府与其他治理主体充分利用宪法和法律所赋予的自治权发展本地区的经济文化和社会的能力；另一方面则表现为民族地区作为发展的单位自我组织和自我发展的能力。民族地区自我发展能力的核心和关键问题是政府与市场、政府与企业的关系。其四，政府动员、组织社会组织和公民个体的社会组织和动员能力。民族地区的治理虽然由政府来主导，但是社会组织、公民个体的创造性、积极性和能动性始终是民族社会发展的基础和基石，离开公民个人的素质和能力，任何的制度创新都难以发挥功效，而这也是民族地区与发展地区政府治理能力的重要因素。其五，是民族地方政府的创新能力，通过这一能力激活政府的活力，提高政府的影响力和公信力。民族地方政府治理对象和环境的特殊性，决定了民族地方政府治理能力建设的复杂性、艰难性以及长期性。

二、政府治理能力对民族地区治理现代化的意义

没有现代化的政府治理能力，就无法搭建起真正现代化的治理体系，就会使现代化的治理体系徒具形式。政府是国家权力的执行者，是国家治理的主体性力量，其责任就是努力实现国家治理目标。根据经济、社会发展水平的变化，不断调适政府的角色及其治理方式，是现代化进程的重要组成部分，也是现代民族地

---

① 青觉. 和谐社会与民族地区政府治理能力研究 [M]. 北京：人民出版社，2010：61. 方盛举. 中国民族自治地方政府发展论纲 [M]. 北京：人民出版社，2007：128.

区治理体系建构的核心问题。民族地区地方政府治理能力的建设对于民族地方的治理的特殊意义在于：第一，民族地区政府治理环境的复杂性和治理基础的脆弱性。民族地区的自然环境和资源条件一般说来比较贫瘠，经济发展基础条件脆弱，这加大了政府治理的行政成本；公民的教育和文化水平相对落后以及所造成的低技能的人力资源也制约着政府政策的有效利用，例如，许多的惠民政策因社会个体的自我运用能力的不足，影响着政策的实施效率。民族地区的文化多样性以及文化差异也对政府治理有特殊的能力要求，特别是宗教因素和民族问题的存在，使得民族地区政府的宗教和民族事务治理能力显得更为重要。第二，民族地区社会组织和社会个体的自我能力相对比较弱，对政府治理能力的需求相对比较高，特别是在政府推动型的发展模式下，对政府的服务供给能力和发展规划能力的需求尤其迫切。第三，实现民族地区的社会转型和跨越式发展，对民族地方政府提出了更高的要求。民族地区在市场化的改革过程中，原来的社会结构、生产方式和生活方式都受到了前所未有的冲击，社会公众的适应能力准备不够，社会对转型的适应能力相对脆弱，能否安全地度过社会转型期，一方面需要社会个体的主观努力，另一方面需要政府的组织和助推，只有两方面共同努力、合作治理，才能更好地实现民族社会的有序转型。第四，民族地区社会转型过程，也是利益结构分化和体制转型的过程，同时也是矛盾和冲突的呈现过程，如何解决其中的矛盾和冲突，建设稳定的社会秩序与和谐的社会，考验着民族地方政府的智慧和能力，也对民族地方政府的矛盾化解能力、秩序维持能力提出了更高的要求。第五，巩固和发展新型的民族关系迫切需要进一步提升民族地方政府的治理能力。改革开放40年来，民族地区在获得巨大发展的过程中，在全面推进国家综合性国力的提升和国家总体性发展的新形势下，暴露出民族区域发展与国家发展战略之间、民族区域与政府之间的管理关系之间的不适应，并从中呈现出民族区域发展中的民族政治关系不稳定、经济发展的相对落后、民族社会关系的紧张以及民族传统文化的流失等诸多问题，更为严重的是这些问题有可能进一步恶化为民族矛盾、民族冲突并形成为民族与国家的矛盾，影响民族国家的团结，形成民族之间的分裂，危及国家的统一。由于民族关系的高度复杂性、敏感性与长期性，处理好民族关系也需要民族地方政府提高民族问题的治理能力。

三、国家发展新阶段对民族地方政府治理能力的新需求

提高民族地方政府的治理能力具有迫切性，它与民族地区的治理绩效存在着很强的关联性。然而民族地区地方政府治理能力状况如何、如何判定以及在新的国家发展阶段需要进一步提升哪些治理能力等仍然是需要进一步分析和研究的问题。首先的问题是对民族地方政府治理能力状况的评估。对该问题许多学者通过大量的实证研究进行理论上的回应，作出了他们的判断和结论①，其研究结论普遍认为，与发达地区政府比较，民族地方政府治理能力普遍偏低和不足，表现在：第一，政治治理能力较强而社会治理能力、社会矛盾平衡和整合能力不足，对民族地区转型过程中的利益冲突和矛盾的解决能力有待提高。第二，区域规划发展和执行能力偏低，特别是对经济发展规划的执行力相对较弱。第三，公共服务能力难以适应民族地区经济社会发展的新需求，特别是由于财政能力的不足影响到政府的社会保障和民生问题的解决能力。第四，

---

① 青觉. 和谐社会与民族地区政府治理能力研究［M］. 北京：人民出版社，2010：61. 任维德. 地方政府能力建设：西部民族地区发展的新思路［M］. 呼和浩特：内蒙古大学出版社，2014. 阎柏. 民族自治地方政府能力与区域经济发展［M］. 昆明：云南人民出版社，2010. 周平，方盛举，夏维勇. 中国民族自治地方政府［M］. 北京：人民出版社，2007. 方盛举. 中国民族自治地方政府发展论纲［M］. 北京：人民出版社，2007.

民族政策和民族法律的执行和利用能力不均衡，对国家的惠民政策以及不少助推民族地区发展的政策的利用能力和利用效率不高。第五，资源吸取利用能力不足，在利用国内投资和外资方面与发达地区存在比较大的差距，从而使得民族地区的财政吸取能力普遍不强。第六，人才开发和使用能力有待改善，在吸引人才和开发人力资源方面仍然需要进一步加强。第七，民族自治权的利用和充分发挥效能，仍然与立法目标存在差距。第八，民族地方政府自身的管理体制创新和学习能力相对比较弱，对新生事物的学习和管理上的创新与跟进与快速发展的时代要求存在一定的差距。以上八个方面的操作层面上的政府治理能力判断，虽然是概览性和粗线条的，但大体上还是反映了民族地方政府在经济调节市场监管、社会管理以及公共服务等方面履行职能的能力和水平的基本状况，其综合性的结论是民族地区政府治理能力普遍不足，与现代化的要求存在差距，与民族地区的有效治理存在着关联性，因此进一步提升民族地区政府治理能力是走向民族地区治理现代化的必由之路，也是实现民族地区治理现代化的关键。

那么，在推进民族地区政府治理现代化建设的过程中，需要进一步提升哪些能力，换言之，衡量民族地方政府治理能力现代化的标准为何？确定了标准，政府能力建设才有明确的目标和方向。我们认为基于民族地区治理环境和治理条件以及治理目标的特殊性，民族地方政府的治理能力除了与一般地方政府共性的内容以外，应该根据民族地区发展的环境与现实条件，确定与之匹配的能力建设选项，才能达到政府能力建设的根本目标，使之更符合国家治理体系现代化建设的要求。如果从政府治理能力结构要素来划分的话，应当包括：（1）民族自治权的运用能力。（2）民族政策制定和执行能力。（3）经济社会发展的规划和执行能力。（4）资源整合和配置能力。（5）社会控制和协调能力。（6）学习和创新能力。（7）政府自我治理能力。（8）社会服务能力。（9）危机处理与公共秩序维持能力。（10）法治保障能力。

这 10 项能力以及发挥程度对于民族地区的治理绩效和水平有直接的关系，事关政府治理的效果，也是实现民族地区经济社会协调发展和有效社会治理的能力保证。如果从政府领域来分析则应该分解为如下 10 个方面：（1）政治控制与民族团结、国家统一的维护能力。（2）民族经济发展的推进能力。（3）民族文化的治理能力。（4）生态环境治理能力。（5）民族社会治理能力。（6）宗教事务治理能力。（7）跨境民族问题和跨境法律问题处理能力。（8）民族地区公共安全治理能力。（9）民族地区城镇化进程中的农村问题治理能力。（10）民族地方政府的自我控制与活力建设能力。这些领域的治理以及政府治理能力的强弱，直接标志着政府治理能力状况和水平。

四、从政府的治理能力到政府的法治治理能力

强而有效的政府治理能力对民族地区的治理有巨大的推动力，但是民族地区治理环境的特殊性也决定了民族地区地方治理能力建设与一般地方的差异性和特殊性，如何确定政府治理能力建设的重点、难点以及路径，成为最为关键的现实问题。对这个难题学界做了比较大的努力，但是从法治的角度和国家治理体系现代化的高度对民族地区地方政府的研究力量不足，对民族地方政府治理现代化与法治的关系的分析和阐释缺乏创新性，难以满足民族地区政府治理新形势、新问题、新要求的理论渴求。没有运用治理思维来研究和思考民族地方政府治理过程中的各种关系，绝大多数成果仍然停留在管理、统治思维来看待和思考民族问题和边疆问题。对民族地区治理机制的整合性思考不足，例如，对民族政策与民族法律体系的关系，国家的介入与公众参与的合作治理关系，对政府与社会组织之间的关系的法治联系，对经济、政治、社会、环境的治理与文化治理之间的关系，对民族之间的关系等都关注不够，缺乏关系思维使得理论解释的力度都

有待于挖掘和提升。对少数民族的自治能力及其在治理体系中的功能和作用估计不足、开发和挖掘不够，其作为民族地区的重要治理主体的主动性、能动性以及消极性、在市场竞争中的参与能力等方面都有待于充分地分析和研究。对民族地区这个复杂性社会的政府治理，缺乏整体性和复杂性治理的思维和制度设计意识，存在着盲人摸象和"头疼医头、脚痛医脚"的片面性，体系性思考不足。因此，我们认为，通过法治推进民族地方政府的治理能力是非常重要的路径。这一路径可以从三个向度展开。

第一，通过法治政府的建设，推进政府治理能力，这是通过政府本身的法治化建设完成的任务，这也是民族地区为什么必须建成法治政府的根本动因。

第二，通过完善政府治理关键领域的法律制度、机制和方式来实现，其重点是对政府运用的法治工具、政策工具进行改进和完善。

第三，通过提高民族地方政府的法律运用能力来提高政府的治理能力，也即是法治治理能力。[①]

我们所谓的法治治理能力，是指政府通过法治的方式形成的能力，也是政府运用法律手段营造法律环境、解决社会问题、实现治理目标的能力，它通过政府在各个领域的政府治理活动和过程呈现出来，并通过具体领域的治理绩效反映出来。由于法治治理能力是镶嵌在政府治理的过程中，通过具体领域的政府治理与法治机制的结合来构造起来，形成具体领域的法治治理能力，诸如环境法治治理能力、文化法治治理能力等现实法治治理能力形态。因此，法治治理能力实际指涉的是政府运用法律手段治理经济、社会、文化、宗教、等公共事务的能力的另一种表达，它一方面表现为政府的法律运用能力，另一方面表现出该领域法治发挥作用的程度。

---

① 许正中，史世鹏. 绩效预算与政府治理创新：21 世纪政府治理创新研究 [M]. 北京：中国财政经济出版社，2014：99. 杜飞进. 中国的治理：国家治理现代化研究 [M]. 北京：商务印书馆，2017：235.

第二节　法治与西南民族地区政府的政治治理能力

　　民族地区的政治关系和政治事务的治理是民族地区地方政府治理的主要领域，也是考验政府治理能力的主要面向。政府对民族关系的把握、对政治性制度的落实、对政治性法律制度的执行都是政治治理能力的主要表现。它集中体现为政府维护国家统一、促进民族团结和落实少数民族地区自治权利等几个主要的方面。政治治理能力是政府执行民族政策、实施民族法律制度能力的集中体现。

一、西南民族地区政府政治治理需要处理的几个基本关系

1. 法治与促进民族团结进步的关系

　　习近平总书记在中央民族工作会议上指出，"用法律来保障民族团结"，这是依法治国方略在民族工作领域的重要体现。用法律来保障民族团结，除了传统意义上的加强民族团结立法、严格执法外，还需要加强对民族法制文化的研究和实践，从根本上强化法律发挥的作用。在新的历史时期，用法律保障民族团结需要强化法律的约束力和威慑力，让试图分裂国家、煽动民族矛盾的行为受到严厉惩戒。

　　通过制定民族团结促进法来维护民族的团结、发展、进步是有效的法律方法。目前，贵州省等省级地区公布了有关促进民族团结进步条例的地方性法规，有5个为自治州、自治县公布的单

行条例。此外，我国现行宪法已经确认了"民族团结"的宪法地位。宪法明确提出国家有义务保障各少数民族的合法权利和利益，维护和发展各民族的团结关系，禁止破坏民族团结和制造民族分裂的行为；个人有义务维护国家的统一和各民族的团结。《中华人民共和国教育法》第6条也提出国家要进行民族团结教育，延续了"维护和发展民族团结"的宪法精神，明确了宪法的规范目的，为民族团结教育立法提供了法律依据。虽然宪法已对民族团结教育问题提供了一定的规范指引，但中国目前只有较少几部法律、行政法规涉及民族团结教育议题。而且，这些规定大多比较原则抽象，缺乏具体性和可操作性。因此，随着全面推进依法治国战略的落实，如何加快制定和落实民族团结进步立法，是处理好法治与促进民族团结进步的关键问题。

2. 法治与反分裂势力斗争的关系

西南地区是我国少数民族聚居区和民族工作重点地区之一，是祖国西南边疆的重要屏障和维护国家安全的重要前沿，面临着民族分裂主义和恐怖主义的现实危害和潜在威胁。分裂主义在很多国家面临着各自不同的情况，往往会与民族问题、历史问题、政治问题以及意识形态问题相关联，表现出形形色色的特点。民族分裂主义犯罪主体具有非常明显的组织性，是一种有思想基础、有组织、有领导的系统运动。分裂组织一般都具有较为严密的组织结构，有严密的分工体系和较为有力的领导核心。民族分裂主义往往会以恐怖主义的形式来展现。它通过使用暴力、暴力威胁或其他破坏活动来制造社会恐怖气氛，对更为广泛的社会大众造成心理压力，使其产生恐惧、害怕的心理，产生不安全感。这些突发暴力恐怖活动的残害目标是很多平民百姓，通过这些活动来制造社会动荡，达到影响政治稳定的目的。

对付分裂势力的法治手段是国家的反分裂国家法和刑法中的相关犯罪的刑罚规定。目前我国已经制定了相关的法律，问题在于如何实施和完善。

3. 西南民族地区与周边国家安全关系

西南民族地区与周边 10 多个国家接壤，保持着密切的历史文化联系。当前，由于西南边疆民族地区文化安全体系的外来文化渗透加剧，导致文化安全体系缺少法律的保障。西南边疆民族地区因其特殊的地理位置、复杂的文化环境和特殊的国防意义，也成为敌对势力宗教渗透的重点目标。敌对势力企图借助宗教宣扬西方价值理念，散布民族分裂言论，以宗教认同挑战中华民族和社会主义国家认同。如果对宗教渗透防范不力，势必危及社会主义核心价值体系，导致民族文化和民族精神的流逝，产生严重的国家认同危机。

4. 民族地区的民族认同与国家认同的关系

在我国边疆多民族地区既存在着少数民族内部的民族认同，也存在着对国家的认同。民族的内部认同是民族发展过程中的一种客观现象，是各少数民族对自身所属民族的认同。具体表现为对所属民族的归属感、情感依赖、责任意识等。在统一的多民族的框架下，国家认同必须高于民族认同。国家认同是民族认同得以形成和延续的前提，民族以国家为存在形式，要正视民族认同与国家认同之间的差距，治理的任务就是要从法律和制度层面切实地实现对边疆民族各方面合法利益的满足，促进民族认同与国家认同的统一。

二、完善西南民族地区政府政治治理法治化路径

1. 完善保障民族团结进步的地方立法

通过立法保障民族团结，用法律调整各民族利益关系，为民族团结进步创建工作的制度化、法治化奠定法治基础，是当前民族团结地方立法的基本方向。完善的途径与思路可以从如下方面展开。

（1）建立民族团结进步创建活动工作机制，为民族团结工作

提供法制保障。各省区地方法规大多将组织开展民族团结进步创建活动作为县级以上各级人民政府的法定职责，突出表现在，其一，将民族团结进步事业纳入国民经济和社会发展规划，经费列入本级财政预算。其二，建立民族团结进步事业目标责任制，将民族团结工作纳入绩效考核。

（2）创新民族团结的载体与方式，使民族团结工作取得实效。在全国范围内广泛持久地开展民族团结进步创建活动，需要密切结合各地民族和经济社会发展的特点，在实践中不断创新载体和方式，方能使民族团结工作深入人心。

（3）运用法律手段调整民族关系，为完善民族法律规范逻辑结构奠定基础。运用法律手段调整社会关系产生相应的法律关系。

2. 制定专门的反民族分裂主义法律

我国于 2005 年出台的《反分裂国家法》针对的只是"台独"分裂势力，其调整对象比较单一。但是我国的分裂主义危害还有"疆独""藏独"等民族分裂主义，这部单行法律就不能起到对民族分裂主义的规制，不能够满足我国打击分裂主义的长远需要。因此可以对《反分裂国家法》进行修改扩充，使其调整范围涵盖所有分裂主义犯罪行为。

3. 抵御宗教渗透，切实维护国家意识形态安全的对策

目前，意识形态领域是境外宗教渗透的重点所在，而宗教渗透的危害也总是从意识形态领域扩展至社会现实的各个层面。因此，抵御宗教渗透、维护国家意识形态安全是相互联系的。

（1）加强社会主义核心价值观体系建设，培育国家政治认同和社会主义制度认同。宗教渗透从其本质来说，是一种异质文化的渗透。因此，要有效地抵御宗教渗透，从根本上说，就要提高民族对自身文化的高度认同。增强中华民族的凝聚力和向心力，使所有公民都具备最起码的反宗教渗透意识，从而使境外敌对势力的宗教渗透活动无立足之地。

（2）构筑抵御宗教渗透的文化屏障。我们必须采取强有力措施，逐步提升少数民族宗教的信仰素质和文明素质，使少数民族宗教在适应社会发展的同时，获得自身的良性健康发展。

（3）落实具体措施，依靠社会主义自身的力量战胜境外宗教渗透。一是不断加大宗教政策的宣传力度，使全社会都能认清境外反华势力利用宗教分化、"西化"中国的险恶用心，不断提高辨别宗教渗透与宗教交流、传播区别的能力；二是制定和完善相关的法律法规，使打击宗教渗透活动有法可依；三是建立健全政府管理宗教渗透事务的专门机构，培养一支人员稳定、技术过硬的反宗教渗透专业队伍。

4. 促进民族认同与国家认同的整合

我国边疆民族地区治理中的认同整合必须协调好民族认同与国家认同之间的关系，维持和巩固"一个国家"认同优先于民族认同，在实践中走出一条"文化多元"与"政治一体"的道路。

第一，通过完善的民族政策，妥善调整民族间以及少数民族与国家间的利益关系，有意识地强化少数民族对国家的利益依存关系。

第二，逐步转变边疆治理思路，把边疆发展放在更加突出的位置。我国的边疆经济发展水平与中东部有明显差距，使得边疆部分民族的国家认同存在一定程度的流失问题，这就需要国家通过各项政策措施的拟定，推进自发移民问题的解决，从而推进各个民族交流、融合。

第三，通过拓宽边疆民众尤其是少数民族利益表达的制度化渠道，及时回应少数民族政治诉求，进而妥善保障其正当利益。要完善民意表达体制，减少参政渠道的中间环节，努力开辟一些政治参与渠道，如协商讨论制度、民众关注问题的听证会制度及民意测验制度等。

第三节　法治与西南民族地区政府的社会治理能力

民族自治地方政府治理能力现代化是指民族自治地方政府以可持续发展、繁荣稳定为目标，通过创新改革思维方法等手段治理本民族区域内的事物，提高民族自治地方政府的治理能力，使其能更好地满足社会发展的需求，跟上社会经济发展。① 而作为其一方面的社会治理能力，是政府治理能力现代化过程中至关重要的一环。本节将重点研究我国西南民族地区地方政府三个领域的社会治理能力，即预防和解决民族纠纷的能力、民族地方政府引导网络社会的能力和地方政府风险防控能力。

一、民族地区政府社会治理过程中存在的几类突出问题

民族自治地方政府治理能力现代化建设是国家治理体系现代化建设的内在要求，也是实现民族自治地方长治久安之前提。但现实中民族自治地方政府治理能力与现代化要求还存在很大差距，民族自治地方政府治理能力现代化的转型在行政理念、自身能力、社会支持等方面面临多重难题。从宏观角度来讲，其一，民族地方政府自身能力弱化束缚着政府治理能力的现代化；其二，民族自治地方政府支持力不足牵制着政府治理能力的现代化。具体而言，民族地方政府社会治理中存在的突出问题主要有

---

① 曹平，杨鹏. 我国民族区域自治地方政府治理能力现代化与法治化建设问题研究 [J]. 贺州学院学报，2014（04）：54–59.

以下几个方面。

1. 民族地方政府预防和解决民族纠纷的能力不足

所谓纠纷，是特定主体基于利益冲突而产生的一种双边或多边的对抗行为，又常被称为冲突、争议或争执，其本质可归结为利益冲突，即有限的利益在社会主体间分配时，由于各种不合理、不公平的社会地位存在，产生了一系列不和谐的社会状态。民族纠纷指的是不同的民族之间的外部冲突和民族群体内部矛盾纠纷，而此类纠纷多因为是社会生活和风俗文化、宗教信仰的不尽相同而产生的。在我国，民族的多样性必然导致了民族纠纷的多发性和多样性，加之民族纠纷除了具备一般民间纠纷的特点外，还有民族地区特有的一些性质，如农村性和民族性，民族问题和农村问题同时存在并互相交融，这也必然导致了其复杂性。

2. 民族地方政府引导网络社会的能力不足

"网络治理"的概念由斯蒂芬·戈德史密斯和威廉·埃格斯提出，他们认为，网络治理是指一种全新的通过公私部门合作，非营利组织、营利组织等多主体广泛参与提供公共服务的治理模式。在我国，陈振明最先对公共部门的网络治理进行概念界定，他认为，网络治理是指"为了实现与增进公共利益，政府部门和非政府部门等众多公共行动主体彼此合作，在相互依存的环境中分享公共权力，共同管理公共事务的过程。"[①] 由此可见，网络治理既秉承了治理的多元化和分权化的理念，又比治理理论更具实践操作性，也更容易被政府和市场等主体接受，是治理理论在操作层次的展现。

近年来，民族地方政府注重加强舆论引导，妥善应对网络舆情，取得了一些实际成效，但在思想认识、制度建设和措施方法上还存在着许多问题和不足，亟待采取有效措施加以解决。网络社会治理存在两大困境，一是网络社会治理体系不完善，网络社

---

① 陈振明. 公共管理学——一种不同于传统行政学的研究途径 [M]. 中国人民大学出版社，2003：86.

会治理重政府主导、轻社会参与，对于网络社会治理仅依靠网管和个别政府部门监管，社会力量被排除在主体范围之外，管理难以真正深入网络社会的各个角落；二是网络社会治理能力不足，简单直接地将传统的社会管理方法和手段照搬到网络社会管理当中，往往难以奏效。民族地方政府网络社会治理缺乏有效性，公众对地方政府主动"议程设置"引导网络舆论"不理会"，公众对地方政府正面回应网络质疑"不认同"，公众对地方政府网络舆论引导"不接受"。由此可见，民族地方政府在提升引导网络社会的能力上，仍然任重而道远。

3. 民族地方政府风险防控能力尚待加强

地方政府的一个基本职能就是管理风险，有责任对这些风险进行防控。在各种主客观因素交错复杂的民族地区，这种责任就显得格外重大，风险防控能力作为地方政府管理中的关键要素，是现代政府必备的重要能力之一，是衡量政府管理水平的一项重要指标。

总的来说，民族地区地方政府应急管理还存在一些比较突出的薄弱环节，主要表现为以下八个方面。

一是民族地区地方政府官员和公众的危机意识淡薄，危机防范和应对危机的能力不高，社会整体的危机应对能力和自我救助能力较差。

二是民族地方政府应急管理基础相对薄弱，投入保障机制有待进一步健全，符合民族区域的法制机制建设滞后，不够完善，有待进一步加强。

三是预案体系建设有待进一步健全和完善，民族地区地方政府应急预案过于笼统，未突出民族地区地方特色。

四是信息管理系统落后，监测预警体系有待进一步完善。

五是民族地区地方政府危机管理缺乏有效的协调机制，上下级政府之间和地方政府各职能部门之间没有形成权责明晰的危机应对协调机制，在应对危机时缺乏有效的协调与合作。

六是民族地区危机管理绩效考核体系不完善,责任追究机制不健全。

七是民族地区地方政府的危机管理缺乏系统的战略和政策规划,危机管理中没有形成地方与地方、地方与国际合作机制,社会与公众参与不够。

八是民族地区危机管理的基础研究和应用研究比较薄弱,没有形成系统的、符合中国国情的民族地区危机管理理论。

二、提升民族地区政府治理能力的路径建构

基于对民族地方政府社会治理中几类突出问题的研究,笔者认为民族自治地方政府治理能力现代化是解决问题的关键,可从政府的价值理念、能力建设、社会支持等宏观维度来探索民族地方政府治理能力现代化的现实路径。首先,树立正确的行政价值观是民族地方政府治理能力现代化之前提。其次,提升制度转化能力是民族地方政府治理能力现代化之关键。最后,获得全面支持是民族地方政府治理能力现代化之重点。针对上面提出的具体问题,我们认为可以从以下方面探索民族地方政府治理能力的路径。

1. 完善民族地区政府纠纷化解机制

面对复杂多变的民族纠纷中存在的突出问题,我们应看到,影响社会矛盾的根本因素是经济发展之后以及体制机制不健全的问题,一方面我们要认识到,影响社会和谐稳定的问题,从根本上讲是因为发展不足、不平衡、不协调造成的,是发展过程中的问题,是因为改革、发展和稳定的关系没有处理好、社会建设滞后、社会管理疏漏、民生欠账多、矛盾积累多、群众积怨多、干群关系紧张等原因所造成的。完善民族地方政府纠纷化解机制必须由此入手。

(1)建立健全发展与稳定统筹协调推进机制。

美国著名公共管理学家戴维·奥斯本认为,政府管理的目的

是"使用少量钱预防，而不是花大量钱治疗"。其核心价值理念体现在政府针对社会矛盾的政策制度应着重于社会矛盾预防机制，尽管着重预防机制并不能从表面上看到，但是这种机制的隐性效果远远大于其显性效果。而当前民族地方发展面临的就是经济发展带来的巨大社会变迁与社会稳定的矛盾，因此建立健全发展与稳定协调推进机制势在必行。

（2）建立健全全方位的社会矛盾预防机制。

强化源头治理，切实把矛盾化解在基层和萌芽状态；全面推行社会稳定风险评估机制；坚持打防并举、标本兼治；切实加强对流动人口和特殊人群的服务管理；坚持扶持与管理并重。

（3）完善社会矛盾处置应对机制。

一要加强应急预案、联动机制和专门力量建设。二要坚持"防处结合，以防为主"的原则，要把预防和化解放在首要位置做到主动处置；而不应把工作的重点放在事发后的被动处理。三要提高快速反应能力。一旦发生聚集事件，要控制好现场，防止事态扩大，要疏导和缓解群众的情绪，疏散聚集的人群，防止剧场效应，减缓激化进程。四要始终坚持"三个慎用"原则，切实把握好处置的度。

（4）加强社会矛盾化解保障机制建设。

特别要发挥好预防和化解社会矛盾的功能，完善基层社会服务管理体系。一是着力加强社会治安综合治理基层服务设施建设，健全基层管理和服务体系，落实好便民利民政务综合服务中心（站、点）和综治工作中心（站、点）建设。二是深入推进社会稳定风险评估机制建设，从源头预防和化解矛盾，依法妥善处置好群体性事件。三是加强对境内非政府组织和民间组织的管理，使之朝着有利于维护社会稳定的方向发展。四是加强维稳机构和维稳队伍的建设，使之与经济社会发展和维护社会稳定需要相适应。

（5）完善法制教育长效机制。

当前，一些执法人员素质较低，一些群众法制观念不强，暴露出普法宣传教育工作薄弱。因此，必须坚持依法治国方略，牢固树立社会主义法治理念，全面加强立法、执法、司法、法制宣传教育等工作，提高全民法制意识，切实维护社会公平正义，积极推动"法律六进""法治县市"创建等活动，增强全民学法、用法、守法意识，形成崇尚法律、遵守法律、维护法律权威的氛围。要加强政策法规宣传，把事关群众切身利益的道理讲清楚，把群众不透彻的政策讲明白，引导群众以理性合法方式表达利益诉求。

2. 提升民族地区政府引导网络舆论能力

（1）加强政府自身建设，提升网络舆论引导公信力。

具体而言，一是坚持政务公开，增强地方政府公信力。二是坚持信息公开，及时准确发布信息。三是敢于直面问题，正确对待舆论监督。在信息化社会中，对于矛盾和问题，靠"捂""盖""压""删"引导网络舆论的方式并不能让公众信服，相反应该"从善如流，知错就改"，正确对待舆论监督，及时有效回应公众质疑，进而提升政府形象和舆论引导公信力。

（2）尊重受众，真诚沟通，提升网络舆论引导感染力。

一是要树立受众意识，尊重受众主体地位。要变"传者本位"为"受众本位"，以平等的姿态、对等的方式进行传播与交流，在对话中拉近距离，在心理认同中引导舆论走向。二是改变方式，真诚沟通。地方政府不但要"说正确的话"，还要"正确地说话"，必须改变传统的舆论引导方式，让网络舆论引导更有人情味、包容性和贴近性。

（3）构建网络舆论引导新格局，提升网络舆论引导影响力。

一是调节社会心态，促进理性表达，营造和谐健康的网络舆论环境。二是健全网络舆论引导机制，提高网络舆论引导影响力。三是要打通两个"舆论场"，形成舆论共鸣。两个舆论场即一个是新闻媒体营造的舆论场，一个是老百姓的头舆论场。只有当两个"舆论场"一致时，才能最大限度激发社会活力，凝聚社会正能量，消除社会不和谐因素。因此，提高网络舆论引导有效性，传统媒体和新兴媒体两个"舆论场"不可偏废，"传统媒体和网络媒体之间互动，可以产生媒体间的共鸣效果"①，两者的重合度越高，社会舆论越统一，舆论环境越和谐，舆论引导的针对性和实效性就越强。

3. 丰富民族地方政府应对突发公共事件管理机制的对策

民族地方政府要从民族地区的实际出发，加强应急体系和机制建设，提高预防和处置突发事件的能力。要以保障人民群众生命财产安全为核心，以提高应急管理能力为主线，以加强基层应急管理工作为突破口，强化源头预防，完善突发事件应急管理机制。②

第一，优化民族地区地方政府常态管理，建立危机预警机制，着力构建全过程的危机管理系统。

第二，制定并完善国家危机管理的法律、法规和规章体系，加强民族地区地方政府应急管理法制建设。从整体上看，我国针对危机管理的法律法规体系尚不完整。从立法的角度看，一要完善危机管理的法律法规，对各种危机实行依法管理。二要统一规定紧急状态中各法律主体的法律责任和行政权力，规定公共危机的监测预警制度、应急报告制度、信息公布制度、举报制度、应急处理制度等，不为政府随意扩大行政紧急权力留下法律上的漏洞。三要明确规定公共危机时各部门在人财物调度和问题处理方面的权责，对公民的权利保障要有底线，对公民在紧急状态时期遭受的损害获得法律上的有效救济。

---

① 刘正荣. 网上舆论引导中的"议程设置"[J]. 新闻战线，2007（07）：59 - 60.

② 周晓丽. 论公共危机的复合治理 [J]. 中共长春市委党校学报，2006（3）：25.

第三，加强民族地区地方政府应急预案建设，完善民族地区地方政府应急预案内容。应急预案是政府应急管理的指导性方针，只有结合本地区的实际才具有实质意义，同时，还要根据本地可能出现的突发公共事件，制定明确的应急预警标准。要保证应急预案的科学性和可操作性，明确突发公共事件的界定，以及根据危害程度进行分级处置的程序、权限和责任。

第四，建立有效的危机管理沟通协调机制，加强民族地区突发公共事件防范应对联动机制建设。危机管理过程中的沟通主要包括政府与民众之间的沟通、政府与新闻媒介之间的沟通、政府部门之间的沟通。其一，要建立制度化的信息公开和发布制度。各级政府要积极整合各方面应急力量和资源，理顺应急管理指挥机构、办事机构和工作机构的关系，充分发挥各自的职能作用。其二，特别要增强中央与地方政府及其各部门之间的配合和协作，形成互联互通、实时充分共享的信息交换机制。其三，要健全、完善监测预警、防范处置等方面的综合协调机制，各级政府应按照条块结合、以块为主、分级管理的原则，构建起一个责任明确、统一指挥、分工合作的应急管理体制。其四，依法建立信息报告制度，加强社会舆情监测、信息搜集汇总和研究判断分析，提高信息报告的及时性和准确性，健全综合应急管理机构与各专业应急管理机构的会商通报机制。

第五，强化信息发布和舆论引导机制建设，不断提高政府危机管理中的政府传播能力，不断提高政府风险管理中的传播能力，按照社会传播和新闻传播的规律，对风险处理过程进行干预和影响，促使风险向好的方向转化。

第六，加强应急管理社会动员机制建设，建立、健全民族地方政府为主体、全社会广泛参与的突发公共事件应急体系。政府是参与突发公共事件应急处置的主体，但是仅靠政府的力量应对公共危机还存在很大的局限。因此，民族地方政府要构建以政府为主体、以整合现有公共资源为手段、以社会力量为依托的全社会广泛参与的突发公共事件应急体系，坚持政府主导、社会参与，重视发挥中介机构的作用，发挥非政府组织与公众的作用。政府可以通过政策引导、经费资助、规范指导等多种途径发动民间力量参与到应急事务的处置中来，使民间应急力量得到发展壮大，成为政府应急力量的重要补充。充分发挥群众团体、红十字会等民间组织、基层自治组织、青年志愿者和公民在灾害防御、紧急救援、救灾捐赠、医疗救助、卫生防御、恢复重建、灾后心理支持等方面的作用，配合政府和有关单位共同做好防范应对工作。①

---

① 石路，蒋云根. 论政府危机管理中的公众参与 [J]. 理论导刊，2007 (1)：45.